논어로 대학을 풀다

이한우의
사서삼경

以論解大

논어로
대학을
풀다

[이한우 지음]

들어가는 말

왜 『대학』인가?

　이 책은 필자의 사서삼경(四書三經) 읽기의 세 번째 결과물이다. 그 첫 번째는 '이론해론(以論解論)'으로 이름 붙인 『논어로 논어를 풀다』(해냄, 2012)였고, 두 번째는 이론해론의 성과를 바탕으로 해서 사서(四書) 중에서 가장 추상적이라는 평가를 받는 『중용』을 풀어낸 『논어로 중용을 풀다』(해냄, 2013)였으며, 이번에는 이론해론과 '이론해중(以論解中)' 두 작업을 바탕으로 『대학』을 풀어냈다. '이론해대(以論解大)'인 셈이다.

　우리는 『논어로 논어를 풀다』를 통해 공자나 유학의 핵심사상을 이해하고 소통할 수 있는 언어를 확보했고, 이어 『논어로 중용을 풀다』에서는 특히 자신을 갈고닦는 수기(修己)의 문제를 '중하고 용하다〔中庸〕', 즉 열렬함〔誠〕을 중심으로 풀어냈으며, 이번에 펴내는 『논어로

『대학을 풀다』에서는 동양의 군주론이라 할 수 있는 치인(治人), 즉 다른 사람을 다스리는 문제를 풀어냈다.

이번 세 번째 작업을 끝냄으로써 사실상 사서(四書)의 '풀이'는 마무리한 것이나 다름없다. 왜냐하면 『맹자』는 별도의 풀이가 필요한 책이라기보다는 그 책 자체가 오히려 『논어』 『중용』 『대학』에 대한 풀이에 가깝기 때문이다. 곧 나오게 될 『맹자』에 관한 책은 나머지 『논어』 『중용』 『대학』의 주요 대목을 어떻게 풀이하고 있느냐에 초점을 맞춰 비교하면서 읽어나갈 것이다. 그래서 이미 작업이 끝난 『맹자』에 관한 책 제목은 『논어로 맹자를 읽다』로 정해 놓았다. '이론독맹(以論讀孟)', 즉 풀이〔解〕가 아니라 읽기〔讀〕임을 강조하기 위함이다.

번역과 관련된 문제 한 가지만 짚고 넘어가고자 한다. 사실 여러 가지로 조심스럽다. 그동안 한학(漢學)에 평생 동안 열정을 쏟아오신 분들에게 본의 아니게 누를 끼치는 것은 아닌지 걱정스러운 바가 있기 때문이다. 그러나 이제는 제대로 고전(古典) 텍스트를 읽어야 할 시대가 되었다고 본다. 따라서 그분들의 여러 가지 한계로 인한 오역이나 불충분한 번역, 엉뚱한 번역 등으로 인해 흐려진 고전의 가치를 분명히 바로잡는 것은 그분들을 폄훼하는 것이 아니라 그분들이 이루어 놓은 업적을 생산적으로 계승하고 발전시키는 것이라고 생각하고서 용기를 내었다.

필자는 본인의 풀이가 유일무이한 풀이라고 생각지는 않는다. 또 다른 풀이도 얼마든지 가능할 것이다. 이 작업에는 여러 오류들이 포함돼 있으리라 본다. 다만 막연한 학설의 절충으로 경전의 자구를 억지로 읽어내는 것이 『논어』와 『중용』의 풀이에 입각한 『대학』 풀이는 분명 나름의 차별성을 갖는 작업이라고 생각한다.

이전의 책들에서도 밝힌 바 있듯이 필자는 가능하면 기존 작업들의 문제점에 대한 지적은 자제하려고 노력했다. 자칫 그분들의 큰 공이 작은 허물로 인해 덮일 수 있기 때문이다. 필자의 일부 지적도 그분들이 다 틀렸다는 의미가 아니라 동양고전들이 지금보다 훨씬 우리 가까이로 오려면 이런 문제가 해결되는 것이 급선무라 생각해 어쩔 수 없이 최소한의 수준에서 행한 것임을 이해해 주면 정말 고맙겠다. 우리 독자들, 특히 동양고전을 멀고 어렵게만 느끼는 젊은 세대들에게 고전의 중요성을 일깨워주는 데 이번 작업이 작은 도움이 된다면 그보다 큰 보람은 없을 것이다.

다른 고전과 달리 특히 『대학』은 치인(治人)의 요체를 담고 있어 각별한 의미를 갖는다. 리더십이 크게 위기에 처한 시점에서 이번 작업이 우리 사회의 리더십 확립에 기여하기를 바라는 마음 간절하다.

쉽지 않은 작업을 하는 데 많은 분들의 도움이 컸다. 지금은 이 세상에 안 계신 김충렬 선생님은 늘 내 머리맡에서 독려를 하신다. 이기상 선생님 또한 학문적 엄밀성을 잃어서는 안 된다고 항상 강조하신다. 동양사상과 서양사상의 두 선생님을 모셨고 또 모시고 있다는 것이 이렇게 큰 힘이 될 줄 몰랐다. 이 자리를 빌려 두 분께 깊이 감사드린다.

이제 보다 많은 사람들이 『논어』『중용』『대학』의 참맛을 즐기게 될 수 있기를 바란다. 거기에 조금이라도 일조했다면 그것으로 이미 충분한 보람을 얻을 수 있다.

 이 작업을 하는 데 많은 사람들의 격려가 있었다. 가족들이 먼저 큰 힘이 됐고 회사의 선후배와 동료들도 알게 모르게 많은 응원을 해주었다. 그리고 가까이에서 늘 비평을 해준 고마운 친구들이 있다. 이 자리를 빌려 새삼 감사드린다. 해냄 송영석 사장님과 편집부 직원들에게도 깊은 감사를 표한다.

2013년 11월
서울 상도동 보심서실(普心書室)에서
탄주(灘舟) 이한우 삼가 쓰다

〈일러두기〉

한문에 대한 우리 음 달기와 관련해 몇 가지 밝혀둘 것이 있다.

첫째, 『논어로 논어를 풀다』에서는 한자 하나에 우리 음 하나를 붙이는 식이었다. 예를 들면 天命(천명), 初學者(초학자) 식이었다. 『논어』는 우선 한문 문장이 길지 않기 때문에 복잡한 문장이 거의 없고 또 사서삼경 시리즈 중에서는 첫 번째 책이었기 때문에 한문보다는 번역문에 보다 많은 비중을 두었다. 한문은 참고만 하는 정도였다.

그러나 『중용』부터는 우리 음 표기방식을 바꾸었다. 한문 문장 이해에 좀 더 도움이 될 수 있는 방식으로 바꾼 것이다. 단어의 경우 天命(천명), 初學者(초학자) 식으로 우리 음을 연결해 붙였다. 아무래도 『중용』부터는 어느 정도 한자나 한문을 아는 사람들이 더 관심을 가질 것이라는 점을 고려했다. 그러나 같은 誠者(성자)라 하더라고 '열렬함을 다하는 사람'의 경우에는 합쳐서 誠者(성자)라고 했지만 '열렬함이라는 것'은 誠者(성 자)로 각각 나눠 우리 음을 표기했다. 그리고 사서(四書) 혹은 四書(사서)는 인용문일 경우 종종 그대로 사용했음을 밝혀둔다.

둘째, '그'를 뜻하는 其(기)나 '그것'을 뜻하는 之(지)의 경우 분리해서 표기했다. '그 사람'의 경우 其人(기인)이라고 하지 않고 其人(기 인)이라 했고 '그것을 서술하다'의 경우 述之(술지)라고 하지 않고 述之(술 지)라고 했다.

셋째, '~의'를 뜻하는 之(지)의 경우 '갑之(지)을'에서 갑과 을의 관계가 아주 밀접한 경우에는 物之終始(물지종시)처럼 표기하고 그렇지 않을 경우에는 物之終始(물 지 종시)로 표기했다. 그러나 그것은 그때그때의 문맥에 따라 조금씩 다를 수 있다는 점을 밝혀둔다.

넷째, '할 수 있다'는 의미의 可(가)나 '아니다'는 의미의 非(비), 不(불/부) 등은 문맥에 따라 뒤에 이어지는 말과 붙이거나 떼어서 표시했다.

다섯째, 해설하는 과정에서 『논어로 논어를 풀다』와 『논어로 중용을 풀다』

를 인용해야 할 경우 왼쪽 들여쓰기를 하여 문단 모양을 달리 했다. 그리고 그 부분은 『논어로 논어를 풀다』를 그대로 따와서 싣기보다는 『대학』 풀이에 맞도록 다시 손을 보았다는 점을 밝혀둔다. 따라서 『논어로 논어를 풀다』나 『논어로 중용을 풀다』를 읽지 않고 이 책에 바로 도전하더라도 읽어나갈 수 있도록 기본적인 체제를 갖추었다는 점도 언급해 두고자 한다.

차례

들어가는 말
왜 『대학』인가? …… 5

프롤로그
『대학』은 어떤 책인가? …… 13
'문리가 트인다'는 것! …… 22

經·경 1 장 …… 37
傳·전 1 장 …… 133
　　　전 2 장 …… 141
　　　전 3 장 …… 161
　　　전 4 장 …… 183
　　　전 5 장 …… 197
　　　전 6 장 …… 201
　　　전 7 장 …… 215
　　　전 8 장 …… 233
　　　전 9 장 …… 249
　　　전 10 장 …… 269

프롤로그

『대학』은 어떤 책인가?

1

원래 고대 중국에는 『중용(中庸)』이나 『대학(大學)』이라는 경서가 없었다. 송나라 때의 학자 주희(朱熹)가 『예기(禮記)』 49편 중 제31편을 따로 빼내 집주를 달고서 『중용』이라 이름 붙이고, 제42편에 집주를 달아 『대학』이라 이름 붙여 경서의 지위를 부여한 것이다.

『중용』은 공자의 제자이자 손자인 자사(子思)의 저작으로 알려져 있는데, 그 내용만 놓고 보자면 『논어』에 등장하는 주요개념들 중에서 특히 중용(中庸)과 열렬함〔誠〕을 집중적으로 다룬 책이다. 즉 『중용』은 앞의 3분의 2 정도는 공자의 언급들을 통해 이 두 개념을 체계적으로 설명하고 뒤의 3분의 1은 공자의 손자인 자사가 다시 한 번 열렬함〔誠〕의 문제를 집중적으로 조명하고 있다.

『대학』은 경(經)과 전(傳)으로 이뤄져 있다. 주희에 따르면 경은 공자의 말을 제자 증자(曾子)가 기술(記述)한 것이고, 전은 증자의 뜻을 그 제자가 기술한 것이라고 한다. 경에서는 明明德(명덕을 밝히는 일), 親民(백성을 내 몸과 같이 여기는 일), 止於至善(가장 바람직한 상태에서 오랫동안 머물러 있는 것)을 삼강령(三綱領)이라 하고, 格物, 致知, 誠意, 正心, 修身, 齊家, 治國, 平天下의 팔조목(八條目)으로 정리하여 사람을 다스리는 학문〔大學〕의 윤곽을 제시하였다. 전은 경의 설명이다.

사서(四書)를 직접 읽어보면 알겠지만, 아무런 준비 없이 곧장 『중용』이나 『대학』만 읽어서는 그 내용이 무엇을 말하는지 알 수가 없다. 워낙 추상적인 개념들이 압축되어 있기 때문이다. 하지만 『논어』는 성격이 전혀 다르다. 『논어』에는 그 안에 『논어』에 등장하는 추상개념들을 보다 명확하게 이해할 수 있는 단서들이 충분히 들어 있어 자기독해가 가능하다. 그것이 이론해론이었다. 반면 『중용』이나 『대학』은 자기독해가 사실상 불가능하다. 즉 『중용』만으로 『중용』을 풀어내거나 『대학』만으로 『대학』을 풀어낼 수 없다는 말이다. 그 대신 『논어』의 자기독해를 기반으로 풀어나가면 『중용』이나 『대학』은 뜻밖에 쉽게 풀린다. 이미 우리는 이 점을 『논어로 중용을 풀다』에서 확인한 바 있다.

참고로 주희는 사서를 읽어가는 방법으로 "『대학』을 보고 또 힘을 붙여 『논어』를 보고 또 힘을 붙여 『맹자』를 보아 이 세 책을 보고 나면 이 『중용』은 절반은 모두 마치게 된다"고 했다. 그러나 필자는 『논어』 『중용』 『대학』 『맹자』 순(順)으로 읽어나갈 것이다. 그 이유는 잠시 후에 설명하겠다.

　주희의 사서 읽기 순서는 스승의 도움을 전제로 한 것이다. 곁에서 지도해 주는 스승이 있다면 주희의 말대로 『대학』을 먼저 보면서 전반적인 개요를 살피고, 이어 『논어』를 통해 그 내용을 풍부하게 한 다음, 다시 『중용』으로 요약하고, 끝으로 『맹자』를 읽어 총정리하는 것도 나름대로 사서를 읽어내는 훌륭한 방법이 될 수 있을 것이다.

　그러나 필자는 혼자서 읽어나가는 것을 전제로 했다. 그럴 경우 책의 난이도만 놓고 본다면 『맹자』에서 출발해 『논어』를 읽고 이어 『대학』과 『중용』으로 마무리할 수도 있다. 그런데 이 방법이나 주희의 방법에는 근본적인 문제가 하나 있다. 그것은 공자 자체보다는 이후 공자―맹자―주희로 이어지는 도통(道統)의 맥락에서 사서를 읽어가려는 경직된 태도에 물들게 될 수 있다. 사실 『논어』를 제외하면 나머지 세 책은 모두 도통을 세우려는 뚜렷한 의도를 갖고서 맹자와 주희가 편찬한 책이라는 점을 항상 주의할 필요가 있다.

　사서를 그 내용과 수준에 초점을 맞춰 그림을 그려보면 다음과 같다. 위로 갈수록 어렵고 추상적이며 내려갈수록 쉽고 구체적이다.

난이도	사서
상	중용(2)　　대학(3)
중	논어=논어(1)
하	맹자(4)

『논어』로 『논어』를 풀어내는 『논어』의 자기해석과 자기이해〔以論解論〕이론해론가 첫 번째 작업(1)이었다면, 보다 함축적이고 체계적인 『중용』을 『논어』로 풀어내는 해석과 이해〔以論解中〕이론해중가 두 번째 작업(2)이었다. 이와 비슷한 연장선에서 『대학』을 『논어』로 풀어내는 해석과 이해〔以論解大〕이론해대가 세 번째 작업(3)이며, 사서 중에서 비중이 약할 수밖에 없는 『맹자』는 실은 추상도 면에서 가장 낮고 시기적으로나 사상적으로 『논어』『중용』『대학』에 비하면 처지기 때문에 『맹자』를 『논어』(그리고 『중용』과 『대학』)로 읽어내는 해석과 이해〔以論讀孟〕이론독맹가 네 번째 작업(4)이 될 것이다. 『맹자』는 워낙 논리적이고 약간의 보충설명만 가해지면 얼마든지 저절로 이해될 수 있는 것이기 때문에 풀어야 할 것은 별로 없고, 대신 공자와 맹자, 『논어』와 『맹자』를 비교하는 선에서 '읽어' 내려갈 것이다. 그것이 『맹자』라는 책 자체에 가장 잘 어울리는 독법(讀法)으로 보이기 때문이다.

2

조선시대에는 사서를 읽는 전통적인 순서가 있었다. 앞에서 언급한 바와 같이, 먼저 『대학』을 읽고 이어 『논어』와 『맹자』를 읽은 다음 『중용』으로 마무리했다. 이는 일반적인 사서 읽기의 순서임과 동시에 성균관의 강의순서이기도 했다. 조선초 문과 시험을 준비하던 성균관 생도들의 공부방식을 보자.

"식년과거(式年科擧)는 반드시 오경(五經)을 통(通)한 자라야 시험에 나아가는 것을 허락할 것이니, 마땅히 성균관으로 하여금 사서재(四書齋)와 오경재(五經齋)로 나누고 생도를 더 많이 늘여 돈독하게 강(講)하기를 권장하게 하며, 그 시강(試講)하는 법은, 하루아침에 많이 오게 되면 비단 강문(講問)하는 것이 정밀하지 못할 뿐 아니라, 혹시 모람(冒濫 - 윗사람에게 함부로 대함)의 폐단이 있을까 하니, 금후(今後)에는 생도가 대학재(大學齋)에 들어가서 읽기를 끝내면, 성균관에서 예조에 보고하고, 예조에서 대성(臺省)과 더불어 각각 한 사람이 성균관에 나아가서 함께 고찰(考察)을 가하여, 강설(講說)이 상명(詳明)하고 지취(旨趣)를 밝게 통한 자는 부서(簿書)를 만들어 성명(姓名)을 기록하고 논어재(論語齋)로 올리고, 그 불통(不通)한 자는 그대로 본재(本齋)에 있게 하여 통할 때를 기다리게 할 것이며, 논어재, 맹자재(孟子齋), 중용재(中庸齋)의 고강(考講)과 승척(升陟 - 승급)도 모두 이 예(例)대로 하여, 중용재에서 강이 끝나서 모두 통한 자는 예기재(禮記齋)로 올리고, 예기재에서 읽기를 마치면 성균관에서 예조에 보고하고, 예조에서 대성 관원과 더불어 고찰하는 것을 모두 사서의 예와 같이 하여 차례로 춘추재(春秋齋), 시경재(詩經齋), 서경재(書經齋), 역경재(易經齋)에 이르게 할 것이다."

─『세종실록』 1441년(세종 23년) 7월 21일

이를 통해 우리는 일단 조선시대 정통 유학자들의 사서오경 독파 순서는 『대학』 『논어』 『맹자』 『중용』 『예기』 『춘추(春秋)』 『시경(詩經)』 『서경(書經)』 『역경(易經)』임을 확인할 수 있다. 여기서 우리의 관심사는 일단 사서의 독파 순서다. 이런 순서는 어떻게 해서 생겨난 것일까?

앞서 언급한 것과 같이, 『대학』과 『중용』은 별도의 책이 아니라 『예기』 49편 중에서 각각 42번째와 31번째로 포함돼 있던 글이었다. 그러나 한나라를 전후해 이 둘은 점점 독자성을 인정받아 점점 별개로 경서의 지위를 얻게 되었고, 송나라의 주희가 이 둘에 대해 각각 장구를 나눠 풀이를 덧붙임으로써 오늘에 이르고 있다.

주희가 사서 읽는 법〔讀法〕을 제시했기 때문에 이후 사서를 공부하려는 사람들은 특별한 이유가 없으면 이 순서를 따랐다. 주희는 사서 중에서 『중용』을 가장 난해한 책으로 보았다. 그에 따라 읽는 순서도 가장 뒤에 두었다.

"독서의 순서는 모름지기 우선 힘을 붙여 『대학』을 보고 또 힘을 붙여 『논어』를 보고 또 힘을 붙여 『맹자』를 보아 이 세 책을 보고 나면 이 『중용』은 절반은 모두 마치게 된다. 남에게 물을 필요 없이 다만 대강 보고 지나가야 할 것이요, 쉬운 것을 놓아두고 먼저 어려운 것을 다스려서는 안 된다."

이 말은 곧 사서 중에서 핵심 중의 핵심을 담고 있는 책은 『중용』이라는 말이다. 주희가 볼 때 『대학』은 입문서였던 것 같다.

"『대학』은 하나의 빈칸이니 이제 그것을 메워 꽉 차게 해야 한다."

즉 『대학』이 학문의 큰 골격을 제시하는 것으로 보고 먼저 개요를 파악한 다음 그 내용을 『논어』와 『맹자』로 채우고, 그 요체를 『중용』으로 요약해야 한다고 보았던 것이다. 필자는 그 교조성으로 인해 동의하기는 힘들지만 이 또한 나름대로 가능한 독법의 하나라고 본다.

그러나 한문(漢文)에 익숙지 않은 우리로서는 갑자기 『대학』을 읽으면 무슨 뜻인지 도무지 알 길이 없다. 게다가 스승도 없이 『대학』을 혼자서 '탐구해 가며' 읽게 될 경우 십중팔구 옆길로 새게 마련이다. 단어 하나하나의 의미를 정확하게 이해하는 일이 쉽지 않기 때문이다.

3

필자는 주희의 권유와 달리 『논어』 『중용』 『대학』 『맹자』의 순서를 따른다. 우선 『논어』를 첫머리에 둔 이유부터 밝혀야겠다.

첫째, 현대의 우리는 어려서부터 사서는 말할 것도 없고 『소학(小學)』 『효경(孝經)』 등과 같은 유학의 기본적인 입문서들에도 전혀 익숙지 않다. 과거 조선시대 선비들은 다양한 유학의 기초서적들을 읽은 다음에 주희가 시키는 대로 『대학』과 『중용』을 읽어도 2~3년은 족히 걸렸다.

『세종실록』 1430년(세종 12년) 5월 18일자에는 흥미로운 대화가 나온다. 세종이 경연에서 자신을 위해 경전을 강의하는 임무를 맡은 검토관 권채에게 "그대는 글을 읽은 지 이미 오래인데 『대학』과 『중용』에 익숙한가 그렇지 못한가"라고 묻자 권채는 이렇게 답한다.

"『중용』과 『대학』은 변계량의 말을 좇아 읽은 지 3년에 이르렀고, 전년 봄부터 비로소 『논어』『맹자』와 오경(五經)을 읽었습니다. 그러나 신은 본시 성품이 민첩하지 못하여 정숙(精熟)하지 못하옵니다."

즉 당대의 인재였던 권채조차 이미 어려서부터 사서오경을 수시로 접하고 이어 문과에 급제하기 전에 성균관에 들어가 앞서 본 과정을 반복하고 다시 관리생활을 하면서 틈틈이 당대의 대석학 변계량의 가르침에 따라서 『중용』과 『대학』을 읽었음에도 불구하고 3년이나 걸렸고, 물론 겸양의 표현이겠지만 아직도 제대로 정밀하게 숙달하지 못했다고 말하고 있는 것이다.

어째서 그럴까? 아마도 스승의 가르침에 따라 읽기는 했지만 그것이 반드시 문리를 터득하는 수준에 이르렀다고는 할 수 없을지 모른다. 특히 『논어』가 그렇다.

『논어』는 다른 세 경서와는 성격이 다르다. 세 경서는 적어도 책의 전통적인 구성법을 따르고 있기 때문에 하나하나 차례대로 따라가다 보면 내용이 논리적으로 이해되도록 되어 있다. 반면에 『논어』는 피상적으로 읽으면 잠언집 내지 잡록에 불과하다. 그러면 『대학』을 먼저 읽게 될 경우 『대학』에서 제시한 틀의 범위 안에서만 『논어』를 읽어내게 된다. 하지만 『논어』의 범위와 깊이는 『대학』이 따라올 수 있는 정도가 아니다. 사실 『논어』는 이미 나머지 세 경서를 다 포괄하고 있다고 해도 과언이 아니다. 그래서 극단적으로 말하면 제대로 『논어』를 이해할 경우 나머지 세 경서는 보지 않아도 무방할 정도다. 『논어』 안에 『중용』이 다루는 수기(修己)의 문제가 충분하게 나오고, 『대학』이 다루는 치인(治人)의 문제도 넘칠 만큼 나온다.

오히려 『논어』에서 널리 배운 다음 『중용』과 『대학』으로 그 핵심들을 다잡아 정리한 다음 『맹자』로 보충할 경우 사서의 풍부함과 다양성을 고스란히 자신의 것으로 만들어낼 수 있다는 것이 필자의 생각이다.

둘째, 내용적으로 보더라도 수기와 치인이 복합적으로 얽혀 있는 『논어』를 다 읽고 난 경우 그 다음 주제는 자연스럽게 中庸(중용)으로 모아진다. 어쩌면 이 점 때문에라도 『논어』 다음에는 반드시 『중용』을 읽어야 하는 것인지 모른다. 그리고 『중용』은 『대학』의 첫 출발점인 明德(명덕)으로 끝나고 있다. 明德(명덕)을 매개로 『중용』과 『대학』은 자연스럽게 연결되고 있다는 점에서 『중용』 다음에 『대학』을 읽는 것이 논리적으로도 맞는 일이다.

'문리가 트인다'는 것!

1

고전, 특히 동양고전을 공부하는 사람들이 흔히 쓰는 말 중에 '문리(文理)가 트인다'는 것이 있다. 그런데 이는 정확히 무슨 의미일까? 한자 뜻대로 풀이하자면 '글의 이치가 훤히 보인다'는 말이 되는데, 그러면 이것은 도대체 무슨 의미인가?

한 가지 예를 들어보겠다. 『논어』의 첫 구절이다.

學而時習之 不亦說乎
학 이 시 습 지 불 역 열 호

우리가 이 구절을 소리 높여 '학이시습지 불역열호'라고 읽었다고 해서 문리가 트이는 것은 아니다. 그렇다고 달달 외우듯이 그 뜻을 풀어 '배우고 때로 익히면 이 또한 기쁘지 아니한가?'라고 하면 문리가 트인 것일까? 그것도 아니다. 그나마 이 말도 오역이다. '(애씀〔文〕을) 배워 시간 날 때마다 부지런히 그것을 익히면 진실로〔亦〕 기쁘지 않겠는가'가 정확한 번역이다.

선문답을 하려는 것이 아니다. 사서를 읽을 때는 음미, 또 음미를 해야 하는데 이제 막 『논어』에 첫 걸음을 디뎌놓고서 뭘 음미할 게 있겠는가? 그런데 기존의 한학자나 동양철학자들까지 마치 아무 것이라도 배워서 그것을 익히면 기쁘다는 식으로 풀어놓고 있다. 이래 가지고는 사서, 나아가 삼경의 본뜻을 제대로 파악할 수 없다. 『논어』에서는 아무것이나 배우는 것이 아니라 정확히 文, 즉 애씀이나 애쓰는 법을 배우는 것이다. 시작부터 文理를 터득하는 길을 제시한 문장인데 오역과 무지로 인해 전혀 엉뚱한 방향으로 사람들을 이끌어간 것이 그간의 한학자 내지는 동양철학자들의 『논어』나 사서 번역과 풀이였다.

결론부터 말하면 공자가 말하는 '배운다'는 것은 골프를 배우는 것도 아니고 영어나 수학을 배우는 것도 아니고 도둑질하는 것을 배우는 것은 더욱 아니다. 學文, 즉 文을 배우는 것이다. 그것은 『논어』 안에 수도 없이 나온다. '學而 6'부터 보자.

공자는 말했다. "어린 사람들은 집에 들어오면 효도하고 밖에 나가면 공순하며, 행실을 삼가고 말에는 믿음이 담겨야 하며, 널리 사람들을 사랑하되 어진 이를 가까이 (하는 것을 배우려) 해야 한다. 이런 일들을 몸소 익혀 행하면서도 남은 힘이 있거든 그때 가서 문(文)을 배우도록 하라."

공자는 사람으로서의 기본바탕〔質〕이 갖춰진 다음에 문을 배우라〔學文〕고 말하고 있다. 국내 대부분의 번역서나 해설서는 이 文을 글로 풀이한다. 뜬금없이 글을 배우라는 게 무슨 뜻일까? 그나마 중국 학자 리링은 자신의 저서 『집 잃은 개』(글항아리)에서 이렇게 말하고 있다.

"공자는 '글을 배운다'고 말한다. 글〔文〕은 무엇일까? 문화이다. 특히 예악과 관련이 있는 인문 학술로 옛사람들은 그것을 문학(文學)이라고 불렀다. 도덕은 질(質)이고 예악은 문(文)이다. 문과 질은 상보적인 것이다. 공문(孔門)에서 독서는 예악을 배우는 것이다." (1권, 60쪽)

文을 문질의 문으로 본다는 점에서 국내 학자들에게서는 볼 수 없는 탁견이다. 그러나 아쉽게도 文을 다시 문화(文化)로 풀이한다는 것은 동어반복에 가깝다. 그리고 예악으로 한정하는 것은 文을 너무 표피화하는 것이다. 오히려 文의 근본적인 의미는 일본의 한학자 시라카와 시즈카의 『한자 백 가지 이야기』(황소자리)에서 찾아볼 수 있다.

"文(문)은 기회의 총체다. 내적인 것이 바깥으로 드러나는 것을 가리킨다. 그것을 더욱 한정하여 사용하는 방식이 문자다." (42쪽)

文(문)에 관한 가장 본질적이면서도 핵심적인 정의라 할 수 있다. 그래서 필자는 이미 『논어로 논어를 풀다』에서 내적인 것, 기본바탕〔質(질)〕과 대비시켜 文(문)을 애씀, 애쓰는 법, 애쓰다 등으로 번역할 것을 제안한 바 있다. 文(문)은 예악을 포괄하면서도 훨씬 더 근본적이다. 리링은 이 점을 놓친 듯하다. 『논어강설』(성균관대학교출판부)에서 學而時習(학이시습)의 學(학)을 예(악)를 배우는 것으로 풀이한 이기동 교수(성균관대 유학·동양학과) 또한 그런 점에서는 리링의 한계 안에 있다고 할 수 있다. 그럼에도 불구하고 리링이나 이기동 교수는 기존의 내용 없는 學(학)이나 文(문)에서 상당히 구체적인 방향, 즉 예악으로 나아갔다는 점에서 다른 어떤 풀이보다 뛰어나다고 할 수 있다.

자, 이제 보다 구체적으로 文(문)을 파고들어보자. 먼저 '述而(술이) 24'다. 공자의 어떤 제자는 스승의 가르침을 이렇게 요약하고 있다.

공자는 네 가지를 가르쳤으니 문(文) 행(行) 충(忠) 신(信) 넷이다.

가장 중요했던 것이 文(문)이다. 그래서 맨 앞에 나온다. 나머지 行(행) 忠(충) 信(신)은 사람됨의 근본바탕, 즉 質(질)이다. 그런데도 文(문)이 그냥 글일까, 아니면 예(악)일까? 오히려 行(행) 忠(충) 信(신)을 대충대충 하는 것이 아니라 온 정성을 다해 표출하려는 노력〔애씀=文(문)〕이 아닐까?

'子罕(자한) 10'에서 공자의 수제자 안회는 이렇게 말한다.

"(스승님께서는) 문(文)으로써 나를 넓혀주시고 예(禮)로써 나를 다잡아주셨다."

이걸 보아도 文과 禮는 상호 밀접하면서도 서로 다르다는 것을 알 수 있다. 앞서 언급했던 리링이나 이기동 교수는 이 점을 놓쳤다.

공자 자신도 '雍也 25'와 '顔淵 15'에서 "군자는 문(文)을 널리 배우고, (그 배운 바를) 예로써 다잡는다"고 말하고 있다. 이는 자연스럽게 學而時習을 연상시킨다. 공자가 말한 "문을 널리 배우다"를 풀이하는 단서는 '子張 22'다. 여기서 우리는 공자가 스승도 없이 어떻게 文이라는 것을 배웠는지를 알 수 있다.

위나라의 공손조가 (같은 위나라 출신인) 자공에게 물었다. "공자는 어떻게 배웠는가?"

자공은 다음과 같이 답한다. "문왕과 무왕의 도리는 아직 땅에 떨어지지 않아 사람들에게 (남아) 있다. 어진 자는 그 큰 것을 기억해 알고 있고, 그보다 못한 자도 그 작은 것을 기억해 알고 있어 문왕과 무왕의 도리가 여전히 남아 있으니, 공자께서 어찌 배우지 않으시며 또한 어찌 정해진 스승이 계시겠는가?"

공자가 말한 문왕과 무왕의 도리, 즉 선왕지도(先王之道)가 바로 文이다. 인간다워지려고 애쓰는 것이 바로 文이다. 나아가 공자는 '八佾 14'에서 그 배우는 범위를 크게 확대한다.

공자는 말했다. "주나라는 하 은 이대를 비추어 살펴보았으므로 찬란하도다 그 문(文)이여! 나는 주나라를 따르리라."

즉 주나라는 하나라와 은나라의 역사를 조감하여 文의 전통을 계승하였기에 위대하며, 그렇기 때문에 공자는 주나라를 따르겠다는 것이다. '顏淵 24'에서 증자는 이렇게 말한다.

"군자는 문(文)으로 벗을 모으고, 그런 벗과 사귀면서 인(仁)을 키운다."

學과 文에 대한 문리적 접근은 일단 이 정도에서 그치고 이번에는 『논어』에 등장하는 구체적인 사례들을 통해 '文理가 트인다'는 말의 의미를 보다 상세하게 알아보자.

2

사실 『논어』라는 책은 이미 그 안에 '문리가 트인 제자'와 '문리가 트이지 못한 제자'를 등장시켜 아주 친절하게 '문리가 트인다'의 의미를 그대로 보여주고 있다. '顏淵 22'는 그런 점에서 대단히 중요하다.

번지(樊遲)가 먼저 어질다는 것(仁)이 무엇이냐고 묻자 공자는 "사람을 사랑하는 것(愛人)"이라고 답한다. 이어 안다는 것(知)은 무엇이냐고 묻자 "사람을 아는 것(知人)"이라고 말한다. 그런데 번지가 이 말을 미처 이해하지 못하자 공자는 말했다. "곧은 사람을 들어 쓰고 모든 굽은 사람은 제자리에 두면, 굽은 자로 하여금 곧아지게 할 수 있다."

번지는 공자 앞을 물러나와 자하를 찾아가 물었다. "지난번에 내가 부자를 뵙고서 안다는 것[知]이 무엇인지 묻자 부자께서는 '곧은 사람을 들어 쓰고 모든 굽은 사람은 제자리에 두면, 굽은 자로 하여금 곧아지게 할 수 있다'고 하셨다. 무엇을 말함인가?"

자하는 이미 공자의 말뜻을 알아차렸다는 듯이 "풍부하도다! 그 말씀이여!"라고 말한 다음 구체적인 사례를 들어 번지의 궁금증을 풀어준다. "순(舜) 임금이 천하를 소유함에 여러 사람 중에서 선발하여 고요(皐陶)를 들어 쓰시니 어질지 못한 자들이 멀리 사라졌고, 탕왕(湯王)이 천하를 소유함에 여러 사람 중에서 선발하여 이윤(伊尹)을 들어 쓰시니 어질지 못한 자들이 멀리 사라졌다."

번지라는 제자는 '子路 4'에서 공자에게 농사일을 배우고 싶다고 했다가 소인(小人)이라는 혹평을 받기도 했지만 종종 좋은 질문을 던져 칭찬을 받기도 했다. 공자 제자들 중에서는 중간[中]이나 중하(中下)쯤 되는 인물이다. 이 글은 단계를 나누어 잘 살펴야 한다.

첫째, 번지가 공자에게 인(仁)과 지(知)가 무엇인지를 묻자 공자는 아주 간명하게 각각 사람을 사랑하는 것, 사람을 아는 것이라고 답한다. 그중에서 특히 번지는 아는 것[知]을 사람을 아는 것[知人]이라고 말하는 공자의 뜻을 이해하지 못했다. 문리가 전혀 트이지 못한 것이다.

둘째, 공자는 아는 것[知], 즉 사람을 아는 것[知人]을 이렇게 풀이해 준다. "곧은 사람을 들어 쓰고 모든 굽은 사람은 제자리에 두면[擧

直錯諸枉], 굽은 자로 하여금 곧아지게 할 수 있다〔能使枉者直〕." 공자
의 대답은 여기까지다. 그러나 번지는 여전히 왜 지(知)가 지인(知人)
인지도 모르는 데다가 그 지인을 왜 또 이렇게 풀이했는지를 전혀 이
해하지 못한다. 다만 번지는 솔직했다. 그래서 중상(中上)은 되는 동료
제자 자하를 찾아가 물었다.

셋째, 어느 정도 문리가 트인 자하는 공자가 말한 바를 이렇게 풀어
준다. "순(舜) 임금이 천하를 소유함에 여러 사람 중에서 선발하여 고
요(皐陶)를 들어 쓰시니 어질지 못한 자들이 멀리 사라졌고, 탕왕(湯
王)이 천하를 소유함에 여러 사람 중에서 선발하여 이윤(伊尹)을 들
어 쓰시니 어질지 못한 자들이 멀리 사라졌다." 역사 속의 사례를 통
해 이미 자하는 공자가 말한 곧음〔直〕과 굽음〔枉〕, 그리고 사람을 알
아보고〔知人〕 쓰는〔用人〕 문제가 무엇을 의미하는지를 정확히 알고
있었던 것이다.

자하가 어느 정도 문리가 트인 인물이라는 사실은 '八佾 8'에서 명
확하게 알 수 있다.

자하가 물었다. "예쁜 웃음에 보조개가 뚜렷하고 아름다운 눈에
눈동자가 선명하도다. 하얀 본바탕에 화려한 꾸밈이 가해져 더욱 빛
나는구나!〔巧笑倩兮 美目盼兮 素以爲絢兮〕'라는 시는 무슨 뜻입니까?"
공자는 말했다. "그림 그리는 일은 흰 비단을 마련한 후에 이뤄진다."
자하가 말했다. "예가 (인이나 충신보다는) 뒤에 있겠군요."
공자는 말했다. "나를 흥기시키는 자는 자하이구나! 이제 비로소

너와 더불어 시를 논할 수 있겠다."

자하가 한 시구를 인용하며 무슨 뜻인지를 묻는다. '巧笑倩兮 美目
盼兮 素以爲絢兮'다. 이를 주희는 일시(逸詩)라고 했다. 일시란 『시경』
에는 수록되지 못한 고대 중국의 시를 말한다. 倩은 거의 쓰지 않는
한자인데 주희는 그것을 보조개〔口輔〕로 풀이한다. 盼은 눈 예쁠 반
이다. 글자 모양대로 눈동자의 흑백이 뚜렷하다는 것이다. 兮는 감탄
의 의미를 갖는 어조사다. '예쁜 웃음에 보조개가 뚜렷하고 아름다운
눈에 눈동자가 선명하다' 정도로 해석할 수 있다. 금상첨화(錦上添花),
화룡점정(畵龍點睛)이다. 결국 이 두 구절을 통합해서 해설하는 것이
素以爲絢兮, 즉 하얀 본바탕〔素〕에 화려한 꾸밈〔絢〕이 가해져 더욱
빛난다는 것이다. 素絢은 質文과 상응한다. 소박(素朴) 질박(質朴)이
현란(絢爛) 문채(文彩)와 대응하는 것이다. 문질(文質)의 문맥이다.

그 시의 의미에 대해 자하가 묻자 공자는 함축적으로 답한다. 그림
그리는 일은 흰 비단〔素〕을 마련한 후에 이뤄진다는 것이다. 바탕이
있고 나서 꾸밈이 있을 수 있다는 뜻이다. 여기까지는 비유였고 결국
자하의 질문은 예(禮)로 돌아간다. "(그렇다면) 예가 (인보다) 뒤에 오
겠군요?" 어진 마음〔仁〕은 흰 비단과 통하고 예는 그림 그리는 일과
통한다. 인(仁)이 바탕〔質〕이면 예는 꾸밈〔文〕이다. '八佾 3, 4'에서 논
의한 예의 본질 문제가 그림 그리기의 비유를 통해 이렇게 확장되고
있는 것이다.

공자는 기뻐하며 이제 비로소 자하와 더불어 시를 논할 수 있게 되

었다고 말한다. 그것은 자하의 문리가 트인 점을 인정해 준 것이다. 이런 자하였기에 번지에게 그처럼 소상히 설명해 줄 수 있었던 것이다.

이제 문리가 트인다는 말을 새롭게 정립하고자 한다. 그것은 흔히 생각하듯이 글의 이치를 훤하게 알게 된다는 뜻임과 동시에, 말 그대로 인간다우려고 애쓰는〔文〕 방법이나 이치〔理〕를 알게 된다는 뜻으로 볼 때 그 의미가 훨씬 명확해진다. 글을 이해할 줄 안다고 해서 문리가 트일 수는 없으며 결국 修己의 이치를 제대로 파악해 하나하나 실천에 옮기는 것이 곧 제대로 된 의미의 '문리가 트였다'가 될 수 있다.

3

이런 맥락에서 중용(中庸)은 과연 무슨 뜻일까? 앞의 자하라면 중용을 어떻게 풀어낼까? 흔히 이렇게 풀이한다. 가운데 중(中), 떳떳할 용(庸). 가운데서 떳떳하다? 이게 무슨 말인가?

기존의 사서풀이집들을 보면 한결같이 '지나치거나 치우침이 없음'이라고 나온다. 그렇기에 중용은 대충 '적절한 균형을 잡다' 정도로 풀이하고 지나간다. 필자도 한동안 그렇게 하면서 경전을 읽었다. 그러다 보니 늘 알 듯 모를 듯한 것이 사서였다.

그런데 그것도 6년이 되고 보니 혼자 힘으로 경서를 읽어가는 힘이 생겨나는 체험을 하게 됐다. 여기서는 필자가 중용을 파악하는 문리를 어떻게 터득했는지를 보여주고자 한다.

『논어』 '雍也 27'에서 공자는 이렇게 말한다.

"중용이 다움[德]을 이루어냄이 지극하구나. (그런데) 사람들 가운데는 중용을 오래 지속하는 이가 드물다."

우선 공자는 다움[德]을 이루어내는 것이 '중용'이라고 말한다. 다움을 이루어낸다는 것은 임금이 임금다워지고 신하가 신하다워지고 부모가 부모다워지고 자식이 자식다워지는 것이다. 크게 말해 사람이 사람다워지는 것이 바로 그 다움[德]을 이루는 것이다.

여기서 우리는 질문을 던져야 한다. 기존의 해석에 따를 때 '지나치거나 치우침이 없음'이 어떻게 다움[德]을 이뤄낼 수 있을까? '적절한 균형을 잡는다'고 해서 임금이 임금다워지고 신하가 신하다워질까? 이래 가지고는 무슨 말인지 알 길이 없다. 그래서 일반인들은 이 단계에 이르면 '아, 내가 한문이 약해서 이해를 못 하는구나'라며 지레 포기하고 만다.

결론부터 말하면 중용은 한 단어가 아니라 '중하고[中] 용하다[庸]'는 두 단어다. 여기서의 중(中)은 가운데 운운하는 것과는 전혀 상관이 없고 오히려 적중(的中), 관중(貫中)하다고 할 때의 그 중이다. 『서경』에 나오는 '문제의 핵심을 잡아 쥔다'고 할 때의 執中이 바로 '중하는 것[中]'이다. 아직 도달하지는 못했지만 뭔가 사안의 본질이나 핵심에 닿기 위해 갖은 애를 다 쓰는 것이 바로 '중하는 것[中]'이다.

용(庸)도 떳떳함과는 상관이 없고 오래 지속하는 것[恒=久=長]이다. 즉 열과 성을 다하여[誠] 어렵사리 중하게 된 것을 가능한 한 그대로 유지하는 것이 바로 '용하는 것[庸]'이다.

이제 '雍也 27'을 다시 읽어보자. 임금이 절로 임금이 되는 것이 아니다. 관대함, 판단력, 위엄 등과 같은 임금다움(君德(군덕))을 조금씩 조금씩 갖춰나감으로써 처음에는 어설펐던 임금도 훗날 임금다운 임금이 될 수 있다. 그러면 어떻게 해야 하겠는가? 임금의 다움을 배우고 익혀 최대한 자기 몸에 남도록 해야 한다. 즉 다움의 가치(德(덕))를 찾아내어(中(중)) 내 몸에 익혀야(庸=習=約(용 습 약)) 한다.

아마도 눈 밝은 독자라면 벌써 눈치챘으리라 본다. 그렇다. 중하고 용하는 것(中庸(중용))은 『논어』 '學而 1(학이)'에 나오는 學而時習(학이시습)과 정확히 통한다. 각자 자신이 갖춰야 할 다움(德(덕))을 애써(文(문)) 배워서 그것을 시간 나는 대로 열심히 몸에 익히는 것이 바로 중하고 용하는 것(中庸(중용))이다.

여기까지 이해한 다음에 『논어』 '泰伯 17(태백)'을 읽어보자.

공자는 말했다. "배움은 마치 내가 (거기에) 못 미치면 어떡하나 하는 마음으로 해야 하고, 또 (그것에 미쳤을 때는) 오히려 그것을 (다시) 잃어버리면 어떡하나 두려워하는 마음으로 해야 한다."

여기서 자연스럽게 배움과 중하고 용하는 것이 만나고 있다. '내가 거기에 못 미치면(不及(불급)) 어떡하나 하는 마음으로 하는 것'이 중하는 것(中(중))이고 '그것을 (다시) 잃어버리면(失之(실지)) 어떡하나 두려워하는 마음으로 하는 것'이 용하는 것(庸(용))이다.

결국 중하는 것이나 용하는 것이나 전심전력을 기울여야지 조금만 방심해도 중하지 못하고 설사 중했다 하더라도 그것을 얻지 못해서

용하지 못하는 것이다.

적어도 이 정도까지는 이해가 되어야 『논어』 '雍也 27'에서 공자가 말한 뒷부분을 쉽게 이해할 수 있다.

"(그런데) 사람들 가운데는 중용을 오래〔久〕 지속하는 이가 드물다."

이제 핵심은 '오래〔久〕'이다. 순간적으로는 누구나 중할 수 있고 용할 수도 있다. 그러나 그것을 오래 끌고 가는 것은 쉽지 않은 것이다.

이렇게 이해하고 나면 왜 공자의 제자이자 손자인 자사가 공자의 사상적 맥을 잇기 위해 수많은 개념 중에서도 중용을 키워드로 선택했는지 그 이유를 쉽게 알 수 있을 것이다. 중용이야말로『논어』에 등장하는 여러 가지 다움들을 자기 몸에 갖추는 거의 유일한 방법이기 때문이다. 중하고 용하는 것〔中庸〕에 대한 이러한 이해를 바탕으로 이제 우리는 문리(文理)를 염두에 두면서 자연스럽게『대학』을 풀어나가고자 한다.

경 1장

大學之道 在明明德 在親民 在止於至善
대학지도 재명명덕 재친민 재지어지선

知止而后有定 定而后能靜 靜而后能安 安而后能慮 慮而后能得
지지이후유정 정이후능정 정이후능안 안이후능려 려이후능득

物有本末 事有終始 知所先後 則近道矣
물유본말 사유종시 지소선후 즉근도의

古之欲明明德於天下者 先治其國 欲治其國者 先齊其家 欲齊其家者
고지욕명명덕어천하자 선치기국 욕치기국자 선제기가 욕제기가자

先脩其身 欲脩其身者 先正其心 欲正其心者 先誠其意 欲誠其意者 先致
선수기신 욕수기신자 선정기심 욕정기심자 선성기의 욕성기의자 선치

其知 致知在格物
기지 치지재격물

物格而后知至 知至而后意誠 意誠而后心正 心正而后身脩 身脩而后家
물격이후지지 지지이후의성 의성이후심정 심정이후신수 신수이후가

齊 家齊而后國治 國治而后天下平
제 가제이후국치 국치이후천하평

自天子以至於庶人 壹是皆以脩身爲本 其本亂而末治者 否矣 其所厚者
자천자이지어서인 일시개이수신위본 기본난이말치자 부의 기소후자

薄 而其所薄者厚 未之有也
박 이기소박자후 미지유야

남을 다스리는 자가 되기 위해 (반드시) 배워야 하는 (세 단계) 길은 첫째는 (내 몸에) 공적인 다움을 갈고닦는 데 있고, 둘째는 백성들을 내 몸과 같이 여기는 데 있고, 셋째는 가장 바람직한 상태에 오랫동안 머물러 있는 데 있다.

(가장 바람직한 상태에서) 오랫동안 머무를 줄 알게 된 후에야 (뜻이 나아갈 방향이) 정해짐이 있고, 뜻의 방향이 정해지고 난 이후에야 능

히 흔들림이 없는 마음을 갖게 되고, 마음의 흔들림이 없어진 후에야 능히 (인이나 도를) 편안하게 여기게 되고, 인을 편안하게 여길 수 있게 된 후에야 능히 심모원려를 할 수 있고, 심모원려를 할 수 있게 된 후에야 능히 (그에 어울리는 지위나 뜻했던 바를) 얻게 된다.

모든 일에는 근본과 곁가지가 있고 모든 일에는 끝과 시작이 있으니 먼저 해야 할 것과 뒤에 해야 할 것을 잘 알고 있다면 도에 보다 가까이 다가가게 될 것이다.

옛날에 공적인 대의를 천하에 밝히고자 하는 자는 먼저 자기 나라를 잘 다스렸고, 나라를 잘 다스리려 하는 자는 먼저 자기 집안을 가지런히 했고, 집안을 가지런히 하려고 하는 자는 먼저 자기 몸을 닦았고, 몸을 닦고자 하는 자는 먼저 자기 마음을 바로 하였고, 마음을 바로 하고자 하는 자는 먼저 자신의 뜻을 열렬하게 하였고, 뜻을 열렬하게 하고자 하는 자는 먼저 앎에 이르렀으니, 앎에 이른다는 것은 사물의 이치를 깨우치는 데 있었다.

사물의 이치를 깨우친 후에야 앎이 지극해지고, 앎이 지극해진 후에야 뜻이 열렬해지고, 뜻이 열렬해진 후에야 마음이 바로잡히고, 마음이 바로잡힌 후에야 몸이 닦이고, 몸이 닦인 후에야 집안이 가지런해지고, 집안이 가지런해진 후에야 나라가 제대로 다스려지고, 나라가 제대로 다스려진 후에야 천하를 평정할 수 있다.

천자로부터 아래로는 일반 백성에 이르기까지 일체 다 수신을 근본으로 삼는다. (왜냐하면) 그 근본이 (바로 서지 않아) 어지러운데 곁가지가 제대로 다스려지는 경우는 없고, 두텁게 해야 할 것을 엷게 하고 엷게 해도 되는 것을 두텁게 하는 일은 있어서는 안 된다.

大學之道 在明明德 在親民 在止於至善
대학지도 재명명덕 재친민 재지어지선

남을 다스리는 자가 되기 위해 (반드시) 배워야 하는 (세 단계) 길은 첫째는 (내 몸에) 공적인 다움을 갈고닦는 데 있고, 둘째는 백성들을 내 몸과 같이 여기는 데 있고, 셋째는 가장 바람직한 상태에 오랫동안 머물러 있는 데 있다.

주희에 따르면 '經(경) 1장(장)'은 공자가 말한 것을 제자인 증자(曾子)가 기술하였고, 이어지는 전(傳) 10장은 증자의 뜻을 그 제자들이 기록한 것이라고 한다. 따라서 '經(경) 1장(장)'은 공자의 뜻에 가깝고, 전 10장은 '經(경) 1장(장)'에 대한 증자의 풀이를 그의 제자들이 일목요연하게 정리한 것이라고 볼 수 있다.

따라서 '經(경) 1장(장)'의 경우 무엇보다도 『논어로 논어를 풀다』의 도움을 받는 것이 절실하다. 사서 중에서 가장 '공자적인 것'은 누가 뭐래도

『논어』이기 때문이다.

대학의 도리〔大學之道〕부터 풀어보자. 먼저 주희는 대학(大學)을 대인(大人)의 학(學)이라고 부른다. 대인이 되기 위해서는 반드시 배워야 하는 도리나 배움이다. 그런데 대인이 어떤 사람인지에 대한 언급은 없다. 다행스럽게도 『논어』 '季氏 8'에 딱 한 번 대인에 관한 언급이 나온다.

공자는 말했다. "군자에게는 두려워해야 할 세 가지가 있다. 천명을 두려워해야〔畏天命〕 하고, 대인(大人)을 두려워해야 하고, 성인의 말씀을 두려워해야 한다. 소인은 천명을 알지 못하기 때문에 천명을 두려워하지 않는다. 게다가 대인을 (알아보지 못하고) 함부로 대하며〔狎大人〕 성인의 말씀을 우습게 여긴다."

이 장에서 공자는 군자가 되려는 사람이라면 마땅히 두려워해야 할 세 가지를 말한다. "천명(天命)을 두려워해야 하고, 대인(大人)을 두려워해야 하고, 성인(聖人)의 말씀을 두려워해야 한다." 그러면서 소인(小人)을 등장시켜 약간의 보충설명을 가한다. "소인은 천명을 알지 못하기 때문에 천명을 두려워하지 않는다. 게다가 대인을 (알아보지 못하고) 함부로 대하며 성인의 말씀을 우습게 여긴다"는 것이다.

먼저 畏天命을 살펴보자. 畏란 두려워하는 것이다. 이는 곧 '爲政 4'의 知天命과 통한다. 천명을 안다는 것은 곧 천명을 두려워하는 것이다. 그 역도 마찬가지다. 즉 천명을 알지 못한다는 것은 천명을 두려워하지 않는 것이다. 천명이란 "도를 따르면 길하고 도를 거스르면 흉하다"는 것이다. 그래서 천명을 안다는 것은 곧 천명을 두려워할 줄 안다〔知畏天命〕는 뜻이기도 하다.

정약용은 자신의 저서 『논어고금주(論語古今註)』에서 대인을 '군주'라고 풀이한다. 그리고 狎大人에 대해서는 "총애를 받는 신하는 천지의 분수를 망각하기 때문에 버릇없이 (군주를) 친압하게 되는 것이다"고 말한다. 친압이란 가깝다고 해서 윗사람을 우습게 알고 업신여긴다는 말이다. 또 소인들이 성인의 말씀을 우습게 여기는 이유에 대해 정약용은 "성인의 상서롭고 재앙이 되는 경계의 말은 반드시 오랜 뒤에 징험이 되기 때문에 (당장은 이를 알지 못하는) 소인이 이를 업신여기게 된다"고 풀이한다.

이 장의 총괄적인 내용 설명도 정약용의 풀이가 정곡을 찌른다. "하늘이 내리는 재앙〔天命〕과 임금이 내리는 벌〔大人〕에서 그 구별되는 점은 (하늘의 재앙은) 은미하여 드러나지 않는다는 것과 (임금의 벌은) 환히 드러난다는 것뿐이다. 하지만 화(禍)와 재앙이 사람에게 와서 미치는 것은 (천명이나 대인 둘 다) 거의 차이가 없기 때문에, 공자가 이를 같이 보고 다 함께 두려워할 만하다고 한 것이다. 천지신명의 마음과 인사성패(人事成敗)의 진리는 (소인은) 진실로 볼 수 없고, 오직 성인만이 이를 볼 수 있다. 성인이란 보통 사람이 보지 못하는 것을 보기 때문에 성인의 말은 또한 두려워할 만한 것이다."

하늘의 이치와 사람 사는 세상의 이치, 그리고 그 이치를 꿰뚫어 보는 사람의 관계를 압축하여 정리하고 있다.

이 같은 『논어』의 '季氏(계씨) 8'을 바탕으로 해서 보자면 대인은 치자(治者) 혹은 위정자(爲政者)라고 볼 수 있다. 그러면 대학(大學)은 통치자가 되기 위해 배워야 하는 학문〔治人之學(치인지학)〕이다. 결국 대학지도(大學之道)는 '남을 다스리는 자가 되기 위해 (반드시) 배워야 하는 길'이라고 옮길 수 있다.

공자가 말하는 '남을 다스리는 자가 되기 위해 (반드시) 배워야 하는 길〔大學之道(대학지도)〕'은 첫째는 '在明明德(재명명덕)', 둘째는 '在親民(재친민)', 셋째는 '在止於至善(재지어지선)'이다. 이 셋은 선택의 길이 아니라 하나씩 거쳐 가야 하는 단계이다. 즉 대학의 길은 세 가지가 각각 있는 것이 아니라 이 셋을 차례로 거쳐 가야 하는 것이다. 그렇기 때문에 이 셋의 '순서' 또한 대단히 중요하다.

그리고 이 셋은 사실상 『대학』의 전체 내용을 함축적으로 담고 있다. 조금 과장해서 말하면 이 셋만 제대로 알아도 『대학』의 기본골격은 알았다고 할 수 있다. 마치 『논어』의 '學而(학이) 1'만 제대로 알아도 『논어』의 기본은 어느 정도 깨우쳤다고 할 수 있듯이 말이다. 이 셋을 삼강령(三綱領)이라고 부르는 것도 그 때문이다. 따라서 여기서는 한 자 한 자 음미하며 깨부수듯이〔覺譯(각역)〕 아주 정교하게 풀이하지 않으면 안 된다. 어설픈 추측성 해설이나 주석은 곤란하다. 공자의 뜻을 제대로 파악할 수 있는 '이론해론(以論解論)', '문리(文理)가 통하는 풀이'가 절실한 이유도 그 같은 추측성 풀이를 피할 수 있도록 해주기 때문이다.

첫째, 在明明德이다. 在/明/明德. 우선 전통적 해석으로 풀어보면 '(대학의 길은 첫째로) 밝은 덕[明德]을 밝히는[明] 데 있다[在]'는 것이다. 먼저 나오는 明, 즉 밝힌다는 것은 동사이며 닦는다[修]나 높인다[崇]와 통한다. 따라서 명덕을 밝힌다는 것[明明德]은 (내 안의) 명덕을 닦는다[修明德] 혹은 (내 안에서) 명덕을 높인다[崇明德]는 것이다.

그러면 『논어』에 등장하는 '다움을 높이다[崇德]'를 단서로 해서 동사 '밝히다[明]'의 의미를 풀어보자. 먼저 '顔淵 10'에서 공자의 제자 자장(子張)이 '다움을 높이다[崇德]'의 의미를 묻자 공자는 이렇게 답한다.

"충(忠)과 신(信)을 주로 함으로써 (사욕으로부터) 의로움으로 옮겨가는 것이 숭덕(崇德)이다."

즉 스스로에게 진심을 다하고[忠] 타인과의 관계에서 말을 하면 반드시 지킴으로써 믿음을 주어[信] 사욕으로부터 벗어나 내면의 올바름을 외적으로 옮겨가는 것, 이행하는 것[徙=遷]이 다움[德]을 높여가는 것이라는 뜻이다. 사(私)에서 공(公)으로 나아감을 통해 스스로의 마음가짐을 수양하는 것이다. 즉 숭덕이라고 해서 다움을 (머릿속에서만) 받들어 모시는 것이 아니라 차근차근 실행함으로써 내 몸에 쌓아가는 것을 뜻한다. '顔淵 21'에서는 제자 번지가 같은 질문을 던지자 공자는 이렇게 답한다.

"일(事)을 먼저 하고 이득(得)은 뒤로 하는 것이 다움을 높이는 것 아니겠는가?"

즉 선공후사(先公後私)의 정신이 몸에 배도록 애쓰는 것이 바로 다움을 높이는 것이다. '밝히다(明)'는 바로 이런 의미에서의 '높이다(崇)'와 뜻이 정확하게 통한다.

이제 '밝은 덕'이라고 할 때의 '밝은(明)'과 '다움(德)'을 살펴볼 차례다. 여기서의 '밝은', '밝다'고 할 때의 명(明)은 『논어』 '顏淵 6'이 정확하면서도 상세한 해명을 해준다.

자장이 밝음(明)에 관해 묻자 공자는 말했다. "서서히 젖어드는 참소(譖訴)와 피부에 와 닿는 하소연이 행해지지 않는다면 그 정사는 밝다고 이를 만하다. 그런 참소와 하소연이 행해지지 않는다면 멀다(遠=公)고 이를 만하다."

'밝히다'는 뜻에서의 '다움을 높이다(崇德)'를 물었던 공자의 제자 자장은 여기서도 우리에게 결정적인 도움을 준다. 그는 공자에게 밝음(明)에 관해 질문을 던진다. 『논어』에 딱 한 번 등장하는 '명(明)'에 관한 물음이며 쉽지 않은 질문이다. 우선 명(明)의 사전적인 뜻을 살펴보자. 明에는 참으로 많은 뜻이 있다. 밝다, 밝히다, 날새다, 나타나다, 명료하게 드러나다, 똑똑하다, 깨끗하다, 결백하다, 희다, 하얗다, 질서가 서다, 갖추어지다, 높이다, 숭상하다, 존중하다,

맹세하다, 밝게, 환하게, 확실하게, 이승, 현세(現世), 나라 이름, 낮, 주간(晝間), 밖, 겉, 밝고 환한 모양, 밝은 곳, 양지(陽地), 밝음, 빛, 광채(光彩), 새벽, 성(盛)한 모양 등등이 그것이다. 그러나 여기서는 무엇보다 공(公)과 같은 뜻이다.

자장의 물음에 공자는 이렇게 답한다. 다음과 같은 두 가지, 즉 서서히 젖어드는〔浸潤〕 참소나 무고〔譖〕와 피부에 와 닿는〔膚受〕 애끓는 하소연〔愬〕이 행해지지 않는다면 그 정사는 밝다〔明〕고 이를 만하다. 군주의 입장에서 보면 신하들 사이에서 일어나는 정적(政敵)에 대한 교묘한 참소와 정당한 비판을 구별하기 어려우며, 동시에 부인을 비롯해 주변 친지의 애절한 민원(民願)과 간특한 청탁을 구별하기 또한 어렵다. 군주가 아무리 공명정대(公明正大)하려는 뜻을 갖고 있더라도 실제로 이 둘을 구분하지 못한다면 암군(暗君)이 될 가능성이 높다. 자장은 명군(明君), 혹은 명정(明政-바른 정치)의 길을 물은 것이다. 공자의 답은 이런 맥락에서 보아야 한다. 이는 군주뿐만 아니라 정사를 맡아 하는 사람이라면 다 경계해야 할 일이다.

그런데 왜 공자는 명(明)을 밝히는 이유와 똑같은 이유로 '멀다〔遠〕'고 한 것일까? 이에 대해 주희는 직접 풀이하지는 않고 양시(楊時)의 풀이를 싣는 것으로 대신하고 있다. "멀다는 것은 밝음이 지극한 것이다. 『서경』의 '태갑'에 이르기를 시원유명(視遠惟明), 즉 먼 곳을 본다는 것은 오직 밝음이라고 했다." 당장 눈앞의 이해관계보다는 멀리 있는 나라의 이익을 앞에 세우면서 사리사욕에서 나오는 것들을 제대로 물리쳐야 한다는 것이다. 사(私)는 가깝고 공(公)은 멀다. 가까운 것〔利〕은 어둡고〔暗〕 먼 것〔義〕은 밝다〔明〕. 공간적 의미에서의 '멀다'나 '멀리하다'를 제외한 공도(公道)로서의 원(遠)이라는 뜻이 분명한 『논어』에서의 사례 몇 가지를 살펴보는 것으로 멀다〔遠〕에 대한 풀이를 대신하겠다. 먼저 '衛靈公 11'을 보자.

공자는 말했다. "사람이 멀리 내다보는 생각〔遠慮〕이 없으면 반드시 가까운 데서 근심이 있다."

멀리 내다본다는 것은 개인의 이익이 아니라 국가와 공의(公義)의 차원에서 문제를 바라본다는 뜻이다. 이는 '里仁 16'과 통한다.

공자는 말했다. "군자는 의리에서 깨닫고, 소인은 이익에서 깨닫는다."

즉 의리〔義〕는 멀고 이익〔利〕은 가깝다. '子張 4'의 원(遠)도 공(公)과 연관된다.

자하는 이렇게 말한다. "비록 작은 도라 하더라도 반드시 보아줄 만한 것이 있겠지만 원대함에 이르는 데 장애물이 될까 두렵다. 바로 이 때문에 군자는 (작은 도는) 하지 않는 것이다."

원대함〔遠〕이란 공의(公義)다.
원

여기서 우리가 한 가지 분명히 해두고 넘어가야 할 사항이 있다. 공명정대(公明正大)의 뜻풀이다. 그것은 公=明=正=大로 거의 같은 뜻으로 봐야 한다. 그리고 이에 대비되는 사암사소(私暗邪小) 역시 私=暗=邪=小로 거의 같은 뜻이다. 공사(公私), 명암(明暗), 정사(正邪), 대소(大小)가 대조적으로 사용되는 것도 그런 이유 때문일 것이다.

이제 다움〔德〕의 문제다. 이는 『논어』에서 워낙 빈번하게 등장하기 때문에 우리의 맥락에 도움이 되는 범위에서 최소한으로 다루고 넘어가겠다. '爲政 1'이 바로 위정자의 다움〔德〕을 다루고 있다는 점에서 우리의 논의에 부합한다.

공자가 말했다. "정치를 다움〔德〕으로 하는 것은 비유컨대 북극성이 자기 자리에 머물러 있으면 뭇별들이 그것에게로 향하는 것과 같다."

덕으로써 정치를 펼친다〔爲政以德〕. 문제는 덕(德)이다. 덕만 이해하면 나머지는 그냥 넘어가도 될 정도로 이 장은 덕이 핵심이다. 그런데 덕은 그냥 덕인가? 더 이상 의미를 풀어낼 수 없는가? 덕은 번역하지 않고 그냥 덕으로 읽고 지나가면 그만인가? 爲政以德, 즉 덕으로써 정치를 한다는 것은 덕치(德治)다. 나올 것은 다 나왔다. 그런데도 아무 내용이 없다. 문제는 역시 덕이다. 덕이 안 풀리면 덕치(德治)고 위정이덕(爲政以德)이고 간에 모호하고 애매한 개념덩어리에 지나지 않는다. 이 구절의 전체내용이야 어찌 보면 간단하다. 덕으로써 정치를 하는 것, 혹은 덕이 큰 사람이 최고지도자에 있게 되면 비유컨대〔譬〕 다음과 같다〔如〕. 즉 북극성〔北辰〕이 자기 자리〔其所〕에 머물러〔居〕 있으면 뭇별들〔衆星〕이 그것〔之〕을 향하고 있는 것〔共〕과 같다. 주희는 공(共)을 '향하다〔向〕'로 풀이한다.

덕(德)의 사전적 의미 중에서 그 내용을 밝히는 데 도움을 줄 만한 것들로는 크다, 베풀다, 도덕, 은덕, 행복, 은혜, 선행, 정의(正義), 가르침, 어질다 등이 있다. 여기서의 덕은 지금 열거한 것들을 다 포괄한다. 영어로 흔히 'virtue'라고 하는데 그것과 덕은 확연히 다르다. 과연 덕의 의미를 오롯이 담아낼 수 있는 적확한 번역어는 없는 것일까?

국어사전에서는 '도덕적 윤리적 이상을 실현해 가는 인격적 능력' 혹은 '공정하고 남을 넓게 이해하고 받아들이는 마음이나 행동'으로 德을 정확하게 풀이하고 있다. 둘 다 爲政以德이라고 할 때의 그 德이다. 그러나 그것은 여전히 우리의 질문, '과연 德의 의미를 오롯이 담아낼 수 있는 적확한 번역어는 없는 것일까?'에 대한 결정적인 답을 주지 못한다. 다만 어느 정도 범위를 좁혀주기는 했다. 참고로 주희의 풀이도 국어사전 정도의 도움밖에 되지 못한다. 주희는 德을 얻음〔得〕으로 풀이하면서 '도리를 행하여 마음에 얻음이 있는 것 혹은 깨달음을 얻는 것〔行道而有得於心〕'이라고 정의한다. 이 또한 범위를 좁혀주는 데 그친다.

이제 남은 길은 이론해론을 따르는 것이다. '學而 9'에서 民德이라 하여 딱 한 번 德이 나왔는데 뜻풀이에 그다지 도움은 되지 않는다. '爲政 3'에 법치(法治)와 덕치(德治)를 비교하는 유명한 구절이 나온다.

공자는 말했다. "백성을 법령으로써 인도하고 형벌로써 가지런히 하면 백성이 법망을 면하려고만 하고 부끄러움이 없게 된다. (반면에) 백성을 덕(德)으로 인도하고 예(禮)로써 가지런히 하면 부끄러움을 알게 되고 또 감화될 것이다."

법과 제도 그것을 뛰어넘어 사람들을 이끌어내는 힘, 그것이 여기서의 덕(德)이다.

'里仁 11'에서 공자는 "군자는 덕(德)을 생각하고 소인은 처하는 곳의 편안함만 생각한다"고 말한다. 여기서 덕은 인간으로서 마땅한 도리나 지켜야 할 가치 등을 뜻한다.

'述而 6'에서 공자는 '도에 뜻을 두었고〔志於道〕덕을 쌓았으며〔據於德〕인에 의지하고〔依於仁〕예에서 노닐었다〔游於藝〕'고 말한다. 이때의 덕(德)은 '里仁 11'의 그것과 거의 같은 것이다. '述而 22'에도 덕에 관한 언급이 잠깐 나오지만 그다지 중요하지 않다. 우리가 주목해야 할 사례는 지금부터다.

'顔淵 10'에서 공자의 제자 자장은 우리가 궁금해하는 문제, 즉 덕을 높이는 문제〔崇德〕에 관해 질문한다. 이에 공자는 간단명료하게 답한다. "충(忠)과 신(信)을 주로 함으로써 의로움(義)을 실천하는 것이 덕을 높이는 것(崇德)이다." 개인의 사사로움을 극복하고 매사에 최선(忠)과 믿음(信)을 다하여 개인의 이(利)가 아니라 공적인 의(義)로 옮겨가려는 노력을 하는 가운데 쌓이게 되는 정신적 공력(功力)이 바로 덕이라는 것이다. 여기서 덕을 높이는 것(崇德)은 덕을 밝히는 것(明德)과 정확히 같은 뜻이다.

'顔淵 21'에서 제자 번지가 다시 崇德을 묻자 공자는 보다 간명하게 답한다.

"일(事)을 먼저하고 이득(得=利)은 뒤로 하는 것(先事後得)이 덕을 높이는 것(崇德) 아니겠는가?"

선사후득(先事後得)은 선공후사(先公後私)와 같은 말이다. 공명정대한 일처리 능력이 덕(德)이다. '憲問 35'에서 공자는 빼어난 말(馬)이라고 칭찬할 때 그것은 그 말의 힘(力)을 칭찬하는 것이 아니라 그 말의 덕을 칭찬하는 것이라고 말한다. 말이 말다운 것, 인간이 인간다운 것, 바로 그것이 덕이다.

'陽貨 13'에서 공자는 "시골에서 덕망이 있다는 소리를 듣는 사람(鄉原)은 덕(德)을 해치는 자(賊)이다"고 말한다. 향원(鄉原)은 시류에 영합하면서 대중들에게 아부하고 적당히 사람들 사이에서 신망을 얻은 사람을 말한다. 요즘 식으로 표현하자면 포퓰리스트가 향원이다. 포퓰리즘이 올바른 민주주의의 적(敵)이듯이 향원은 덕의

적(賊)이라는 것이다. 이때의 賊은 '해치는 자'라는 뜻이다.

또 '陽貨 14'에서는 '길에서 듣고 길에서 말하면 덕(德)을 버리는 것'이라는 말도 있다. 좋은 가르침도 자신의 것으로 만들지 않는다면 그것은 아무 소용이 없다는 것으로 앞서 보았던 '도리를 행하여 마음에 얻음이 있는 것 혹은 깨달음을 얻는 것〔行道而有得於心〕'이라는 주희의 풀이와 통한다.

이상의 논의들을 종합해 볼 때 일단 '爲政 1'에 나오는 德은 탁월(卓越), 특출(特出), 출중(出衆)과 통한다. 우리말로는 '빼어남'이다. '~다움'이 바로 빼어남이다. 인간이 인간답다는 말은 인간으로서 빼어난 경지에 이른다는 것이고, 군주가 군주답다는 것도 군주로서 빼어난 경지에 이른다는 것이며, 신하가 신하답다는 것도 신하로서 빼어난 경지에 이른다는 것이다. 덕(德)은 빼어남이자 다움이다. 덕치(德治)는 자연스레 솔선수범(率先垂範)에 의한 통치로 해석할 수 있다.

따라서 그 빼어남 혹은 다움은 타고나는 것이 아니라 끊임없이 갈고닦아야 하는 것이다. 그리고 어렵사리 노력해 다움을 갖췄다 하더라도 조금만 방심하거나 교만하거나 소홀히 하면 빼어남, 다움은 사라져버린다. 『서경』에 덕일신(德日新)이란 말이 나오는데 그것은 곧 빼어나기 위해서는, 또 어렵사리 갖추게 된〔中〕 그 빼어남을 지속적으로 유지하기〔庸〕 위해서는 '나날이 새로워지려는 노력〔日新又日新〕'을 한시도 멈춰서는 안 된다는 것을 강조하기 위함이다. 결국 '위정이덕(爲政以德)'의 덕(德)은 군주로서의 빼어남을 말한다. '군주로서의 빼어남은 무엇인가? 어떤 군주가 빼어난 군주, 군주

다운 군주인가?' 하는 문제는 '顔淵 11'에서 집중적으로 논의할 것이
          안연
므로 여기서는 이 정도로 해둔다.

제나라 경공이 공자에게 정치하는 법〔政〕에 관해 묻자 공자는 이
                                    정
렇게 대답한다. "임금은 임금다워야〔君君〕 하고 신하는 신하다워
                              군군
야 하며 아버지는 아버지다워야 하고 자식은 자식다워야 합니다."

이 말을 들은 경공은 이렇게 말한다. "좋은 말이다. 진실로 임금
이 임금답지 못하고 신하가 신하답지 못하고 아비가 아비답지 못하
고 자식이 자식답지 못하면 제아무리 곡식이 많이 있다 한들 내가
그것을 먹을 수 있겠는가?"

君君은 바로 임금이 임금다워야 한다는 말, 빼어난 군주가 되어
군군
야 한다는 말이다. 이것은 신하도 마찬가지고 아버지도 마찬가지고
자식도 마찬가지다. 그렇다고 해서 君君이라는 게 제자리에 머무는
                        군군
것은 아니다. 임금이 임금다워진다는 것은 부단한 자기발전과 승화
가 필수적이다. 신하 또한 신하다워지려면 엄청난 열렬함〔誠〕이 필
                                              성
요하다. 부모와 자식도 마찬가지다.

결국 明明德은 '(내 몸에) 공적인 다움을 갈고닦는다'로 옮길 수 있
     명 명덕
다. 그런데 흥미롭게도『중용』의 마지막 결론부분이 바로 明明德의 문
                                              명 명덕
제로 끝났다. 그러면『대학』의 첫 구절이『중용』의 마지막 구절에 이
어지는 셈이다.『중용』제33장의 끝부분이다. 여기서 자사는『시경』

'大雅 皇矣'편에 있는 구절을 인용하고 다시 공자의 말을 인용해 그것을 보충풀이한다.

　『시경』에 이르기를 "나는 밝은 덕(공적인 다움〔明德〕)을 품고 사나니, 성(聲)과 색(色)은 대단치 않게 여기노라!"라고 했다. 공자께서도 말씀하시기를 "성색은 백성을 교화시킴에 있어 말단이다"고 하셨다.
　『시경』에 이르기를 "덕은 가볍기가 터럭과 같다"고 하였는데, 터럭도 오히려 무게가 있어 비교할 만한 것이 있으니, 저 위 하늘의 일은 소리도 없고 냄새도 없다고 하는 것이야말로 참으로 지극하다 할 것이다.

　이에 대해서는 주희의 풀이가 상세하면서 정곡을 찌른다. 간혹 일부에 문제가 있긴 하지만 고비고비에서 우리의 난제를 풀어준 주희의 말로 이 작업을 맺는다.
　"시는 '大雅 皇矣'편이니, 이것을 인용하여 윗글의 이른바 드러나지 않는 다움〔不顯之德〕은 바로 그 음악과 여색〔聲色〕을 대단찮게 여김을 밝힌 것이다. 또 공자의 말씀을 인용하여 이르기를 '음악과 여색은 백성을 교화함에 있어 지엽적인 것이다. 그런데 이제 다만 대단찮게 여긴다고 말했을 뿐이니, 그렇다면 이것도 오히려 음악과 여색이 남아 있는 것이어서 불현(不顯)의 묘함을 형용하기에 충분하지 못하다. '증민(烝民)' 시에 말한 '덕은 가볍기가 터럭과 같다'고 한 것만 못하니, 이렇게 하면 거의 형용했다고 이를 만하다'고 하였다. 또 스스로 이르기를 '터럭이라고 말하면 오히려 비교할 만한 것이 있으니, 이 또한 그 묘함을 다하지 못한 것이다. '문왕(文王)' 시에 말한 '저 위 하늘의 일은 소리도 없고 냄새도 없다'고 한 것만 못하니, 이렇게 표현한 뒤에야 드러나지 않는 다움〔不顯之德〕을 지극히 형용한 것이 된다'고 하였다. 소리와 냄새는 기운만 있고 형체가 없어서 사물 중에서는 가장 미묘한 것인데도 오히려 없다고 말하였다."

필자의 사서 풀이 중 두 번째 작업인 『중용』은 '밝은 덕/공적인 다움〔明德〕'으로 그 대미를 장식했다. 세 번째 작업인 『대학』은 '밝은 덕을 밝힌다/공적인 다움〔明明德〕을 닦는다'로 시작한다. 『중용』의 끝과 『대학』의 시작은 이처럼 긴밀하게 연결돼 있는 것이다.

이제 두 번째 단계. '내 몸에 공적인 다움〔明德〕을 갈고닦은 다음' 백성을 내 몸과 같이 여겨야〔親民〕 한다. 주희는 정이천(程伊川)의 견해를 따라 新民으로 보기도 한다. 필자의 견해로는 신민(新民)보다는 원래대로 친민(親民)이 이 삼강령의 문맥에 더 잘 어울리는 것 같다. 이 문제는 친민과 신민을 각각 풀이한 다음에 논의키로 한다.

먼저 親民의 경우 '백성을 친히 한다'는 식으로 번역하는데 이것은 번역이 아니다. 여전히 親을 번역하지 않았기 때문이다. 영어번역의 경우 친구라고 옮겨야지 그냥 프렌드라고 해서는 안 되는 이유와 같다. 親에는 가깝다, 가까이하다, 사랑하다, 사이가 좋다, 손에 익다, 어버이, 친척, 혼인, 몸소, 친히 등의 뜻이 있다. 여기서 우리는 親을 '내 몸과 같이 여기다'로 옮길 것이다. 백성을 내 몸과 같이 여기는 것이 친민(親民)이다.

주희가 말한 新民은 백성을 새롭게 하는 것이다. 이는 백성으로 하여금 날로 새로워지게 하는 것〔日新又日新〕으로 볼 때 공자의 생각에서 크게 벗어나는 것은 아니지만 사실 일신우일신(日新又日新)은 군자가 군자다움〔德〕을 갖추는 데 필수적인 것이지 통치자가 백성들을 이런 식으로 바꾸려는 것이 근본적인 목표일 수는 없다. 그 때문인지 신민(新民)에 대한 주희의 풀이가 모호하다. "신(新)은 옛것을 고침을 이르니, 이미 스스로 그 명덕(明德)을 밝혔으며 또 마땅히 미루어 남에게까지 미쳐서 그로 하여금 또한 옛날에 물들었던 더러운 것을 제거함이 있게 함을 말한다." 이제 막 한 개인이 공인의 길을 가기 위한 의지를 다지는 중〔明明德〕인데 과연 곧바로 남까지 새롭게 해주고 더러운 것까지 (깨끗하게) 제거해 주는 일을 하라는 것이 문맥상 맞을까? 한마디로 큰 비약이다. 그것은 한참 뒤 위정자가 된 후에나 할 일이다. 지금은 이제 막 위정자가 되려는 마음을 만들어가는 초입에 있을 뿐이다.

明明德을 통해 공인이 되려는 의지를 갖췄다면 그다음에 해야 할 일은 백성을 내 몸같이 여기는 마음을 갖추는 일이다. 친민이란 백성들이 슬퍼할 때 (굳이 애쓰지 않아도) 절로 내 마음도 슬퍼지는 것이고 백성들이 기뻐할 때는 나도 내 일처럼 기뻐지는 상태를 말한다. 백성의 희로애락(喜怒哀樂)과 자신의 희로애락 사이에 조금의 틈도 없는 것이 바로 친민이다. 이런 풀이까지 하고 나면 더더욱 신민보다는 친민이 삼강령의 두 번째 단계로 적합하다는 것을 알았을 것이다.

그런데 정작 어떻게 하는 것이 '백성을 내 몸과 같이 여기는 것〔親民〕'일까? 이에 대해서는 예외적으로 아직 우리의 검토대상이 아닌 『맹자』를 먼저 끌어와서 도움을 받을 필요가 있다. 사서를 통틀어 '백성을 내 몸과 같이 여기는 것〔親民〕'을 그만큼 생생하게 보여주는 예가 없기 때문이다. 우선 '離婁章句 上 4'에 나오는 맹자의 말부터 들어보자. 明明德과 親民을 포괄적으로 이해할 수 있는 기반을 제공해준다.

다른 사람을 사랑함에도 서로 간에 친함〔親-내 몸과 같이 여김〕이 생겨나지 않거든 (나의) 어진 마음〔仁〕이 부족한 것은 아닌지를 반성하고, 사람을 다스림에도 제대로 다스려지지 않거든 (나의) 사람을 아는 능력〔智=知人〕이 부족한 것은 아닌지를 반성하고, 아랫사람을 예로 대함에도 상대가 그에 상응하는 답례를 해오지 않거든 (나의) 삼가는 마음〔敬〕이 부족한 것은 아닌지를 반성해야 한다.

그리고 '梁惠王章句 下 4'에서는 親民을 보다 구체적으로 풀이하고 있다.

백성의 즐거움을 (자신의 즐거움처럼) 즐거워하는 자에 대해서는 백성들도 역시 그의 즐거움을 (함께) 즐거워하고, 백성의 근심을 (자신의 근심처럼) 근심하는 자에 대해서는 백성들도 역시 그의 근심을 (함께) 근심합니다. 천하와 더불어 즐거워하고 천하와 더불어 근심하면서도 왕 노릇을 제대로 못하는 자는 없습니다.

이제 '離婁章句(이루 장구) 下(하) 29'를 보자. 여기서 맹자는 다소 추상적인 親民(친민)을 인(仁), 즉 공자가 말했던 사람을 사랑하는 것(愛人(애인))과 연결 지어 안회를 등장시키고, 이어 보다 구체적으로는 우왕(禹王)과 후직(后稷)의 사례를 들어 서로 비교·검토한다. 이렇게 되면 우리는 비로소 親民(친민), 즉 백성을 내 몸과 같이 여긴다는 것의 정확한 의미를 알게 된다.

하(夏) 나라 우왕(禹王)과, 주(周) 나라 왕실의 시조(始祖)이자 요(堯) 임금 때 농사를 주관하는 책임자(農師(농사))였고 순(舜) 임금 때 제후가 된 후직은 세상에 도리(道(도))가 행해지던 태평한 세월(平世(평세))을 당했는데도 세 차례나 자기 집 문 앞을 지나면서 (공무로 인하여) 들어가지 못하였다. 공자는 두 사람을 어질다(賢(현))고 했다. 이에 관한 내용은 '滕文公章句(등문공 장구) 上(상) 4'에도 나온다.

공자의 수제자인 안자(顔子, 顔回, 顔淵)(안회 안연)는 난세(亂世)를 당하여 허름한 동네(陋巷(누항))에 살면서 하나의 대그릇에 담은 밥과 하나의 표주박에 담은 음료만으로 지냈다. 다른 사람들은 그런 근심을 감당하지 못하는데 안자는 그 속에서도 (道(도)를) 즐기는 것을 전혀 바꾸지 않았다. 공자는 그를 뛰어나다고 했다. 이에 관한 내용은 『논어』 '雍也(옹야) 9'에 그대로 나온다.

공자는 말했다. "어질구나, 안회여! 하나의 대그릇에 담은 밥과 하나의 표주박에 담은 음료만으로 누추한 삶을 살아갈 경우 일반 사람들은 그 근심을 견뎌내지 못하는데 안회는 늘 한결같아 마음의 즐거움을 조금도 바꾸려 하지 않는다. 어질구나, 안회여!"

이제 맹자의 발언이 시작된다.

우왕과 후직과 안회의 도리(道)는 똑같다. 우왕은 백성들 중에 물에 빠진 자가 있으면 마치 자신이 그를 빠트린 것처럼 생각했고 후직은 백성들 중에 굶주리는 자가 있으면 마치 자신이 그를 굶주리게 만든 것처럼 생각했다. 이 때문에 (집에도 못 들어가고 공무를 위해 그냥 지나칠 정도로) 이렇게(如是) 급급해했던 것이다. 우왕과 후직과 안회는 (각자 처한 처지가 달랐을 뿐) 서로의 처지를 바꾸면(易地) 다 그렇게 하였을 것이다.

주희의 보충풀이다. "가령 우왕과 후직이 안자의 처지에 있었다면 그들도 안자처럼 (가난 속에서도) 도리를 즐겼을 것이고, 가령 안자가 우왕이나 후직의 책임을 맡았다면 그도 두 사람처럼 능히 급급해하며 (백성들을 살리려는) 근심했을 것이다."

이제 우리는 마지막으로 이런 親民의 마음을 가진 위정자는 어떤 정치를 행하였는지를 봄으로써 그 의미를 최종적으로 확정할 수 있다. '滕文公章句 上 4'의 일부다.

요임금 시절에는 천하가 아직 평정되지 못해 큰 물(洪水)은 멋대로 흘러 천하가 범람하였으며 풀과 나무(草木)는 무성하고 날짐승과 길짐승(禽獸)은 마구 번식하여 들끓었으며 오곡(五穀-벼, 기장, 피, 보리, 콩)은 제대로 여물지 못했고 날짐승과 길짐승이 사람들을 쳐 짐승의 발자국과 새 발자국의 흔적이 중국(中國)에 어지러이 남아 있었다. 요임금께서 홀로 이를 근심하시다가 순임금을 뽑아 다스림을 펴게 하시니 순임금이 익(益)으로 하여금 불을 다스리는 일을 맡도록 하셨는데 익이 산택(山澤)에 불을 놓아 모조리 태워버림으로써 날짐승과 길짐승이 도망쳐 자취를 감췄다. 우왕은 아홉 개의 강물(九河)이 황하로 흘러들도록 하여 소통시켰고 제수(濟水)와 탑수(漯水)를 소통시켜 바다로 흘러들도록 했고 여수(汝水)와 한수(漢水)의 막힌 물줄기를 뚫었으며 회수(淮水)와 사수(泗水)의 물길을 터서 양자강(長江)으로 흘러들어가도록 하였다. 그런 후에야 중국은 (농사를 지어) 먹고살 수 있게 되었다. 이 당시 우왕은 (치수사업을 맡아) 8년 동안 집을 떠나 있으면서 세 번이나 자기 집 문 앞을 지나면서도 들어가지 않았다. 우왕이 밭이나 갈고자 했다면 (이런 거대한 역사(役事)가) 이뤄질 수 있었겠는가?

(큰 물을 다스릴 수 있게 된 다음에야) 후직이 백성들에게 농사일(稼穡)을 가르쳐 오곡을 심고(樹) 가꾸게(藝) 하자 오곡이 무르익었고 비로소 백성들을 먹여 살릴 수 있게 되었다. 사람에게 있는 마땅한 도리(人之有道)란 배불리 먹고 따뜻하게 입고 편안하게 거처하더라도 가르침이 없으면(無敎) 짐승(禽獸)에 가까워진다. 이 때문에 성인(聖人-요임금)께서는 이를 근심하여 설(契)로 하여금 (백성의 교육

을 책임지는) 사도(司徒)로 삼아 사람들 사이에 마땅히 지켜야 할 도리〔人倫〕를 가르치게 하시니 그것이 바로 '부모와 자식 간에는 서로를 내 몸과 같이 여김이 있어야 한다〔父子有親〕', '임금과 신하 사이에는 의리가 있어야 한다〔君臣有義〕', '남편과 아내 사이에는 구별하는 바가 있어야 한다〔夫婦有別〕', '윗사람과 아랫사람 사이에는 질서가 있어야 한다〔長幼有序〕', '벗들 간에는 서로 믿음이 있어야 한다〔朋友有信〕'이다. (일찍이) 요임금〔放勳 - 맹자가 붙여준 요임금의 호〕이 말하기를 '(어려움에 빠진 백성들을) 위로하고 찾아오게 하라! 바로잡아주고 곧바로 펼 수 있도록 하라! (본성을 잃지 않도록) 도와주고 (다움을 키울 수 있도록) 도와주어 스스로 인륜을 갖출 수 있도록 하라! 더 나아가〔又〕 구제해주고 은혜를 베풀어주어라!'고 했다. (요임금이나 순임금과 같은) 성인이 백성을 걱정하기를 이와 같이 하셨는데 어느 겨를에 농사를 지으라는 말인가?

요임금은 순과 같은 뛰어난 인재를 얻지 못하면 어떻게 하나라는 것을 자신의 걱정으로 삼았고, 순임금은 우나 고요와 같은 신하를 얻지 못하면 어떻게 하나라는 것을 자신의 걱정으로 삼았다."

요순의 근심 걱정이나 우왕의 행동은 바로 '백성을 내 몸과 같이 여김'이 없이는 나올 수 없는 것이다. 이 문제는 주희의 풀이로 마무리하고자 한다. "요순이 백성을 걱정한 것은 일마다 걱정한 것이 아니요 먼저 해야 할 일을 급히 했을 뿐이다. (그리고 그 일에 필요한 인재가 구해지지 않으면 어떻게 하나 걱정했을 뿐이다.) 백성을 걱정한 것이 그 큼이 이와 같다면 비단 (임금이) 밭 갈 겨를이 없을 뿐만 아니라 또한 굳이 밭 갈 필요가 없는 것이다.

이것이 바로 '백성을 내 몸과 같이 여기는 것〔親民〕'이다.
이제 세 번째로 止於至善이다. 이에 대해서도 많은 오해가 있어 왔다. 흔히 이 구절은 '至善에 그침에 있다〔在〕'고 번역된다. 이 역시 至善은 번역되어야 하는데도 번역되지 않았고 止를 그냥 '그침'이라고 해놓은 데 불과하다. '至善에 그침에 있다'라는 번역은 아직 번역되지 않은 것이다. 그나마 至善을 '지극한 선함'이라고 풀어 '지극한 선함에 그침에 있다'고 번역한 책들도 있지만 이 역시 무슨 말인지 알 길이 없다. 비문(非文)일 뿐이다.

내용상 우리는 至善을 먼저 풀어야 한다. 그중에서 至는 '지극한' 정도로 옮기면 되지만 善이 문제다. 善에는 착하다(혹은 착함) 이외에 잘하다, 좋다, 훌륭하다, 옳게 여기다, 아끼다, 친하다 등의 뜻이 있다. 착하다는 도덕적 의미가 강한 반면 잘한다, 훌륭하다 등은 성취나 성과에 대한 평가적 의미다. 여기서도 도덕적 의미의 착함이 아니라 바람직함 정도로 풀이하면 문맥에 어울린다. 즉 至善을 '가장 바람직한 상태'로 옮기는 것이다. 그렇게 되면 주희의 풀이와도 크게 다르지 않다. "지선은 사리의 당연한 표준이나 이치〔極〕이다."

至善이라는 추상적인 단어를 보다 구체적으로 풀어보자. 『논어』 '述而 6'부터 보자.

공자는 말했다. "도에 뜻을 두었고, 덕을 쌓았으며, 인에 의지하고, 예에서 노닐었다."

덕(德)을 쌓는 것이 明明德이니 인(仁)에 의지하는 것이 바로 止於至善이다. 따라서 至善은 인이다. 우리는 이런 至善의 사례를 공자의 일상적인 모습을 통해 확인할 수 있다. '述而 9'다.

공자는 상을 당한 사람의 곁에서 음식을 드실 때에는 일찍이 배불리 들지 아니하였다. 또 공자는 문상한 날 곡을 하였을 경우에는 (온종일) 노래를 부르지 아니하였다.

공자는 상을 당한 사람의 곁[側]에서 식사를 하게 될 경우 배부르게 먹은 적이 없다. 즉 먹는 것 하나에도 남을 배려하는 마음이 깔려 있었다는 뜻이다. 인의 실천이다.

그리고 이 날, 즉 상을 당한 날에는 곡을 하고 노래는 부르지 않으셨다. 물론 노래를 부르지 않았다는 것은 상을 당한 집에서가 아니라 그 집을 나와서 하루 종일 그렇게 했다는 뜻이다. 이는 우리가 다루는 止於至善과 통한다. 간단히 말해 어떤 불행한 사람이나 불쌍한 일을 보았을 때 그 순간에만 그치지 않고 돌아서서도 그 아파하는 마음[至善]이 그대로 남아 있는 것[止]이다. 사람을 진심으로 사랑하는 마음, 즉 인이다. 이 장은 '依於仁'의 구체적인 사례를 몸소 보여주는 구절이다.

문제는 止다. 앞서 지적한 대로 그냥 '그침'이라고 옮기면 오역이다. 그침이란 그만둔다는 뜻이다. 그러면 가장 바람직한 상태에 이르러 그만둔다는 뜻이 된다. 이게 무슨 말인가? 止에는 그치다, 그만두다, 멈추다 외에 머무르다, 숙박하다 등의 뜻도 있다. 여기서는 '머무르다'에서 기본적인 뜻을 취해야 한다. 그것도 잠시 머무는 것이 아니라 상당히 '오래〔久〕' 머물러 있는 것을 말한다. 이 점은 『논어』의 문맥 속으로 들어가면 쉽게 이해된다. 먼저 '里仁 2'를 보자.

공자는 말했다. "어질지 못한 사람은 (인이나 예를 통해 자신을) 다잡는 데〔約〕(잠시 처해 있을 수는 있어도) 오랫동안〔久〕처해 있을 수 없고, 좋은 것을 즐기는 데〔樂〕에도 (조금 지나면 극단으로 흘러) 오랫동안〔長〕처해 있을 수 없다. 어진 자는 어짊을 편안하게 여기고 지혜로운 자는 어짊을 이롭게 여긴다."

먼저 공자는 어질지 못한 자〔不仁者〕의 행동방식에 대해 말한다. 어질지 못한 자는 약(約)에 오래 머물지 못하고 낙(樂)에도 오래 머물지 못한다는 것이다. 주희는 約을 궁곤(窮困)으로 풀이했다. 이에 따르면 어질지 못한 사람은 어려움에 처하면 얼마 못 가서 자신의 본성에서 벗어난 행동을 하게 되고, 또 즐거움을 만나면 오랫동안 적절하게 즐기지 못하고 본성에서 벗어나 흠뻑 빠져들게 된다는 것이다. 어려움이건 즐거움이건 중도(中道)를 찾지 못하고 극단으로 빠져든다는 지적이다. '오랫동안〔久〕'은 인자(仁者)의 특성이기도 하다.

그런데 約에 대한 주희의 풀이에 이견을 붙이고자 한다. 약(約)을 궁핍 내지 궁곤(窮困)으로 풀이한 것은 주희의 일방적인 주장이다. 만일 『논어』에 이 장에 어울리는 약의 의미가 등장하지 않는다면 어쩔 수 없이 탁월한 언어학자인 주희의 풀이를 따라야 하겠지만, 다행스럽게도 『논어』에는 이 장에 딱 어울리는 의미의 약이 여러 차례 등장한다. 그렇다면 약의 뜻을 『논어』에서 취해야지 주희의 일방적인 풀이를 따라야 할 이유는 없다. 먼저 '里仁 23'을 보자.

공자는 말했다. "(도나 인을 자기 몸에) 다잡음〔約〕으로써 그 일을 망치는 자는 드물다."

뒤에서 상세하게 보게 되겠지만 約은 도(道)나 인(仁)을 자기 몸에 체화시키는 것을 뜻한다. 그래서 이를 '다잡다'로 옮겼다. 정약용도 이렇게 말한다. "약은 동여 묶는 것이다. 궁색한 데에 처해져 괴롭고 두려운 것이 마치 동여 묶인 듯한 것을 약이라고 한다." 아마 정약용도 주희가 約을 궁곤(窮困)이라고 풀어놓은 것을 의식한 때문인지 두루뭉술하다. 오히려 '里仁 23'을 풀이하면서 주희가 인용해 놓은 사량좌(謝良佐)의 "잘난 체하여 스스로 방만해지지 않는 것을 약이라 이른다"는 풀이나 윤돈(尹焞)의 "모든 일을 약(約)하면 실수가 적은 것이니, 다만 검약(儉約)만을 말한 것이 아니다"는 풀이가 이 장에도 그대로 해당된다. 참고로 '다잡다'로 풀이해야 하는 다른 사례들도 소개한다.

공자는 말했다. "군자가 되고자 하는 사람은 문(文)을 통해 널리 배움을 넓히고, 그 배운 바를 예(禮)로써 다잡아〔約〕 몸에 익힌다면 이 또한 (인이나 도에서) 벗어나지 않을 것이다." ('雍也 25')

이는 學而時習을 풀이해 놓은 문장이라고 해도 지나침이 없을 정도다. 그런 점에서 約은 곧 시간 나는 대로 익히는 것〔時習〕이다. '子罕 10'에서는 안연(顏淵)이 공자로부터 배운 바를 이야기하던 중 이렇게 말한다. "문으로써 나를 넓혀주시고 예로써 나를 다잡아주셨다〔博我以文 約我以禮〕." '雍也 25'와 똑같다. 이처럼 세 곳에서 約의 의미가 '다잡다'로 명백하게 통하는데 굳이 이 장에서만 뜬금없이 궁곤(窮困)으로 풀어야 할 이유는 없다. 게다가 곧 보게 되겠지만 여기서도 約을 '다잡다'로 풀어야만 이 장의 내용이 훨씬 공자의 말씀다워진다. 우선 선반부를 옮겨놓고 후반부로 넘어가자.

"어질지 못한 사람은 (인이나 예를 통해 자신을) 다잡는 데 (잠시 처해 있을 수는 있어도) 오랫동안〔久〕 처해 있을 수 없고, 좋은 것을 즐기는 데〔樂〕에도 (조금 지나면 극단으로 흘러) 오랫동안 처해 있을 수 없다."

후반부를 보자. 문제는 지금부터다. 不仁者에 대한 설명을 뒤집으면 仁者는 어떠해야 하는지에 대한 단서가 나온다. 즉 자신을 다잡는 데에도 '오랫동안' 참고 머물며, 즐거움을 만나서도 극단으로 치우치지 않고 '오랫동안' 즐거움을 즐길 수 있어야 어진 사람〔仁者〕이다.

'顔淵 22'에서는 제자 번지가 인(仁)에 관해 묻자 공자는 "사람을 사랑하는 것〔愛人〕"이라고 답하고 지(知)에 관해 묻자 "사람을 아는 것〔知人〕"이라고 답한다. 그리고 '雍也 21'에는 유명한 구절이 나온다.

공자는 말했다. "(어진 사람을 볼 줄) 아는 사람은 물을 좋아하고, 어진 사람은 산을 좋아한다. (어진 사람을 볼 줄) 아는 사람은 움직이고, 어진 사람은 맑고 고요하다. (어진 사람을 볼 줄) 아는 사람은 즐거워할 줄 알고, 어진 사람은 오래간다."

이 문장에는 '里仁 2'의 해석과 관련해 중요한 실마리들이 대거 들어 있다. 특히 주목해야 할 점은 '(어진 사람을 볼 줄) 아는 사람은 즐거워할 줄 안다〔知者樂〕'고 한 대목이다. 지(知)와 낙(樂)은 밀접한 관계를 갖고 있는 것이다. 그렇게 볼 때 '里仁 2'의 '不可以長處樂'은 지와 서로 조응하는 것으로 해석해야 한다고 볼 수 있다. 그러면 자연스럽게 '不可以久處約'은 인과 조응하는 것으로 봐야 한다. 오랫동안 자신을 다잡음에 처할 수 있다면 인자(仁者)이고, 오랫동안 즐거움에 처할 수 있다면 지자(知者)이다. 불인자(不仁者)는 인자뿐만 아니라 지자의 반대이기도 하다. 주희가 約을 궁곤(窮困)이라고 하는 바람에 그동안 이 문장이 얼마나 엉망으로 풀이되어 왔는지를 선명하게 알 수 있다. 이렇게 되면 번역도 완전히 달라진다.

이제 止를 오래 머무름(久)으로 풀이해야 한다는 것을 보여주는 결정적인 구절을 살펴볼 차례다. '雍也 5'다.

공자는 말했다. "안회는 그 마음이 삼 개월 동안 인을 떠나지 않았고, 그 나머지 제자들은 하루나 한 달에 한 번 인에 이를 뿐이다."

여기서 공자는 진정으로 배움을 좋아했던 수제자 안회의 출중한 인물됨을 인(仁-어짊)과 관련하여 극찬한다.

안회의 경우 그 마음이 삼 개월 동안 어진 상태(仁)를 벗어나지 않는데 그 나머지(제자)는 기껏해야 하루에 한 번 혹은 한 달에 한 번 잠깐 어진 상태에 이를 뿐이라는 것이다. 먼저 공자는 안회의 경우 마음이 석 달 동안 어진 상태를 떠나지 않았다고 말한다. 주희는 "석 달은 오램(久)을 말한다"고 풀이한다. 한 번 어진 마음을 먹으면 그만큼 오래 같은 상태를 유지했다는 말이다. 반면에 다른 사람들은 하루에 한 번 혹은 한 달에 한 번 잠깐 어진 상태에 이를 뿐이라고 비판한다. 결국 풀어보자면 일반인들은 언행일치의 어진 마음 상태가 어쩌다 한순간에 이뤄졌다가 금방 사라지는데 안회는 오래도록 같은 마음가짐을 지켰다는 뜻이다.

이처럼 止를 久로 풀이할 때, 그것은 공자의 사상이라는 문맥 속에서 자연스러울 뿐만 아니라 이후 논의를 해나가는 데도 많은 도움을 준다.

따라서 止於至善은 '가장 바람직한 상태에 오랫동안 머묾'으로 푼다.
지 어 지 선

최종적으로 풀이하자면 대학의 도는 명명덕(明明德)과 친민(親民)을 최고의 바람직한 수준까지 끌어올려 그 상태를 오랫동안 유지하는 데 달려 있다는 말이다. 그것은 다름 아닌 사(私)에서 공(公)으로 나아가는 길이다.

결국 대학의 明明德, 親民, 止於至善은 앞서 보았던 프롤로그의 『논어』 '雍也 27'을 제대로 이해하는 문제와 직결된다.
명 명 덕 친 민 지 어 지 선
용 야

공자는 말했다. "중하고 용하는 것〔中庸〕이 다움〔德〕을 이루어냄이 지극하구나! (그런데) 사람들 가운데는 중용을 오래 지속하는 이가 드물다."
중 용 덕

明明德, 즉 공적인 다움을 갈고닦는 것과 親民, 즉 백성들을 내 몸과 같이 여기는 것은 군자라면 당연히 도달하고자 하는 목표〔中道=中和〕다. 그래서 그 목표에 이르기 위해서 도달하지 못하면 어떡하나 〔不及〕 하는 애타는 마음으로 자신을 갈고 또 닦는 것이 바로 '중하는 것〔中〕'이다. 明明德과 親民이 목표라면 거기에 이르기 위해 온 힘을 다하는 것이 중하는 것이다.
명 명 덕 친 민
중 도
중 화
불 급
중 명 명 덕 친 민

문제는 다움의 지극함〔德之至=至德〕을 유지하는 문제〔止=久〕다.
덕 지 지 지 덕 지 구
이 책 『대학』에서는 당위로서 그 지극함에 오래 머물러야 함〔止=庸〕을 강조한 것이고, 『중용』에서는 대부분의 사람들이 현실적으로 그렇게 하지 못함을 비판적으로 지적한 것이다.
지 용

여기서 우리는 『대학』의 텍스트와 『중용』의 텍스트를 서로 교차시켜 보았다. 이 점을 혹시라도 낯설게 생각할 독자가 있을 듯하여 조선 임금들 중에서 가장 학식이 뛰어났던 정조가 『대학』의 텍스트와 『논어』의 텍스트를 교차시키는 장면을 잠깐 보고자 한다. 사서를 읽을 때 왜 텍스트를 서로 교차시켜 읽어야 하는지 그 이유를 쉽게 알 수 있을 뿐만 아니라 지금 우리가 이야기했던 『대학』의 텍스트 첫 부분과도 그대로 연결된다는 점에서 대단히 중요하다. 신하와 학문을 논토(論討)하는 경연(經筵)에서 정조는 『논어』의 첫 장을 『대학』과 연결 지으며 이렇게 이야기한다.

"나는 『논어』의 첫 장을 읽다 보면 나도 모르는 사이에 그 은미(隱微)한 뜻을 단번에 환히 깨닫기나 한 듯이 손을 들썩거리고 발을 구르게 된다. 일찍이 첫 장의 세 절의 뜻을 깊이 연구해 보았는데 『대학』이 가르치고자 하는 바는 모두 이 한 장에 있다. '(다움을) 배우고 시간 날 때마다 익힌다〔學而時習〕'는 것은 곧 '공적인 다움을 갈고닦는 것〔明明德〕'으로써 잘 익혔을 때 '가장 바람직한 상태에서 오랫동안 머물러 있을 수 있는 것〔止於至善〕'이다. 또 '벗이 (먼 곳에 갔다가) 바야흐로 찾아온다는 것〔有朋 自遠方來〕'은 '백성을 내 몸과 같이 여기는 것〔親民〕 혹은 백성을 새롭게 해주는 것〔新民〕'의 공부로써, 그것을 (싫어하지 않고 오히려) 즐거워하는 바〔不亦樂乎〕가 (꾸준히 쌓일 때) 바로 '가장 바람직한 상태에서 오랫동안 머물러 있을 수 있는 것〔止於至善〕'이다. '남들이 알아주지 않아도 서운해하지 않는 것〔人不知而不慍〕'에 이르면 공적인 다움을 갈고닦고〔明明德〕 백성을 내 몸과 같

이 여기거나〔親民〕혹은 백성을 새롭게 해주어〔新民〕마침내 가장 바
람직한 상태에서 오랫동안 머물러 있을 수 있는 것〔止於至善〕에 도달
하게 되는 최선의 노력〔極工〕은 마침내 결실을 보게 된다."

정조의 이 짧은 강의를 통해 우리는 사서를 읽어가는 지혜〔文理〕가
무엇인지를 새삼 분명하게 알 수 있다.

이로써 『대학』의 삼강령에 대한 풀이는 끝났다. 이제 오래 머묾〔止〕
을 매개로 해서 다음 단계로 넘어간다.

知止而后有定 定而后能靜 靜而后能安 安而后能慮 慮而后能得
지지 이후 유정 정 이후 능정 정 이후 능안 안 이후 능려 려 이후 능득

物有本末 事有終始 知所先後 則近道矣
물 유 본말 사 유 종시 지 소선후 즉 근 도 의

(가장 바람직한 상태에서) 오랫동안 머무를 줄 알게 된 후에야 (뜻이
나아갈 방향이) 정해짐이 있고, 뜻의 방향이 정해지고 난 이후에야 능
히 흔들림이 없는 마음을 갖게 되고, 마음의 흔들림이 없어진 후에야
능히 (인이나 도를) 편안하게 여기게 되고, 인을 편안하게 여길 수 있게
된 후에야 능히 심모원려를 할 수 있고, 심모원려를 할 수 있게 된 후에
야 능히 (그에 어울리는 지위나 뜻했던 바를) 얻게 된다.

모든 일에는 근본과 곁가지가 있고 모든 일에는 끝과 시작이 있으니

먼저 해야 할 것과 뒤에 해야 할 것을 잘 알고 있다면 도에 보다 가까이 다가가게 될 것이다.

知止(지지)는 흔히 '그칠 데를 안다'로 번역된다. 그러나 앞에서 우리는 止(지)를 그치다나 그침이 아니라 '오래 머무름〔久(구)〕'으로 풀이했다. 특히 정조의 짧은 강의를 통해 훨씬 분명하게 止(지)의 근본적인 의미를 파악할 수 있었을 것이다. 따라서 知止(지지)도 '오래 머무를 줄 안다'로 풀어야 한다. 知(지)를 '~를 안다'로 푸는 것과 '~를 할 줄 안다'로 푸는 것은 큰 차이가 있다. 어느 쪽이 나은지는 독자들이 스스로 음미해 보기 바란다. 그러고 나서 우리 앞을 가로막고 있는 쉽지 않은 장벽을 한번 훑어보자.

知止而后有定 定而后能靜 靜而后能安 安而后能慮 慮而后能得
지지 이후 유정 정 이후 능정 정 이후 능안 안 이후 능려 려 이후 능득

止, 定, 靜, 安, 慮, 得(지 정 정 안 려 득). 이 여섯 자가 두 자씩 연결고리를 이루고 있으므로 먼저 '知止而后有定(지지 이후 유정)'부터 풀어보자. 주희는 이렇게 풀어낸다. "이것(오랫동안 머무르는 것)을 할 줄 안다면 뜻〔志(지)〕에 정해진 방향〔定向(정향)〕이 있게 된다." 즉 오랫동안 머무를 줄 알게 된 이후에 뜻이 나아가야 할 방향이 정해진다〔定(정)〕는 것이다. 물론 그 뜻이란 다름 아닌 공의(公義), 명도(明道), 정도(正道), 대의(大義)를 향해 나아가겠다는

뜻이다. 우리는 조금씩 조금씩 公明正大(공명정대)를 향해 나아간다.

'방향을 정하게 된다〔有定(유정)〕'와 관련해서는 『논어』보다는 『중용』 제20장의 다음 구절이 직접적인 도움을 줄 뿐만 아니라 우리가 서 있는 전후 맥락을 보다 명확하게 밝혀준다.

모든 일이란 것이 앞서 대비하면〔豫(예)〕 제대로 서고, 대비하지 않으면 무너지니, 말도 사전에 그 방향을 정하면 넘어지지 않고, 일도 사전에 정하면 곤경에 빠지지 않는다. 또 행동을 사전에 정하면 병들지 않고 길〔道(도)〕도 미리 정하면 막히지 않게 된다. 아랫자리에 있으면서 윗사람으로부터 (믿음을) 얻지 못하면 백성을 다스릴 수 없게 될 것이다. 윗사람으로부터 믿음을 얻는 데에는 길이 있으니, 먼저 벗으로부터 믿음을 얻지 못하면 윗사람으로부터도 얻지 못할 것이다. 벗으로부터 믿음을 얻는 데도 길이 있으니, 어버이에게 순하지 못하면 벗으로부터 믿음을 얻지 못할 것이다. 어버이에게 순하게 하는 데에도 길이 있으니, 자신의 몸을 돌이켜보아 매사에 열렬〔誠(성)〕하지 못하면 어버이에게 순할 수 없다. 자기 자신에게 열렬하게 하는 데에도 길이 있으니, 선(善)에 밝지 못하면 자기 자신에게 열렬할 수 없다.

열렬함〔誠(성)〕이라는 것 자체는 하늘의 도(道)요, 열렬함에 이르려는 것은 사람의 도(道)다. 열렬함이라는 것은 굳이 애쓰지 않아도 중도(中道)에 맞고 힘써 생각하지 않아도 얻게 되어 조용히 도에 적중하니 이를 갖춘 사람은 성인(聖人)이고, 열렬함에 이르려는 것은 선(善)을 잘 가려내어 그것을 굳게 잡는 것이다.

여기서 우리는 방향이 정해지다〔定정〕의 의미뿐만 아니라 길이나 도리〔道도〕, 그리고 중화나 중도를 쥐다〔執中집중-中중하다〕 등의 의미를 쉽게 알 수 있다.

다음으로 定而后能靜정이후능정, 즉 공의를 향한 길로 나아가겠다는 뜻이 정해지고 난 이후에야 능히 정(靜)해진다를 살펴보자. 풀이의 관건은 靜정이다. 주희는 靜정을 "마음이 망령되게 움직이지 않음〔心不妄動심불망동〕"이라고 풀이했다. 틀렸다고는 할 수 없지만 내용의 구체성이 너무 없다. 흔히 정(靜)은 고요라고 번역된다. 아마도 망령된 움직임이 없어 그렇게 옮긴 듯하다. 그러나 이래 가지고는 아무런 내용도 와 닿지 않는다.

우선 靜정에 담긴 뜻을 알아보자. 고요하다, 깨끗하다, 깨끗하게 하다, 쉬다, 휴식하다, 조용하다, 조용하게 하다, 조용히 등이 그것이다.

『논어』에는 딱 한 번 정(靜)이라는 말이 나온다. 앞에서도 살펴보았던 '雍也옹야 21'에서다.

공자는 말했다. "(어진 사람을 볼 줄) 아는 사람은 물을 좋아하고, 어진 사람은 산을 좋아한다. (어진 사람을 볼 줄) 아는 사람은 움직이고〔動동〕, 어진 사람은 맑고 고요〔靜정〕하다. (어진 사람을 볼 줄) 아는 사람은 즐거워할〔樂낙〕 줄 알고, 어진 사람은 오래간다〔壽수〕."

앞에서 이미 나온 지(知)와 인(仁)의 대비를 비유법을 통해 좀 더 상세하게 논의한다. 공자는 먼저 물과 산을 대비하며 '아는 사람은 물을 좋아하고, 어진 사람은 산을 좋아한다〔知者樂水 仁者樂山〕'라고 말한다. 이때의 물이란 가만히 있는 물이 아니라 흘러가는 물, 즉 유수(流水)를 말한다. 그래서 주희는 "지자(知者)는 사리에 통달하여 두루 흐르고 정체하는 바가 없어 물과 비슷하니 물을 좋아한다"고 풀이한다. 그런데 이 풀이는 내용이 없다. 흘러간다는 것은 아직 도달하지 않았다는 것이고 동시에 도달하려 끊임없이 움직인다는 말이다. 그래서 動이다. 이어 주희는 인자(仁者)가 좋아하는 산과 관련해서는 "원칙을 지키듯 제자리에 머물러 중후하고 옮기지 않아서 산과 비슷함이 있으므로 산을 좋아한다"고 풀이했다. 즉 일정한 오래감이 있다는 말이다.

그래서 그 뒤에 이어지는 구절에 대해서는 주희의 풀이가 명쾌하다. "움직임〔動〕과 고요함〔靜〕은 형체〔體〕로써 말한 것이고, 낙(樂)과 수(壽)는 효과〔效〕로써 말한 것이다. 동하여〔動〕 맺히지 않으므로 즐거워하고, 고요히 머물러〔靜〕 일정함〔常〕이 있으므로 오래가는 것〔壽〕이다." 여기서 주희의 풀이의 후반부를 잠깐만 주목해 보자. 靜, 常, 壽를 뒤집으면 壽=久=止이고 常은 定과 통하고 그러고 나서 靜이다. 이 문제는 이 정도에서 그친다.

우리는 '里仁 2'에서 "어질지 못한 사람은 (인이나 예를 통해 자신을) 다잡는 데 (잠시 처해 있을 수는 있어도) 오랫동안〔久〕 처해 있을 수 없고, 좋은 것을 즐기는 데〔樂〕에도 (조금 지나면 극단으로 흘러) 오랫동안〔長〕 처해 있을 수 없다. 어진 자는 어짊을 편안하

게〔安仁〕 여기고 지혜로운 자는 어짊을 이롭게〔利仁〕 여긴다"라는
점을 이미 확인한 바 있다. 壽는 장수한다는 뜻이 아니라 오래간다
〔久〕로 풀어야 한다.

이제 우리의 논의의 핵심이 되는 靜을 살펴볼 차례다. 인자의 고요
함〔靜〕에 대해 정약용은 『논어고금주』에서 이렇게 풀이한다. "인자는
힘써서 서(恕)를 행하기 때문에 자식에게 바라는 바로써 아버지를 섬
기고, 아우에게 바라는 바로써 형을 섬기고, 신하에게 바라는 바로써
임금을 섬기고, 벗에게 바라는 바로써 벗에게 먼저 베푼다. 이것은 자
신이 다른 사람에게 요구하지 않고 먼저 나로부터 베풀어나가는 것이
니, 그 기상이 후한 덕으로 만물에 혜택을 주는 것이므로 정(靜-고요
하다, 맑다)이라고 한 것이다."

또 '아는 사람은 즐거워한다〔知者樂〕'에 대해서는 이렇게 풀이한다.
"지(知)라는 것은 사람이 해야 할 일을 가려서 인(仁)에 머물고, 이치
에 맞춰 자신을 행하며, 밝게 이해(利害)를 구분하여 막히는 바가 없
다. 그리하여 아무 데나 들어가도 자득(自得)하지 않음이 없기 때문
에 즐거워한다."

그러나 어떤 풀이보다도 '里仁 2'를 다시 꼼꼼하게 읽어보면 그것이
'雍也 21'과 부절(符節)처럼 딱 들어맞는다는 것을 알 수 있다.

공자는 말했다. "어질지 못한 사람은 (인이나 예를 통해 자신을)
다잡는 데 (잠시 처해 있을 수는 있어도) 오랫동안〔久〕 처해 있을 수

없고, 좋은 것을 즐기는 데〔樂〕에도 (조금 지나면 극단으로 흘러) 오랫동안〔長〕 처해 있을 수 없다. 어진 자는 어짊을 편안하게〔安仁〕 여기고 지혜로운 자는 어짊을 이롭게〔利仁〕 여긴다."

그리고 어짊을 편하게 여기는 것〔安仁〕이 壽이고 어짊을 이롭게 여기는 것〔利仁〕이 樂이다. 여기서는 이 같은 논의를 종합해서 靜을 동사적으로 '흔들림이 없는 마음〔恒心〕을 갖게 된다'로 풀려고 한다. 그리고 그것은 자연스럽게 불혹(不惑)과 같은 뜻이다.『논어』에서 불혹은 지(知), 지자(知者)와 연결되는데 정약용은 지(知)와 정(靜)을 연결시키고 있다. 따라서 불혹은 知를 매개로 해서 靜과 연결된다.

다음은 靜而后能安이다. 만일 靜이 불혹(不惑)과 통한다면 그 다음 단계인 安은 지천명(知天命)과 통할 가능성이 높다. 이는 잠시 후에 짚어보기로 하고 우선 안(安)에 집중해 보자. 조금 전에 보았던『논어』'里仁 2'에서 공자는 이렇게 말한다.

"어질지 못한 사람은 (인이나 예를 통해 자신을) 다잡는 데 (잠시 처해 있을 수는 있어도) 오랫동안 처해 있을 수 없고, 좋은 것을 즐기는 데에도 (조금 지나면 극단으로 흘러) 오랫동안 처해 있을 수 없다. 어진 자는 어짊〔仁〕을 편안하게〔安〕 여기고 지혜로운 자는 어짊을 이롭게〔利〕 여긴다."

공자나 유학의 텍스트에서 지자(智者 혹은 知者)는 인자(仁者)보다 한 수 아래다. 지자(知者)가 인을 이롭게 여긴다〔利仁〕는 것은 인이 어떠하다는 것을 머리로는 알지만 스스로 실행에 옮기지는 못한다는 뜻이다. 반면에 편안하게 여긴다〔安仁〕는 것은 머리가 아니라 몸으로 인을 체득하여 자연스럽게 실행하는 경지이다. 그것이 安, 즉 편안하게 여긴다는 것이다.

또 '爲政 10'에서는 사람을 알아보는 문제〔知人〕와 관련하여 공자가 이렇게 말한다.

"(사람을 알고 싶을 경우) 먼저 그 사람이 행하는 바를 잘 보고, 이어 그렇게 하는 까닭이나 이유를 잘 살피며, 그 사람이 편안해하는 것〔所安〕을 꼼꼼히 들여다본다면 사람들이 어찌 그 자신을 숨기겠는가? 사람들이 어찌 그 자신을 숨기겠는가?"

여기서 가장 중요한 것이 세 번째, 즉 그 사람이 편안해하는 것이다. 최종적으로 그가 어떤 것을 마음속으로 가장 편안해하는지를 알면 그가 군자인지 소인인지 가릴 수 있다는 것이다. 도(道)나 인(仁)을 가까이 하는 것을 진실로 편안해한다면 그 사람은 군자이고, 부귀나 개인적 이득을 얻는 일에만 편안해하고 도나 인을 가까이 하는 일은 편안해하지 않는다면 그 사람은 영락없는 소인이다.

'雍也 9'는 인을 편안해 하는 安仁의 경지에 이른 제자 안회에 대한 공자의 찬사다.

공자는 말했다. "어질구나, 안회여! 하나의 대그릇에 담은 밥과 하나의 표주박에 담은 음료만으로 누추한 삶을 살아갈 경우 일반 사람들은 그 근심을 견뎌내지 못하는데 안회는 늘 한결같이 마음의 즐거움을 조금도 바꾸려 하지 않는다. 어질구나, 안회여!"

안인(安仁)의 경지는 곧 지자(知者)를 넘어선 인자(仁者)의 경지, 지천명(知天命)의 경지다. 따라서 여기서 安은 安仁으로 푸는 것이 합당하다. '인을 편안하게 여긴다'는 말이다. 참고로 주희는 안(安)을 "처한 바에 편안함〔處而安〕"이라고 했다. 이 또한 구체성은 없지만 우리의 풀이와 크게 상충되지 않는다.

다음은 安而后能慮다. 관건은 慮를 어떻게 볼 것인가이다. 주희는 "일처리〔處事〕가 정밀하고 상세함〔精詳〕"이라고 풀이했다. 그러나 그것으로 끝이다. 『논어』 '微子 8'에서 공자는 유하혜(柳下惠)라는 사람을 평하면서 이렇게 말한다.

"뜻을 굽히고 몸을 욕되게 하였으나 말이 의리에 맞으며〔言中倫〕 행실이 사려에 맞았으니〔行中慮〕 그뿐이다."

주희가 굳이 慮를 풀이하면서 일처리를 언급한 것도 실은 『논어』의 이 구절을 염두에 둔 때문으로 보인다. 흔히 '사려 깊게'라는 말은 일처리 외에 어떤 사람의 성품을 이야기할 때도 쓰는데, 주희는 여기서 분명히 일을 주도면밀하게 처리한다는 의미에서 慮를 풀이하고 있다.

『논어』(혹은 『중용』)의 도움을 받아 진행하고 있는 우리의 취지와도 부합한다. 따라서 慮는 심모(深謀)나 원려(遠慮) 모두 포괄하는 뜻이다. 이렇게 되면 우리에게 결정적인 도움을 주는 구절이 『논어』에 등장한다. '衛靈公 11'이다.
위령공

공자는 말했다. "사람이 멀리 내다보는 생각이 없으면 반드시 가까운 데서 근심이 있다."

공자가 즐겨 쓰는 군자/소인의 이분법으로 표현하자면 '군자는 멀리 걱정〔遠慮〕하고 소인은 가까운 것을 걱정한다'고 할 수 있다. 여기서 원근(遠近)은 시간적인 문제로 보는 게 좋을 듯하다. 먼 미래를 생각하며 살아갈 때 당장에 생겨나는 문제들로 인한 근심에서도 벗어날 수 있다는 말이다. 직접적이지는 않아도 군자/소인의 이분법을 염두에 둔다면 이는 '里仁 16'과 통한다.
이인

공자는 말했다. "군자는 의리에서 깨닫고, 소인은 이익에서 깨닫는다."

의리는 멀고 이익은 가깝기 때문이다.

慮는 일단 (일을 함에 있어) 멀리 내다보며 생각한다는 뜻이다. 『맹자』 '告子章句 下 13'에 이 같은 慮의 내용을 보여주는 대화가 나온다.
고자 장구 하

노(魯) 나라 군주가 악정자(樂正子)에게 정사를 맡기려 했다. 악정자는 맹자의 제자다. 이 소식을 접한 맹자는 이렇게 말한다. "내가 그것을 듣고서 너무 기뻐서 잠을 이루지 못했다."

이에 다른 제자인 공손추(公孫丑)가 스승이 잠이 오지 않을 정도로 기뻐한 이유가 무엇인지 궁금해 맹자에게 질문을 던진다.

"악정자는 (의지가) 강하다고 할 수 있습니까?"

"아니다."

"(그러면) 사람을 보는 지혜〔知=智=知人之鑑〕와 일을 꿰뚫어보는 사려 깊음〔慮〕이 있습니까?"

"없다."

"(그렇다면) 견문과 지식이 많습니까?"

"아니다."

문맥을 보면 知와 慮는 각각 사람을 보는 지혜와 일을 미리 꿰뚫어보는 사려 깊음으로 풀이할 때 가장 정확하다. 이제 우리는 다시 『논어』로 돌아가 慮의 의미를 최종적으로 확정코자 한다. '述而 10'이다.

공자가 제자 안연에게 말했다. "(인재로) 써주면 행하고, 버리면 숨어 지내는 것을 오직 너하고 나만이 갖고 있구나!"

이에 자로가 물었다. "만일 스승님께서 삼군을 통솔하신다면 누구와 함께 하시겠습니까?"

공자는 말했다. "(자로 너처럼) 맨손으로 호랑이를 때려잡고, 맨몸으로 강을 건너려 하여 죽어도 후회할 줄 모르는 사람과 나는 함께할 수 없을 것이니, 반드시 일에 임하여서는 두려워하고, 치밀한 전략과 전술을 세우기를 즐겨하여 일을 성공으로 이끄는 사람과 함께할 것이다."

"반드시 일에 임하여서는 두려워하고, 치밀한 전략과 전술을 세우기를 즐겨하여 일을 성공으로 이끄는 사람과 함께할 것이다." 이것이 바로 慮, 즉 깊이 헤아린다는 뜻이다.

이와 관련해서는 사량좌(謝良佐)의 풀이가 도움이 된다. "꾀하지 않으면 이룰 수 없고 조심하지 않으면 반드시 패하는 것은 작은 일도 오히려 그러한데 하물며 삼군을 출동함에 있어서이겠는가?" 군사출동이라는 일(事)의 본질에 맞춰 준비하고 세심하게 대처할 줄 알아야 한다는 뜻이다. 매사가 마찬가지다. 이 점을 안연은 배웠고 자로는 미처 배우지 못한 것이다.

이제 마지막이다. 慮而后能得. 여기서는 得이 풀이의 관건이다. 주희는 "그 그칠 바를 얻음을 이른다(謂得其所止)"고 풀었다. 止로 다시 돌아간 것이다. 이렇게 되면 순환에 빠지게 된다. 물론 그것을 선순환으로 보면 주희의 풀이가 나름대로 합당하다고 볼 수도 있겠지만 조금은 궁색하다. 오히려 삼강령에 이은 6개의 단계로 보는 것이 좋지 않을까 한다. 사(私)에서 출발해 마침내 공(公)의 단계에 보다 가까이 이르렀음을 뜻하는 것으로 풀이하는 것이다. 아마도 완벽한 공의 경지에 이르는 것은 불가능하다. 그것은 사람으로서는 불가능한 일이기 때문이다.

『논어』의 맥락에서 得은 다양한 의미로 사용된다. 첫째 '~를 얻다', '갖게 되다'는 의미이다. 둘째 다소 부정적으로 이득을 의미한다. 셋째 일종의 깨달음을 의미한다. 앞의 둘은 무시해도 되지만 이 세 번째는 주희의 풀이와도 연결돼 있다. 自得이라는 말이 바로 그런 의미. 물론 이렇게 해도 틀린 것은 아니지만 『논어』는 보다 현실적인 풀이의 가능성을 열어준다. 얻는다는 것을, 말 그대로 공직을 얻는 것으로 보는 것이다. 기존의 유학사상에 익숙해 있다면 의아해할지 모르지만 『논어』는 얼마든지 그런 길이 가능하다는 것을 공자 자신의 발언 등을 통해 보여준다. 그리고 지금 우리가 읽고 있는 『대학』이 공인, 위정자가 되기 위한 길을 다루는 책임을 망각해서는 안 된다. 오히려 『중용』의 맥락에서는 스스로 깨닫는다(自得)는 의미가 더 강할지 몰라도 여기서는 사정이 조금 다르다. 『논어』 '學而 10'이다.

자금이 자공에게 물었다. "공자께서는 찾아간 나라에 이르셔서 반드시 그 정사(政事)를 들으시니 그분이 (정치에 관심이 많아) 그렇게 하려고 구해서 그런 것입니까? 아니면 제후가 먼저 공자에게 청해서 그렇게 된 것입니까?"

자공은 이렇게 답했다. "공자께서는 온화하고 반듯하고 공손하고 검소하고 겸손한 성품과 태도를 통해 그것, 즉 정치참여의 기회나 지위를 얻은 것이니 설사 그것을 그분이 먼저 구해서 얻었다고 하더라도 다른 사람들이 그것을 구하는 것과는 아마 근본적으로 다를 것이네."

먼저 자금(子禽)은 진강(陳亢)을 말하는 것으로 공자의 제자라는 말도 있고 공자의 제자인 자공(子貢)의 제자, 즉 공자의 손자 제자라는 말도 있다. 주희도 둘 중에서 어느 것이 옳은지 모르겠다는 입장을 밝힌다. 이 대목만 놓고 보자면 자금이 자공에게 묻는 내용으로 보아 후자 같기도 하다.

먼저 자금이 자공에게〔於〕묻는다. "공자〔夫子〕께서는 찾아간 나라〔是邦〕에 이르셔서 반드시 그 정사(政事)를 들으시니 그분이 (정치에 관심이 많아) 그렇게 하려고 구해서 그런 것입니까? 아니면〔抑〕제후가 먼저 공자에게 청해서 그렇게 한 것입니까?" 실제로 공자의 현실정치 참여의지는 남다른 데가 있었다. 다소 비판적인 입장에서 보면 마치 권력을 구걸하는 듯이 비칠 수도 있었다. 제자이거나 제자의 제자인 자금이 젊은 눈으로 볼 때는 아무래도 그 점이 꺼림칙했기 때문에 이런 질문을 던졌을 것이다.

자금의 쉽지 않은 질문에 자공은 이렇게 답한다. "공자께서는 온화하고〔溫〕반듯하고〔良〕공손하고〔恭〕검소하고〔儉〕겸손한〔讓〕성품과 태도를 통해 그것, 즉 정치참여의 기회나 지위〔聞政〕를 얻은 것이니 설사 공자께서 그것〔聞政〕을 그분이 먼저 구해서 얻었다고 하더라도 다른 사람들〔人〕이 그것을 구하는 것과는 근본적으로 다를 것이네." 우문현답(愚問賢答)으로 볼 수도 있고 공자를 위한 제자 자공의 당연한 변호로 볼 수도 있다.

자금과 자공의 이 문답은 공자의 말〔語〕에 대한 해석이라기보다는 가끔 에피소드처럼 등장하는 공자의 생생한 면모에 대한 보고 내지 목격담이라고 보는 게 좋을 듯하다. 그런 점에서 이 장은 이와 비슷한 내용들을 한꺼번에 모아놓은 '子張'편 후반부에 놓아도 될 듯하다. 텍스트(공자)와 해석(제자)의 관계에서는 약간 벗어나 있는 구절인 것이다.

그런데 왜 『논어』의 편찬자는 이 에피소드를 책 전체에서 비중이 큰 머리말 부분에 배치한 것일까? 이 장이 修己와 治人을 연결해주는 고리역할을 한다고 보았기 때문이다. 이 점이 대단히 중요하다. 우리의 논의 맥락이 지금 수기에서 치인으로 넘어가려는 전환점에 있기 때문이다.

두 사람의 문답이 전하고자 하는 메시지는 문면에 드러난 그대로이다. 같이 정치에 참여하거나 제후의 자문에 응하더라도 공자의 그것은 권력욕이나 출세를 위한 일반 사람들의 그것과는 차원이 다르다는 것이다. 그 다른 근본이유는 공자의 경우 溫, 良, 恭, 儉, 讓의 다섯 가지 덕목〔五德〕을 갖추고 있었기 때문이다. 그런 덕목을 갖춘 후에 정치적인 자리를 얻으려〔得〕해야 한다는 것이다.

공자가 갖추고 있었던 이 오덕(五德)은 적어도 유학자로서 정치에 관여하고자 한다면 반드시 갖춰야 할 덕목이라고 확대해서 해석할 수도 있다. 물론 군자나 선비〔士〕(가 되려는 사람)도 오덕을 갖추려 노력해야 한다.

이와 관련된 『논어』의 구절을 좀 더 보자. '述而 11'에서 공자는 이렇게 말한다.

"부(富)가 (억지로라도) 구해서 될 수 있는 것이라면 나는 말채찍을 잡는 자의 일이라도 기꺼이 하겠지만, 억지로 구해서 되는 것이 아니라면 나는 내가 좋아하는 바를 따르겠다."

이 또한 자기원칙을 당당하게 견지하겠다는 진중함과 위엄이 드러나는 글이다. '子罕 12'에도 비슷한 의미의 사례가 나온다.

자공이 물었다. "여기에 아름다운 옥이 있다면 스승님께서는 그것을 궤 속에 넣어 가죽으로 싸서 고이 보관하시겠습니까? 좋은 값을 구하여 그것을 파시겠습니까?"
공자는 말했다. "팔아야지! 팔아야지! 그러나 나는 좋은 값을 기다리는 사람이다."

修己하되 治人을 목적으로 해서는 안 된다. 또 기회가 왔을 때는 治人의 과제를 피해서도 안 된다. 다만 나라에 도가 없을 때는 나아가서는 안 된다. 이것이 바로 공자의 나아가고 물러나는 진퇴(進退)의 도리이다.

이제 우리는 당당하게 能得을 '능히 (벼슬)자리(位)를 얻게 된다'로 옮길 수 있게 됐다. 어설픈 도덕주의에 머물러 있는 기존의 동양철학이나 한학의 패러다임은 아마도 주희처럼 得道(득도)로 볼지도 모르겠다. 동의하기 어렵다. 오히려 하고자 하는 바의 완성(成(성))으로 푸는 것이 무방하다.

이로써 일단 삼강령과 공의를 향해 나아가는 6단계 수기(修己)의 과정에 대한 논의가 마무리됐다. 그런데 그다음에 이런 구절이 나온다.

物有本末 事有終始 知所先後 則近道矣
물 유 본 말 사 유 종 시 지 소 선 후 즉 근 도 의

우선 개괄적으로 풀어보자. '모든 일에는 근본과 곁가지가 있고 모든 일에는 끝과 시작이 있으니 먼저 해야 할 것(所先(소선))과 뒤에 해야 할 것(所後(소후))을 잘 알고 있다면 도(道)에 가깝다.'

사실 이것만 놓고 보면 그다지 큰 논란이 생길 여지가 없다. 모든 일에는 각각 중요한 것과 덜 중요한 것이 있으니 이를 가릴 줄 알아야 하고, (또) 모든 일에는 중요하여 먼저 끝내거나 뒤에 끝내야 할 것이 있고, 덜 중요하여 먼저 시작하거나 뒤에 시작해야 할 것이 있다. 따라서 어떤 일이건 본말(本末)과 종시(終始)를 정확하게 가려낼 줄 안다면 그 사람은 일을 행하는 도리에 가까워진다는 뜻이기 때문이다. 여기서 物(물)을 흔히 사물로 옮기는데 그것은 정확하지 않다. 뒤에 나오는 事(사)와 마찬가지로 '사람이 하는 일'로 보면 된다. 기존의 한학자나 동양철학자들은 하나같이 物(물)만 나오면 사물로 옮기는데 그것은 物(물)과 事(사)

가 거의 같은 용법으로 얼마든지 사용될 수 있다는 초보적 사항조차 모르는 데서 오는 잘못으로 보인다. 옛날에 초심자를 위한 입문서였던『명심보감』제5장 정심(正心) 편에 이런 구절이 나온다.

物順來而勿拒 物旣去而勿追 身未遇而勿望 事已過而勿思
물 순래 이 물거 물 기거 이 물추 신 미우 이 물망 사 이과 이 물사

옮겨보면 이런 뜻이다. '일〔物=事〕이 순리대로〔順〕 오거든〔來〕〔而〕 물리치지 말고〔勿拒〕 일〔物〕이 이미〔旣〕 지나가버렸거든〔去〕〔而〕 억지로 따라가지 말고〔勿追〕 그 자신이〔身〕 (기회나 때를) 만나지 못했거든 〔未遇〕〔而〕 (요행수를) 바라지 말며〔勿望〕 일이〔事〕 이미〔已〕 끝났거든 〔過〕〔而〕 그에 관해 생각도 하지 말라〔勿思〕.'

만일 여기서 物을 일〔事〕이 아니라 사물이나 물건으로 옮긴다면 어떤 번역이 나올까? 기존의 수많은 번역서들이 실은 物을 기계적으로 사물이나 물건으로 옮기고 있다. 다시 우리의 관심사로 돌아가보자.

문제는 주희가 던져놓았다. 그는 본말과 종시를 앞서 나온 내용과 결부시켰다. "다움을 밝히는 것〔明明德〕은 근본〔本〕이 되고 백성을 새롭게 하는 것〔新民 혹은 親民〕은 곁가지〔末〕가 되며, 그칠 데를 아는 것〔知止〕은 처음〔始〕이 되고 능히 (자리를) 얻게 되는 것〔能得〕은 끝 〔終〕이 되니, 근본과 시작은 먼저 해야 할 것이요 곁가지와 끝은 뒤에 해야 할 것이다."

이런 풀이를 단박에 틀렸다고 단정 지을 수는 없다. 그런 해석도 얼마든지 가능하다. 다만 이런 해석은 자칫하면 다양한 가능성을 제약

할 수 있다. 게다가 이렇게 풀이할 경우 기껏해야 삼강령과 그에 이어지는 구절에 대한 보충풀이에 그칠 뿐이다.

오히려 앞의 내용을 정리한다기보다는 앞에 나온 得, 즉 자리를 얻게 된 사람이 일에 임하는 자세를 이야기하는 것으로 보면 자연스럽게 뒤에 이어지는 논의를 위한 단서도 된다. 왜냐하면 物, 즉 일은 바로 뒤에 나오기 때문이다. 일을 한다는 것, 특히 나라의 일을 한다는 것이 무엇인지, 그리고 어떻게 해야 하는지를 결정적으로 제시하고 있기 때문이다.

이제 주희의 해석은 깨끗이 잊고 『논어』를 통해 本末과 終始를 풀어내고자 한다. 통상 사서에서 본말(本末), 즉 근본과 곁가지를 이야기할 때는 '學而 2'가 즐겨 인용된다.

유자가 말했다. "그 사람됨이 효도하고 공경하면서 윗사람을 범하기를 좋아하는 자는 드물다. (또) 윗사람을 범하기를 좋아하지 않으면서 난을 일으키기를 좋아하는 자는 없다. 군자는 근본에 힘쓰니, 근본이 서야 도(道)가 생겨난다. 효도〔孝〕와 공경〔弟〕이라는 것은 인을 행하는 근본이라 할 만하다."

그러나 유자가 말하는 근본, 즉 효제(孝弟)는 사람됨의 근본을 말하기 때문에 우리의 문맥과는 조금 동떨어진 것이다. 지금 우리는 사람, 사람됨의 근본이 아니라 일〔物/事〕의 근본을 말하고 있다. 우리 동양 학계에서는 物을 사물이나 자연대상에 한정해서 사고하려 하기 때문에 자꾸 엉뚱한 형이상학으로 나아가는데 그것은 처음부터 옆길로 들어서는 것이다.

『논어』에 등장하는 공자와 제자들의 대화는 대부분 제자들이 곁가지를 이야기하면 공자가 근본으로 되돌리는 방식을 보여준다. 그중 우리의 맥락에 딱 맞아떨어지는 두 구절을 나란히 가져와보자. 먼저 '顏淵 12'다.
안연

공자는 말했다. "한 마디도 안 되는 말로 판결을 내려도 사람들이 믿고 따르게 할 수 있는 자는 아마도 자로일 것이다."
자로는 일단 말로 내뱉으면 묵혀두는 일이 없었다.

옥사나 송사는 아무래도 관련당사자들의 입장이 엇갈리기 때문에 양쪽이 모두 흡족할 만한 판결을 내리는 것이 쉽지 않다. 그래서 어떤 결정을 내리건 그것은 지루할 정도로 길어지기 마련이다. 그런데 한 마디도 안 되는 말로 판결을 내려도 사람들이 믿고 따르게 할 수 있는 인물로 공자는 제자 자로를 지목한다. 그러나 곧바로 이어지는 '顏淵 13'에서 공자는 자로가 아무리 뛰어나다 한들 그런 수준에 머물러 있는 것은 곧 곁가지[末]에 불과하다는 점을 극명하게 보여준다. '顏淵 13'이다.
안연

공자는 말했다. "송사를 듣고서 결단을 내리는 일은 내가 한다 해도 다른 사람들과 크게 다르지 않겠지만 정작 나의 관심은 송사 처결을 잘하는 것보다는 반드시 송사를 처음부터 하지 않도록 (정치를) 하는 데 있다."

공자는 송사를 듣고서 결단을 내리는 일은 자신이 한다 해도 (자로나 그 밖의 뛰어난) 다른 사람들과 크게 다르지 않겠지만 정작 자신의 관심은 송사 처결을 잘하는 것보다는 반드시 송사를 처음부터 하지 않도록 하는 데 있다고 말한다. 송사가 일어나는 뿌리부터 치유하는 데 자신의 관심이 있다는 것이다. 그것은 정치의 문제다. 바른 정치가 이루어진다면 불필요한 송사는 절로 없어질 수 있다는 것이다.

그러면 일의 本末과 終始는 어떻게 다른가? 本末은 일의 중요도를 판단하는 것[慮]이고 終始는 그 같은 판단에 따라 중요한 것부터 곁가지까지 중도에 그치지 않고 끝까지 행하는 열렬함[誠]이나 성공[得/成]의 문제와 관련된다. 이렇게 되면 앞서 보았던 주희의 풀이가 얼마나 옆길로 샌 풀이인지를 쉽게 알 수 있을 것이다.

'모든 일에는 끝과 시작이 있다[事有終始].' 과연 이게 무슨 말인가? 이 문장 바로 앞의 '모든 일에는 근본과 곁가지가 있다[物有本末]' 다음에 자연스럽게 이런 말이 따라 나올 수밖에 없다. '그렇기 때문에 어느 일이 근본이고 어느 일이 곁가지인지를 판별하여 가리는 일이 가장 중요하다.' 그러면 '모든 일에는 끝과 시작이 있다[事有終始]'에는 어떤 말이 따라 나와야 할까? '그렇기 때문에 일단 시작한 일은 반드시 끝을 맺어야 한다' 이외에 어떤 말들이 있을까? 바로 이 말이 핵심 메시지다. 이렇게 읽어내는 것이 바로 '문리(文理)'에 따라 사서를 읽어가는 것이다.

그러면 '모든 일에는 끝과 시작이 있다〔事有終始〕'와 관련된 『논어』의 구절은 무엇일까?

모든 일은 대부분 시작하기도 어렵고 끝을 잘 맺기는 더 어렵다. 먼저 시작함의 어려움부터 보자. '子罕 10'에서 안회는 스승 공자의 가르침에 대해 이렇게 말한다.

"공자의 도〔之〕는 우러러 볼수록 더 높고 뚫으려 할수록 더 견고하며, 바라볼 때는 앞에 있더니 홀연히 뒤에 있도다. 공자께서는 차근차근 사람들을 잘 이끄시어 문으로써 나를 넓혀주시고 예로써 나를 다잡아주셨다. 그래서 공부를 그만두고자 해도 그만둘 수 없다. 이미 나의 재능을 다하고 보니 (공자의 도가 내 앞에) 우뚝 서 있는 듯한데, 비록 이를 따르고자 하나 어디서부터 시작해야 할는지 모르겠다."

맨 마지막 문장이 바로 시작의 어려움을 여실히 보여준다.

그러나 어떤 일을 시작하는 것보다 제대로 끝맺는 것이 훨씬 힘들고 어렵다. 우선 원론적인 차원에서 『논어』 '學而 5'를 볼 필요가 있다.

공자는 말했다. "(제후의 나라인) 천승지국을 다스릴 때라도 매사에 임할 때 공경하는 마음으로 일관함으로써〔敬事〕 백성들의 믿음을 얻어내고, 재물을 쓸 때는 절도에 맞게 하여 사치를 멀리함으로써 백성들을 사랑해야 하며, (어쩔 수 없이) 백성들을 (공역 등에) 부려야 할 경우에는 때에 맞춰 (농사일을 하지 않는 농한기 때 시키도록) 해야 한다."

敬事를 일부 번역서들처럼 '일을 공경한다'고 직역해 버리면 무슨 말인지 알 수 없게 된다. 그나마 '매사에 임할 때 공경하는 마음을 잃지 않는다'로 해석하면 그다지 크게 틀린 말은 아닐 것이다. 그러면 여기서 敬의 다양한 뜻풀이를 살펴보자. 공경, 감사하는 예(禮), 공경하다, 삼가다, 마음을 절제하다, 정중하다, 예의가 바르다, 훈계하다 등등. 恭은 외면적으로 드러나는 것이고 敬은 내면적인 마음가짐을 뜻한다. 주희는 이때의 敬을 '하나〔一〕를 주장하여 다른 데로 나감이 없는 것〔主一無適〕'이라고 풀이했다. 이 또한 약간 추상적이니, 오히려 정약용의 풀이가 명확하다. "경사(敬事)는 일의 처음과 끝을 생각하고 그 폐단을 미리 헤아리는 것이다. 그런 뒤에 (일을) 시행한다면 막히거나 흔들림이 없어서 곧 백성들이 그를 신임할 것이다." 매사에 최선을 다한다는 뜻이다. 겸손보다는 신중에 가깝다. 敬事而信을 하나로 엮어서본다면 매사에 처음부터 끝까지 최선을 다함으로써 백성들에게 믿음을 준다는 것이다.

다시 시작과 끝의 문제를 짚어보자. 물론 시작하기도 쉽지는 않지만 일관된 마음을 잃지 않고 끝을 맺는 것은 훨씬 더 어렵다. 공자가 늘 강조하는 대로 '오래도록〔久=恒=長〕' 초발심을 잃지 않기〔止=庸〕란 극소수의 사람만이 가능하다.

이렇게 해서 끝을 잘 맺게 되는 것이 이룸〔成〕이다. 그래서 成에는 시작을 잘하고 오래도록 유지하고 마침내 끝을 잘 맺었다는 의미가 고스란히 들어가게 된다.『논어』에 등장하는 이룸〔成〕은 정확히 이런 의미다. 먼저 '八佾 23'이다.

> 공자는 노나라 태사에게 음악에 관해 말했다. "음악은 알 수 있는 것이다. 처음 시작할 때는 합하고〔翕〕 이어 조화시키고〔純〕 이어 각자가 살아나게〔皦〕 한 다음에 다시 모아들임〔繹〕으로써 음악은 이루어진다."

공사의 말은 흡(翕), 순(純), 교(皦), 역(繹), 네 지만 알면 정확히 이해할 수 있다. 이 네 가지는 글의 구성을 이야기할 때 필수적인 기승전결(起承轉結)과 비슷한 것이다. 하나의 음악이 완결성〔成〕을 갖추려면 이 네 가지는 필수적이다.

翕은 글자 모양 그대로 '새가 날아오르다', '합하다', '화합하다', '많은 것이 한꺼번에 일어나다' 등의 뜻을 갖고 있다. 대중들의 의사가 하나로 휩쓸리는 모양을 흡연(翕然)이라고 한다. 음악을 시작하며 다양한 요소들을 일단 한곳으로 모으는 단계라고 할 수 있다. 그다음에는 純과 皦가 이어진다. 여기서의 순(純)을 주희는 화(和)로 풀이한다. 이질적인 것들이 일단 한데 모였으니〔翕〕 이제 그것들을 조금씩 조화시켜 가는 것이다. 문장에서 기(起)와 승(承)의 관계와 통한다.

皦는 원래 '밝다', '깨끗이 나뉘다' 등의 뜻을 갖고 있다. 순(純)과 교(皦)는 화이부동(和而不同)과 상통한다. 서로 조화를 이루면서도 각각의 개성이 살아 있다는 뜻이다. 그리고 끝으로 역(繹)이다. 繹은 '풀어내다', '다스리다', '연결하다' 등의 뜻을 갖고 있다. 이질적인 것들이 모여 조화를 이루고 다시 그것들이 조화 속에서도 개성이 살아 움직이다가 끝에 가서는 다시 하나로 엮인다는 뜻이다. 이렇게 하면 하나의 악장이 마무리[成]된다. 이런 점을 정확히 이해하고서 음악을 들을 때라야 '泰伯 8'에서 말한 **"악에서 (어짊이) 이루어진다[成於樂]"** 의 의미를 제대로 알 수 있다. 여기서 成은 다움[德]의 완성을 의미한다. 주희의 풀이도 같은 맥락이다. "음악은 사람의 성정을 함양하여 간사하고 더러운 것을 깨끗이 씻어내고 찌꺼기를 말끔히 녹여낸다. 그러므로 배우는 자가 마지막에 의리[義]가 정밀해지고 인(仁)이 완숙해져서 저절로 다움[德]의 화순(和順)함에 이르는 것을 반드시 이 악(樂)에서 얻게 되니 이는 배움의 완성이다."

시작과 끝, 그리고 음악의 문제와 어우러져 있다는 점에서 '八佾 25'는 보다 구체적으로 도움을 준다.

공자는 "순임금의 음악은 지극히 아름답고 또 지극히 좋다"고 평하고, "무왕의 음악은 지극히 아름답기는 하지만 지극히 좋지는 않다"고 평했다.

음악과 정치적 사건을 통합적으로 해석하고 있다는 점에서는 정약용의 풀이가 압권이다. "미(美)는 일을 시작하는 것이 아름답고 성함을 이르고, 선(善)은 일을 끝마치는 것이 온전하고 좋은 것을 이른다. 순임금은 요임금의 뒤를 이어 이를 우왕에게 전수하면서 시종 아무런 결함이 없었기 때문에 그 음악이 진미(盡美)하고 진선(盡善)하였고, 무왕은 천하를 얻은 지 7년 만에 죽고 은나라 사람들의 완악스러움을 복종시키지 못했고 예악을 일으키지 못하였기 때문에 그 음악이 진미하기는 하였으나 진선하지는 못했다. 음악이란 공(功)이 이루어진〔成〕것을 형상화한 것이다. 그러므로 순임금의 음악은 아홉 곡으로 이루어진 구성(九成)인데 반해 무왕의 음악은 육성(六成)이니, 이것이 이른바 '진선에 이르지는 못했다'는 것이다."

『논어』에서 成은 단순히 이룬다가 아니라 인격의 완성을 이룬다는 뜻이다. 따라서 成人도 그냥 어른이 아니라 인격의 완성자로 보아야 한다. '憲問 13'은 이 점을 확연하게 보여준다.

자로가 완성된 인간〔成人〕에 대해 물었다. 공자는 다음과 같이 말했다. "만일 장무중의 지략과 맹공작의 욕심내지 않음과 변장자의 용맹과 염구의 예술적 재능을 합친 데다가 예악으로써 꾸며낸다면 이 역시 성인이라 할 것이다."
공자는 다시 말했다. "오늘날 성인이라는 것이 어찌 반드시 그런 정도의 인물이어야겠는가? 이익을 보면 의리를 생각하고, 위태로움을 보면 목숨을 바치며, 오랜 약속에 평소의 말을 잊지 않는다면 이 또한 성인이라 할 수 있을 것이다."

이 정도면 '이루다〔成〕'의 의미를 충분히 이해했을 것으로 본다. 이제 다시 한 번 '物有本末 事有終始 知所先後 則近道矣'를 음미해 보고서 다음으로 넘어갈 것을 권한다. 近道는 '도에 가깝다'고 해도 되지만 지금까지의 풀이를 바탕으로 해서 뉘앙스를 살리자면 '도에 보다 가까이 다가가게 될 것이다'고 푸는 것이 문맥상 더 어울린다.

古之欲明明德於天下者 先治其國 欲治其國者 先齊其家 欲齊其家者
고 지 욕 명 명 덕 어 천하 자　선 치 기국　욕 치 기국 자　선 제 기가　욕 제 기가 자
先脩其身 欲脩其身者 先正其心 欲正其心者 先誠其意 欲誠其意者 先致
선 수 기신　욕 수 기신 자　선 정 기심　욕 정 기심 자　선 성 기의　욕 성 기의 자　선 치
其知 致知在格物
기지　치지 재 격물
物格而后知至 知至而后意誠 意誠而后心正 心正而后身脩 身脩而后家
물 격 이후 지지　지지 이후 의성　의성 이후 심정　심정 이후 신수　신수 이후 가
齊 家齊而后國治 國治而后天下平
제　가제 이후 국치　국치 이후 천하 평

옛날에 공적인 대의를 천하에 밝히고자 하는 자는 먼저 자기 나라를

잘 다스렸고, 나라를 잘 다스리려 하는 자는 먼저 자기 집안을 가지런히 했고, 집안을 가지런히 하려고 하는 자는 먼저 자기 몸을 닦았고, 몸을 닦고자 하는 자는 먼저 자기 마음을 바로 하였고, 마음을 바로 하고자 하는 자는 먼저 자신의 뜻을 열렬하게 하였고, 뜻을 열렬하게 하고자 하는 자는 먼저 앎에 이르렀으니, 앎에 이른다는 것은 사물의 이치를 깨우치는 데 있었다.

사물의 이치를 깨우친 후에야 앎이 지극해지고, 앎이 지극해진 후에야 뜻이 열렬해지고, 뜻이 열렬해진 후에야 마음이 바로잡히고, 마음이 바로잡힌 후에야 몸이 닦이고, 몸이 닦인 후에야 집안이 가지런해지고, 집안이 가지런해진 후에야 나라가 제대로 다스려지고, 나라가 제대로 다스려진 후에야 천하를 평정할 수 있다.

사물의 이치를 깨우치는 格物이 모든 것의 출발점이다.
　　　　　　　　　　　　　　　　격물
格物이 쌓이면 앎[知]이 된다. 격(格)은 격식, 인격, 과녁 외에 연구하
격물　　　　　　지
다, 궁구하다, 바로잡다, 재다 등을 뜻하는데, 여기서는 파고들어 파헤치다는 뜻이다. 따라서 격물(格物)은 일을 파고들어 그 이치를 파헤친다는 말이다. 우리는 앞에서 物은 곧 事임을 살펴본 바 있다. 따라서
　　　　　　　　　　　　　　물　　　사
格物은 다름 아닌 일의 근본과 곁가지〔本末〕와 일의 끝과 시작〔終始=
격물　　　　　　　　　　　　　　　본말　　　　　　　　　　종시
始終〕을 파고들어 파헤친다는 것이다. 본말(本末)을 분간할 줄 모르면
시종
일을 안다고 할 수 없고, 종시(終始)를 판단할 줄 몰라도 일을 (할 줄)

경 1장__97

안다고 할 수 없다.

여기서 우리는 앞의 구절(경 1장, 본문 71쪽)을 다시 한 번 떠올릴 필요가 있다.

모든 일[物]에는 근본과 곁가지가 있고 모든 일에는 끝과 시작이 있으니, 먼저 해야 할 것과 뒤에 해야 할 것을 잘 알고 있다면 도에 보다 가까이 다가가게 될 것이다.

흔히 현대적 해석이라며 物을 사물에 국한해서 풀려는 경향이 있다. 심지어 그것을 물리학적 사물이나 대상으로 풀어내려는 풀이도 있다. 공자 시절에 물리학이 있을 리가 없다. 물(物)에는 사물, 만물이라는 뜻 외에 일, 사람이라는 뜻도 있다. 따라서 사물이라고 하더라도 그것은 대상이나 객체로서의 물건을 뜻하기보다는 넓은 의미에서의 일[事]이라고 봐야 한다. 굳이 말하자면 넓은 의미에서의 物은 천문(天文), 지리(地理), 인사(人事)를 다 포괄할 수 있겠지만 지금의 맥락에서는 특히 사람의 일[人事=事務]이라고 한정해서 봐야 한다.

格物과 비슷한 말로 應物이 있다. 物의 정확한 의미를 파악하는 데 도움이 될 듯하여 『명심보감』 제5장 정심(正心) 편에 나오는 구절을 간단히 살펴보고자 한다.

定心應物 雖不讀書可以爲有德君子
정심 응물 수 부 독서 가이 위 유덕 군자

우선 定心應物이 풀이의 관건이다. 이 구절을 그냥 '마음을 정하고 사물(혹은 일)에 대응하면'으로 옮겼을 때 그 뜻이 정확히 전달될 수 있을까? 마음을 정하고 사물에 대응한다는 것은 과연 어떻게 한다는 것인가?

그 실마리는 지금 우리의 관심사인 『대학』에서 찾을 수 있다. '經 1章'의 한 부분이다. 이 구절이 사실상 『대학』이라는 책 전체를 요약하고 있다고 할 수 있다.

> 사물의 이치를 깨우친 후에야 앎이 지극해지고, 앎이 지극해진 후에야 뜻이 열렬해지고, 뜻이 열렬해진 후에야 마음이 바로잡히고, 마음이 바로잡힌 후에야 몸이 닦이고, 몸이 닦인 후에야 집안이 가지런해지고, 집안이 가지런해진 후에야 나라가 제대로 다스려지고, 나라가 제대로 다스려진 후에야 천하를 평정할 수 있다.

이중에서 전반부가 '마음을 바로잡는〔正心〕' 방법과 관련된 것으로 '사물의 이치를 깨우친 후에야 앎이 지극해지고〔物格而后知至=格物致知〕'는 應物에 해당되고 '앎이 지극해진 후에야 뜻이 열렬해지고, 뜻이 열렬해진 후에야 마음이 바로잡히고〔知至而后意誠 意誠而后心正=誠意正心〕'이 定心에 해당한다.

따라서 定心은 그냥 가만히 있으면서 마음을 정한다는 것이 아니라 어떤 일에 최선을 다하기 위해 온 힘을 다하여 마음을 쓴다는 뜻이다. 應物 또한 한가로이 어떤 일에 그냥 대응한다는 것이 아니라 그

일 자체에 맞도록 최선을 다해 그 일의 성격을 파악하고 先後本末을
알아서 그 일을 잘 처리해 낸다는 뜻이다. 定心應物에 대한 풀이는
일단 이 정도로 마칠까 한다.

　두 번째 관건은 雖不讀書를 어떻게 볼 것인가 하는 것이다. 통상적인 번역대로 하자면 정말 책을 보지 않아도 되는 것처럼 읽힌다. 그러나 이 문장은 결코 그렇지 않다. 오히려 책을 읽고 배움을 갖춰야 하는 이유가 다름 아닌 定心應物에 있음을 역설적으로 강조하는 문장구조다. 즉 定心應物에 능한 사람이 있으면 책을 안 읽어도 된다는 것이 아니라 대부분의 사람은 定心應物에 능할 수 없기 때문에 책을 읽고 배움으로써 定心하고 應物하는 법을 배워야 한다는 말이다.

　이와 같은 문장구조는 『논어』 '學而 7'에 그대로 보인다.

　자하는 말했다. "어진 이를 어질게 여기기를 여색을 좋아하는 마음과 바꿔서 하고〔易色〕, 부모 섬기기를 기꺼이 온 힘을 다하며〔能竭其力〕, 임금 섬기기를 기꺼이 온몸을 다 바쳐 하고〔能致其身〕, 벗과 사귀기를 일단 말을 하면 반드시 책임을 져 믿음을 주는 식으로 하는〔言而有信〕 사람이 있다면 그 사람이 비록 배우지 않았더라도〔雖曰未學〕 나는 반드시 그 사람이 배웠다고 말할 것이다."

　雖曰未學은 그대로 雖不讀書에 조응하고 뜻도 같다. 결국 책에서 배워야 하는 것은 易色, 能竭其力, 能致其身, 言而有信이다. 이 네 가지가 바로 애씀 혹은 열렬함〔文=誠〕이다. 文은 글이 아니라 애씀이다.

따라서 여기서도 바로 이 네 가지를 배워야 함을 이런 문장구조로 표현하고 있는 것이다.

可以는 '~할 수 있다'는 뜻이다. 이때의 以는 行과 같은 뜻이다.

이상의 풀이를 통해 원문을 충분히 풀어서 번역해 보자.

"온 마음을 다하여 일의 근본과 그 끝까지 파악하여 잘 처리한다면 굳이 책을 읽어서 배우지 않았다 하더라도 그 군자다움〔德〕을 갖춘 군자가 될 수 있다."

이제 格物과 應物이 사실상 같은 뜻이며 定心=正心을 이끄는 출발점임을 알 수 있을 것이다.

'앎에 이르는 것〔致知〕이 사물의 이치를 깨우치는 데〔格物〕에 있다'는 말은 이미 여기에 들어 있다고 할 수 있다. 즉 일의 이치를 깨우친〔格物〕 다음 '먼저 해야 할 것〔所先〕과 뒤에 해야 할 것〔所後〕을 아는 것'이 바로 앎에 이르는 것〔致知〕이다. 그리고 다시 한 번 그렇게 할 때 도리〔道〕에 가까워진다, 혹은 도리에 가깝다고 말한다. 그것은 흔히 팔조목(八條目)이라 부르는 격물(格物), 치지(致知), 성의(誠意), 정심(正心), 수신(修身), 제가(齊家), 치국(治國), 평천하(平天下)의 출발점이 되는 格物과 致知의 중요성을 보다 강조하기 위함이다. 도(道)와 먼 데서 출발할 수는 없는 일이다. 이쯤 되면 앞서 '物有本末~'에 대한 주희의 풀이가 상당히 작위적이고 억지스러웠다는 점을 알 수 있을 것이다.

다시 처음으로 돌아간다. 공자는 일방적으로 자신의 주장을 이야기하지 않고 옛날의 모범사례〔古道〕를 제시하는 방식으로 이야기를 풀어간다. 이것이 바로 공자가 말을 하고 글을 쓰는 방식, 즉 술이부작(述而不作)이다. 공자의 말하고 글 쓰는 스타일과 관련된 것이기 때문에 이 문제를 잠시 짚어본 다음 본문을 검토하자. 『논어』 '述而 1'이다.

공자는 말했다. "나는 지난 것을 정리하여 전술할 뿐 새로 지어 내지는 아니 하였고(述而不作), 옛 학문을 믿고 좋아한 것만큼은 남몰래 상나라의 현인 우리 노팽에 견줄 수 있다."

『논어』에서 가장 유명한 구절 중의 하나인 述而不作이 등장하는 구절이다. 먼저 述의 뜻을 알아보자. 述은 펴다, 서술하다, 말하다, 따르다, 잇다, 계승하다, 닦다, 전술(傳述)하다, 밝히다, 기록, 언설, 저술, 도(道)나 정도(正道) 등 참으로 다양한 뜻을 갖고 있다. 作 또한 마찬가지다. 作은 짓다, 만들다, 창작하다, 일하다, 노동하다, 행하다, 행동하다, 부리다, 일어나다, 일으키다, 이르다, 비롯하다, 삼다, 임명하다, 닮다, 농사, 일, 사업, 저작, 작품, 저주, 저주하다, 만들다 등의 뜻을 갖고 있다.

여기서는 述과 作이 대비되어 사용되고 있다는 점이 풀이의 핵심이다. 그런 점에서 述은 기존에 완성돼 있는 것을 풀어낸다는 뜻이고, 作은 기존에 없던 것을 새롭게 지어낸다는 뜻이다.

따라서 공자가 述而不作이라고 한 것은 자신이 학문하고 글을 쓰고 말을 하는 입장이나 태도를 밝힌 것이라고 볼 수 있다. 또 성인군자 소리를 듣는 자신도 이런 입장을 견지하니 그보다 못한 사람들은 함부로 作(작)에 도전해서는 안 된다는 경고가 담긴 일깨움이기도 하다.

그렇다면 공자는 무엇을 述(술)한다는 것인가? 여기에는 이미 공자 이전에 옛 학문[古學(고학)]의 기본내용은 완성돼 있다는 인식이 전제돼 있다. 이와 관련해 주희는 실제로 공자가 했던 작업의 성격을 이렇게 풀이한다. "공자는 『시경』『서경』을 산삭(刪削)하고, 예(禮-禮記(예기)) 악(樂-樂記(악기))을 정했으며, 『주역』을 찬술(贊述)하고, 『춘추』를 편수하시어 모두 선왕의 옛것을 전술(傳述)하였고 일찍이 창작한 것이 있지 않았다."

이것은 단순히 공자가 자신의 겸손을 드러내는 대목이 아니다. 오히려 옛것을 중히 여기고 그 가치를 정확히 파악해야 함을 역설하는 대목이다. 공자에게 있어서 배운다는 것은 곧 옛것의 모범[古範(고범)=古道(고도)=古學(고학)]을 배우는 것이다. 『논어』의 첫 구절 '배우고 시간 날 때마다 익히면 정말로 기쁘지 아니한가'도 이런 맥락에 놓고 볼 때 보다 명확하게 이해할 수 있다. 결국 공자에게는 好古(호고)가 곧 好學(호학)이며 또한 好道(호도)이다. 그래서 溫故而知新(온고이지신)도 述而不作(술이부작)과 같은 뜻을 갖는다. 지신(知新)은 전혀 새로운 것을 안다는 것이 아니라 온고(溫故)에서 깨닫는 새로움을 의미하기 때문이다.

이렇게 되면 믿음을 갖고서 옛것을 좋아하는 것[信而好古(신이호고)]도 자연스럽게 연결된다. 옛것을 믿고 좋아하는 것, 그것이 있어야 述而不作(술이부작)하는 태도와 溫故而知新(온고이지신)하는 태도가 나오며 그런 태도로 배우고 익히면 기쁠 수밖에 없는 것이다. 이런 맥락에서 '泰伯(태백) 13'은

信而好古에 대한 보충풀이로 읽을 수 있는데, 거기서 공자는 "(군자이고자 한다면) 독실하게 믿음을 갖고서 배우기를 좋아하며, 죽음으로써 지켜 도를 잘 닦아 나아가야 한다〔篤信好學守死善道〕"고 하였다. 때문에 공자는 적어도 이런 식의 학문하는 태도에 관한 한 상(商)나라의 어진 대부 노팽(老彭)에게 견주어도 자신이 조금도 뒤질 것이 없다고 말한다. 노팽은 상나라(은나라)의 어진 대부라는 정도만 알려져 있다. 공자가 '우리 노팽'이라고 한 것은 공자는 자신의 학문적 뿌리를 상나라에 두고 있기 때문에 자신과 노팽의 공속감을 표시하기 위해서이다.

다시 본문으로 돌아간다. '옛날에 공적인 대의〔明德〕를 천하에 밝히고자 하는 자는 먼저 자기 나라를 잘 다스렸다.' 앞서 우리는 明明德의 첫 번째 明을 닦다〔修〕로 풀었다. 그러나 여기서는 그렇게 닦은 공적인 대의를 천하에 실천한다는 뜻이다. 천하를 다움으로 교화시킨다〔德化〕는 뜻이다. 덕(德)이나 명덕(明德)의 보다 상세한 내용에 대해서는 뒤에 다시 나올 것이므로 풀이는 이 정도에서 그친다.

여기서 우리가 관심을 가져야 하는 것은 글을 끌어가는 논리다. 천하에 대의를 밝히는 요령은 다른 것이 아니라 천하의 아래인 나라〔國〕를 제대로 다스려야 하는 데 있다. 그리고 그것은 점점 우리 주변 내지 우리 안의 일로 좁혀지며 나라, 집안, 자신의 몸, 마음, 뜻, 앎, 사물을 궁구하는 것에 이르게 된다. 사실 이런 논리는 『논어』에서 수도 없이 반복되어 나타난다.

먼저 천하를 다스리는 문제와 관련된 구절이 '八佾(팔일) 11'에 나온다.

어떤 사람이 체제(禘祭)의 핵심내용이 무엇이냐고 물었다. 공자는 말했다. "알지 못하겠다. 다만 그 핵심내용을 아는 사람이 천하를 다스린다면 아마도 그것은 여기에다 올려놓고 보는 것과 같을 것이다." 그러면서 손바닥을 가리켰다.

어떤 사람(或)이 체제(禘祭)의 핵심내용이 무엇이냐고 묻는다. 체제(禘祭)란 고대의 황제가 지내는 큰 제사, 혹은 천자가 정월에 남쪽 근교(南郊·남교)에서 하늘을 향해 올리던 제사를 뜻한다. 이에 공자는 "알지 못하겠다(不知·부지)"고 답한다. 대신 "그 핵심내용을 아는 사람이 천하를 다스린다면 그것은 여기에다 올려놓고 보는 것과 같을 것이다"고 말하며 손바닥을 가리킨다. 즉 체제를 제대로 파악해 그 본뜻에 맞게 제사를 지낼 정도의 정신적 깊이를 가진 인물이 만일 천하를 다스린다면 손바닥 들여다보듯 쉽게 다스릴 수 있다는 것이다. 이와 관련해서는 『중용』 제19장에 보다 구체적인 표현이 있어 도움을 준다. "하늘에 제사 지내는 교제(郊祭)와 땅에 제사 지내는 사제(社祭)의 예는 상제(上帝)를 섬기는 것이고, 종묘(宗廟)의 예는 (왕실의) 선조들에게 제사를 올리는 것이니, 교사(郊社)의 예에 밝고 체상(禘嘗-嘗祭(상제)는 가을 제사로 사계절 제사를 상징)의 뜻(義·의)에 밝으면 나라를 다스리는 것은 손바닥 위에 놓고(諸-之於(지어)의 줄임말) 보는 것처럼 쉬울 것이다."

흥미롭게도 내용은 비슷한데 『논어』는 천하를 쉽게 다스릴 수 있다 하였고, 『중용』은 나라를 쉽게 다스릴 수 있다 하였다. 그것은 예로써 집안을 가지런히 하고 우리의 몸을 예로써 다잡는 것으로 연결된다. 평천하, 치국, 제가, 수신까지 내려왔다. 『논어』 '憲問 45'에는 이를 역순으로 보여주는 구절이 나온다.

자로가 군자가 되려면 어떻게 해야 하느냐고 물었다. 공자는 말했다. "공경하는 마음으로 자신을 닦는 것이다."

자로가 물었다. "그렇게만 하면 됩니까?" 공자는 말했다. "자신을 닦아 사람들을 편안하게 해주는 것이다."

자로가 물었다. "그렇게만 하면 됩니까?" 공자는 말했다. "자신을 닦아 백성들을 편안하게 해주는 것이다. 자신을 닦아 백성들을 편안하게 해주는 일은 요임금과 순임금도 오히려 부족하다고 여겼다."

이는 내용상 '憲問 44'에 대한 부연설명이다. '憲問 44'에서 공자는 이렇게 말한다.

"윗자리에 있는 사람들이 예를 좋아하면 백성들을 부리기 쉽다."

즉 우리가 위에서 본 체제의 사례가 바로 예의 문제였음을 보여주는 발언이라 할 수 있다.

'憲問 44'에서의 君子란 앞에서 말한 상(上), 즉 윗자리에 있는 사람이다. 남을 다스리는 윗자리에 있는 사람은 어떠해야 하는지를 자로가 물은 것이다. 조금 길기 때문에 일단 문답을 요약해 본다.

자로가 물었다. "군자가 되려면 어떻게 해야 합니까?"

공자는 말했다. "삼가는 마음으로 자신을 닦는 것이다."

자로가 물었다. "그렇게만 하면 됩니까?"

공자는 말했다. "자신을 닦아 사람들을 편안하게 해주는 것이다."

자로가 물었다. "그렇게만 하면 됩니까?"

공자는 말했다. "자신을 닦아 백성들을 편안하게 해주는 것이다. 자신을 닦아 백성들을 편안하게 해주는 일은 요임금과 순임금도 오히려 부족하다고 여겼다."

이 장은 『대학』의 핵심 사상인 修身齊家治國平天下를 고스란히 요약하고 있다. 자로의 첫 질문에 공자는 경(敬)으로써 수신(修身)해야 한다고 말한다. 경은 우리가 앞으로 살펴보게 될 정심(正心), 성의(誠意), 치지(致知), 격물(格物), 네 가지 모두에 적용된다.

이어 자로의 두 번째 질문에 공자는 자신을 닦아 (집안) 사람들을 편안하게 해주라고 말한다. 이는 곧 수신에 이어지는 제가(齊家)이다. 이어 세 번째 질문에 공자는 자신을 닦아 백성들을 편안하게 해주어야 한다고 말한다. 치국(治國)과 평천하(平天下)를 동시에 강조하고 있는 것이다.

그리고 끝부분에 있는 요임금과 순임금의 경우에 대한 명나라 학자 손월봉(孫月峰)의 풀이는 언급해 둘 만하다. "요임금과 순임금은 백성의 불안함을 병으로 여긴 것이 아니라, 자기 몸을 닦지 못하여 백성을 편안하게 해주지 못한 것을 병으로 여겼다. 백성이 편안하지 못한 곳이 있는 것은 곧 자신이 닦이지 않은 데에서 온다."

즉 통치와 관련해 윗자리〔上(상) 혹은 君子(군자)〕의 수기(修己)가 얼마나 중요한지를 한눈에 보여주는 내용이다.

이제 수신(修身)이다. 사실 정심(正心), 성의(誠意), 치지(致知), 격물(格物)은 합쳐서 수신하는 길이라 할 수 있다. 그동안은 몸 밖의 일이었다면 수신을 기점으로 해서는 몸 안의 일이다. 내면은 처음부터 끝까지 경(敬)을 단서로 한다. 정심, 성의, 치지, 격물이 그것이다.

먼저 정심(正心)이다. 번역하면 '마음을 바로 한다'이다. 문제는 그것이 무슨 뜻이냐 하는 것이다. 그것은 항심(恒心)과 통한다. 먼저 『논어』 '述而(술이) 26'을 보자.

공자는 낚시로 고기는 잡아도 그물로 잡지는 않았고, 새총으로 새를 잡는 경우에도 잠자는 새는 쏘아 맞추지 않았다.

공자는 낚시로 고기는 잡아도 그물〔綱(강)〕로는 잡지 않았고, 새총으로 새를 잡는 경우에도 잠자는 새는 쏘아 맞추지 않았다. 이게 무슨 뜻인가?

이에 대해서는 홍흥조(洪興祖)의 풀이가 핵심을 찌른다. "공자가 젊었을 적에 빈천하여 부모의 봉양과 조상의 제사를 위해 마지못해 낚시질을 하고 새총을 쏘기는 하였다. 그러나 큰 그물로 생물을 모조리 잡는 것과 불의에 잠자는 새를 쏘는 것은 또한 하지 않으셨으니, 여기에서 성인(聖人)의 본심을 볼 수 있다. 미물(微物)을 대하는 것이 이와 같았으니 사람을 대하는 공자의 마음을 알 수 있고, 작은 일에 이와 같으면 큰 일을 (미루어 헤아려〔推〕) 알 수 있다."

항심(恒心)이란 바로 이런 마음가짐이다. 따라서 항심을 좀 더 살펴보면 마음을 바로잡는 정심(正心)을 보다 구체적으로 이해할 수 있다. 바로 앞의 '述而 25'가 항심의 문제를 정면으로 다룬다.

　　공자는 말했다. "내가 만일 성인을 만나보는 것이 불가능하다면 군자라도 만나보면 괜찮다."
　　공자는 말했다. "내가 만일 뛰어난 이를 만나보는 것이 불가능하다면 오래가는 마음〔恒心〕을 가진 자라도 만나보면 괜찮다. 아무것도 없으면서 있는 척하고, 텅 비어 있으면서 가득한 척하며, 보잘것없으면서 큰 척하면 항심을 가졌다고 말하기 어려울 것이다."

　　공자는 여기서 聖人과 君子를 구분해서 이렇게 말한다. "내가 만일 성인(聖人)을 만나보는 것이 불가능하다면 군자(君子)라도 만나보면 괜찮다." 그만큼 성인을 만나보는 것이 어렵다는 말이기도 하다. 이 구절만 놓고 보면 '述而 19'가 이와 통한다.

　　공자는 말했다. "나는 나면서부터 (인을) 아는 자가 아니라 옛것을 좋아하여 민첩하게 그것을 구한 자이다."

이어 대구로 善人(선인)과 有恒者(유항자)를 나눠서 이렇게 말한다. "내가 만일 뛰어난 이〔善人(선인)〕를 만나보는 것이 불가능하다면 오래가는 마음을 가진 자〔有恒者(유항자)〕라도 만나보면 괜찮다." 실은 군자(君子)도 만나기 어렵고 오래가는 마음〔恒心(항심)〕을 가진 사람도 만나보기 어렵다.

결국 공자가 하고 싶은 말은 맨 마지막에 나온다. "아무것도 없으면서 있는 척〔爲有(위유)〕하고, 텅 비어 있으면서 가득한 척〔爲盈(위영)〕하며, 보잘것없으면서 큰 척〔爲泰(위태)〕하면 항심을 가졌다고 말하기 어려울 것이다."

여기서 출발하여 항심을 가진 자가 노력하여 인(仁)에 힘쓰는 선인(善人)으로 나아가고, 다시 선인이 다움을 갖춤으로써 군자(君子)로 나아가고 군자가 도리〔道(도)〕의 경지에 이르러 성인(聖人)의 경지에 이를 수 있다. 이는 그것을 단계적으로 보여준 것이라 할 수 있다.

그러면 항심을 가진 자란 어떤 사람인가? '學而(학이) 7'에서 자하가 말했던 사람이 바로 아직 배우지는 않았으나 항심을 가진 자이다. "어진 이를 어질게 여기기를 여색(女色)을 좋아하는 마음과 바꿔서 하고, 부모 섬기기를 기꺼이 온 힘을 다하며, 임금 섬기기를 기꺼이 온몸을 다 바쳐 하고, 벗과 사귀기를 일단 말을 하면 반드시 책임을 져 믿음을 주는 식으로 하는 사람이 있다면 그 사람이 비록 배우지 않았더라도 나는 반드시 그 사람이 (문을) 배웠다고 말할 것이다."

'子路(자로) 22'에는 항심의 문제가 정면으로 다뤄진다.

공자는 말했다. "남쪽 나라 사람들이 하는 말 중에 '사람으로서 항심(恒心)이 없으면 점이나 의술로도 고칠 수 없다'는 것이 있는데 참으로 좋도다."

(『주역』에서는) 그 덕을 항상 오래도록 가지지 못하면, 혹 치욕에 이르게 될 것이다.

공자는 말했다. "(항심이 없는 사람은) 점칠 필요가 없다."

항심을 갖춘 사람이 애씀〔文(문)〕을 배워 몸에 익히고 덕행을 쌓아〔文行(문행)〕 문질(文質)을 겸비하게 되면 군자에 이르게 된다. 문(文)이 문행(文行), 질(質)이 충신(忠信)이라는 점에서 이 장은 앞의 '述而(술이) 24'에 대한 보충이다.

공자는 네 가지를 가르쳤으니 문(文) 행(行) 충(忠) 신(信) 넷이다.

마음을 바로잡는〔正心(정심)〕 방법으로 공자가 제시하는 것은 시(詩)를 읽고 음미하는 것이다. 먼저『논어』'爲政(위정) 2'를 보자.

공자는 말했다. "『시경』 삼백 수를 한 마디 말로 덮을 수 있으니, 곧 생각함에 사특(邪慝)함이 없다는 것이다."

『시경』에 실린 시 300수를 한 마디로 하자면 사무사(思無邪)라고 했다. 생각함에 사특함[邪]이 없다는 것은 바르다[正]는 것이다. 사특함이 없다는 것은 사사로움[私]이 없다는 뜻이다. 정선된 시 300수를 싣고 있는 『시경』을 통해 우리는 마음을 바로 하는 법[正心]을 익힐 수 있다는 말이다.

또 '陽貨 9'에서 공자는 제자들에게 "너희들은 어찌하여 시를 배우지 않는가"라고 꾸짖은 다음 시의 효용을 다음과 같이 설명한다.

"시는 사람으로 하여금 (뜻을) 흥기할 수 있게 해주고[可以興], 제대로 보고 판단할 수 있게 해주고[可以觀], 무리를 이룰 수 있게 해주고[可以群], 원망할 수 있게 해주고[可以怨], 그리하여 가까이는 아비를 섬기고 멀리는 임금을 섬기며, 새와 짐승과 풀과 나무의 이름을 많이 알게 해준다."

시를 통해 마음을 바로잡게 될 경우 (첫 번째로) '뜻을 흥기할 수 있게 해준다[可以興]'고 말한다. 즉 이는 正心 바로 다음에 이어지는 誠意를 뜻하는 것이다.

둘째로 성의(誠意)다. 정심(正心)에 이르려면 먼저 뜻을 세우는 데 온 정성을 쏟아야 한다는 말이다. 뜻을 어떻게 세우느냐에 따라 正과 邪가 갈리기 때문이다. 먼저 의(意)에 대한 주희의 풀이를 보자. "의(意)란 마음의 발(發)하는 바이니, 그 마음의 발하는 바를 열렬히 하여 반드시 스스로 만족하고 스스로 속임이 없고자 하는 것이다." 마음이 발한다는 것은 그것이 최초로 어떤 방향을 향해 작동하기 시작하는 것이다. 『논어』 '里仁 16, 17'은 바로 이 점을 알기 쉽게 보여준다. 먼저 '里仁 16'이다.

공자는 말했다. "군자는 의리〔義〕에서 깨닫고, 소인은 이익〔利〕에서 깨닫는다."

여기서 공자는 군자의 마음가짐과 소인의 마음가짐을 비교함으로써 군자가 가야 하는 길을 보여준다. 즉 군자는 공적인 의리〔義〕나 의로운 행위를 보면서 스스로 느끼는 바가 있어 군자의 가야 할 길〔道〕을 깨닫는다면, 소인은 이(利)나 이익이 되는 행위를 보면서 스스로 느끼는 바가 있어 소인의 길을 깨닫는다는 것이다. 교차해서 풀이하자면 군자는 소인이 중시하는 이(利)가 하찮아 보이고 반대로 소인은 군자가 중시하는 의리〔義〕가 쓸데없는 짓으로 보인다는 뜻도 된다.

의(義)는 공의(公義)이고 이(利)는 사리(私利)다. 주희는 "의(義)는 하늘과도 같은 이치〔天理〕가 마땅히 하려는 바요, 이(利)는 인정(人情)이 하고자 하는 바이다"라고 풀이한다.

'憲問 13'에서 자로가 성인(成人)에 관해 묻자 공자는 見利思義, 즉 이익을 보면 의리를 먼저 생각하는 사람이라고 답한다. 이 장을 한 마디로 요약한 것이다.

'里仁 17'은 이를 훨씬 쉽게 풀이한다.

공자는 말했다. "어진 이나 행실을 보면 그와 같이 하려고 노력해야 하고, 어질지 못한 이나 행실을 보면 (자신에게도 그런 점이 없는지를) 안으로 스스로 돌아보아야 한다.

이 장은 '里仁(이인) 16'에 대한 보충이다. 즉 공자에 따르면 (진정 군자의 길을 따르고자 하는 사람이라면) 현명한 일 혹은 현명한 이〔賢(현)〕의 행실을 보았을 때는 자신도 그렇게 되기를〔齊(제)〕 생각해야 하고, 반면에 좋지 못한 일이나 뛰어나지 못한 이〔不賢(불현)〕의 행실을 보았을 때는 자기 안에서 스스로 자신도 그렇게 될 소지는 없는지를 돌이켜 보아야 한다〔內自省(내자성)〕는 것이다. 즉 의로운 일을 보았을 때는 의리를 깨닫고 불의나 이익을 보았을 때는 반대로 자기 안으로 들어가 스스로 불의에 굴하거나 이익을 먼저 탐하려는 마음이 없는지를 돌아보아야 군자의 길을 갈 수 있다는 것이다. 그것이 바로 성의(誠意)하는 것이다. 반대로 남의 좋은 바를 부러워만 하고 남의 잘못을 꾸짖기만 한다면 그것은 소인의 길이다.

문제는 誠意(성의)의 誠(성)이다. 어떻게 하는 것이 성(誠)하는 것일까? 사실 『중용』이라는 책은 바로 이 誠(성) 한 자를 풀어내는 데 혼신의 힘을 다한 책이다. 책 서두에서 본 바 있듯이 중(中)하고 용(庸)하는 것이 바로 성(誠)하는 것이다. 그냥 일상어로 정성을 다한다거나 성실하게 한다는 정도로 이해할 경우 성의(誠意)를 제대로 이해했다고 할 수 없다. 주희처럼 "성(誠)은 실(實)이다"라고 해도 더더욱 무슨 뜻인지 알 수가 없다. 『중용』의 도움을 얻는다. '제20장'은 誠(성)에 대한 풀이뿐만 아니라 삼강령 팔조목에 대한 전반적인 풀이가 되고 있다는 점에서 관련되는 구절을 인용한다. 이 구절이 실은 『중용』과 『대학』의 연결고리이기도 하다.

 천하와 국가를 다스리는 데는 아홉 가지 법도〔九經(구경)〕가 있다. 첫째는 자신의 몸을 닦는 것이고, 둘째는 뛰어난 이를 그에 걸맞게 대우하는 것이고, 셋째는 혈육을 내 몸처럼 여기는 것이고, 넷째는 대신을 존중하는 것이고, 다섯째는 여러 신하들을 마음으로써 보살피는 것이고, 여섯째는 일반 백성들을 자식처럼 사랑하는 것이고, 일곱째는 세상의 각종 전문가〔百工(백공)〕가 모여들게 하는 것이고, 여덟째는 먼 나라 사람들도 찾아오고 싶도록 품어 안는 것이고, 아홉째는 여러 제후들이 자발적으로 따르게 만드는 것이다.

 몸을 닦으면 도가 서고, 뛰어난 이를 그에 걸맞게 대우하면 불혹(不惑)하게 되고, 혈육을 내 몸처럼 여기면 아버지의 형제들인 숙부(叔父)들이나 친형제들이 원망하지 않게 되고, 대신을 존중하면 현혹되지 않고〔不眩(불현)〕, 여러 신하들을 마음으로써 보살피면 선비들이 임금에게 보답하려는 예(禮)가 두텁게 되고, 일반 백성들을 자식처럼 사랑하면 백성들이 부지런해지고, 세상의 각종 공인들〔百工(백공)〕이 모여들면 재물의 쓰임이 풍족하게 되고, 먼 나라 사람들도 찾아오고 싶도록 품어 안으면 사방에서 찾아오게 되고, 여러 제후들이 앞다투어 자발적으로 따르게 만들면 천하가 두려워하게 될 것이다.

　재계하여 몸과 마음을 깨끗이 하며 성복을 갖춰 입고서 예가 아니면 움직이지 않는 것이 몸을 닦는 것〔修身〕이다. 참소하는 자를 물리치고 여색을 멀리하며, 재물을 가벼이 여기고 덕(德)을 귀하게 여기는 것은 뛰어난 이를 진정으로 권면하는 것〔勸賢=尊賢〕이다. 그의 자리를 높이고, 그의 녹을 두텁게 하며 그의 좋아하고 싫어함을 함께하는 것은 혈육을 내 몸과 같이 여김을 권면하는 길〔勸親親〕인 것이다. 부하관리들을 많이 두어 마음껏 부리게 함은 대신을 권면하는 길이다. 진실한 믿음으로 대우해 주고 녹(祿)을 충분히 주는 것은 낮은 직급의 관리들을 권면하는 길이다. 때에 맞춰 부리고 세금을 가볍게 해주는 것이 백성들을 권면하는 길이다. 날마다 살피고 다달이 시험하여 그에 맞게 급여를 주어 일에 어울리게 하는 것이 공장들을 권면하는 길이다. 가는 것을 보내고 오는 것을 맞이하며 잘하는 것을 칭찬해 주고 못하는 것을 불쌍히 여기는 것이 먼 나라 사람들을 부드럽게 하는 길이다. 끝으로 끊어진 세대를 이어주고 피폐한 나라를 일으켜주며, 어지러움을 다스리어 위태로움을 붙들어주고 조회(朝會)와 빙례(聘禮)를 때에 맞춰 하고 보내주는 것을 두터이 하고 가져오는 것을 가벼이 하는 것이 제후들을 품어 안는 길이다.

　이처럼 천하와 국가를 다스리는 데에는 아홉 가지 법도가 있으나 총괄적으로 보자면 그것을 행하는 것은 결국 하나이다. 모든 일이란 것이 앞서 대비하면〔豫〕 제대로 서고, 대비하지 않으면 무너지니, 말도 사전에 그 방향을 정하면 넘어지지 않고, 일도 사전에 정하면 곤경에 빠지지 않는다. 또 행동을 사전에 정하면 병들지 않고 길[道]도 미리 정하면 막히지 않게 된다. 아랫자리에 있으면서 윗사람으로부터 (믿음을) 얻지 못하면 백성을 다스릴 수 없게 될 것이다. 윗사람으로부터 믿음을 얻는 데에는 길이 있으니, 먼저 벗으로부터 믿음을 얻지 못하면 윗사람으로부터도 얻지 못할 것이다. 벗으로부터 믿음을 얻는 데에도 길이 있으니, 어버이에게 순하지 못하면 벗으로부터 믿음을 얻지 못할 것이다. 어버이에게 순하게 하는 데에도 길이 있으니, 자신의 몸을 돌이켜보아 매사에 열렬[誠]하지 못하면 어버이에게 순할 수 없다. 자기 자신에게 열렬하게 하는 데에도 길이 있으니, 선(善)에 밝지 못하면 자기 자신에게 열렬할 수 없다.

 열렬함[誠]이라는 것 자체는 하늘의 도(道)요, 열렬함에 이르려는 것은 사람의 도(道)다. 열렬함이라는 것은 굳이 애쓰지 않아도 중도(中道)에 맞고 힘써 생각하지 않아도 얻게 되어 조용히 도에 적중하니 이를 갖춘 사람은 성인(聖人)이고, 열렬함에 이르려는 것은 선(善)을 잘 가려내어 그것을 굳게 잡는 것이다. 그것을 널리 배우고, 그것을 따져가며 깊이 묻고, 그것을 신중하게 생각하고, 그것을 밝게 가려내며, 그것을 독실하게 행해야 한다. 배우지 않는 것이 있을지언정 일단 배우기 시작하면 능해지지 않고는 그만두지 않는다. 묻지 않음이 있을지언정 일단 묻기 시작하면 알지 않고는 그만두지 않는다. 생각하지 않음이 있을지언정 일단 생각하기 시작하면 도를 얻는 차원에 이르지 않고서는 그만두지 않는다. 가려내지 않음이 있을지언정 일단 가려내기 시작하면 밝히지 않고서는 그만두지 않는다. 행하지 아니함이 있을지언정 일단 행하게 되면 독실해지지 않고서는 그만두지 않는다. 남이 한 번에 능하거든 자신은 백 번을 하고, 남이 열 번에 능하거든 자기는 천 번을 할 일이다. 과감히 (노력하여) 이 도에 능해진다면 그 사람이 비록 머리가 나쁘다 해도 반드시 밝아질〔明〕 것이며, 비록 마음이 유약하다 해도 반드시 강해질〔强〕 것이다.

이제부터 誠은 열렬함으로 옮길 것이다.

치지(致知)와 격물(格物)은 이미 物有本末 事有終始 知所先後 則近道矣와 관련지어 살펴본 바 있으므로 더 이상의 풀이는 않겠다.

그리고 순서를 뒤집어 物格에서 시작해 天下平에서 끝난다. 그동안의 풀이를 참작하여 음미하면서 일독해 보기를 권한다.

物格而后知至 知至而后意誠 意誠而后心正 心正而后身脩 身脩而后家
물 격 이후 지 지   지 지 이후 의 성   의 성 이후 심 정   심 정 이후 신 수   신 수 이후 가

齊 家齊而后國治 國治而后天下平
제   가 제 이후 국 치   국 치 이후 천 하 평

自天子以至於庶人 壹是皆以脩身爲本 其本亂而末治者 否矣 其所厚者
자 천자 이 지 어 서인 일시 개 이 수신 위본   기본 난 이 말 치 자 부 의 기 소후 자

薄 而其所薄者厚 未之有也
박 이 기 소 박 자 후 미지유 야

천자로부터 아래로는 일반 백성에 이르기까지 일체 다 수신을 근본으로 삼는다. (왜냐하면) 그 근본이 (바로 서지 않아) 어지러운데 곁가지가 제대로 다스려지는 경우는 없고, 두텁게 해야 할 것을 엷게 하고 엷게 해도 되는 것을 두텁게 하는 일은 있어서는 안 된다.

앞에서 보았던 그 근본과 곁가지〔本末〕다. 이걸 보더라도 物을 사물이 아니라 인사(人事)로 풀이해야 한다는 것은 명백하다.

팔조목이라고 했지만 결국 중요한 것은 안팎을 연결해 주는 수신(修身)이다. 그래서 "위로는 천자로부터 아래로는 일반 백성〔庶民〕에 이르기까지 일체〔壹是〕다〔皆〕수신을 근본으로 삼는다"고 말한다. 왜냐하면 "그 근본〔本〕이 (바로 서지 않아) 어지러운데 곁가지〔末〕가 제대로 다스려지는 경우는 없고, 두텁게 해야 할 것을 엷게 하고 엷게 해도 되는 것을 두텁게 하는 일은 있어서는 안 되기〔未之有〕때문이다."

주희는 "두텁게 해야 할 것은 집안"이라고 말한다. 틀렸다고 할 수는 없지만, 그렇게 풀이하면 해석의 가능성이 너무 협소해진다. 이는 오

히려 좀 더 일반화해서 보는 것이 좋을 듯하다. 그래야 厚薄이라는 개
념의 의미도 정확하게 파악할 수 있다. 이 점은 『논어』의 사례에서 명
확하게 드러난다.

먼저 '先進 7'을 보자.

> 안연이 세상을 떠나자 아버지인 안로가 공자에게 청하기를 공자
> 의 수레를 팔아 안연의 겉 널을 만들 수 있게 해달라고 했다.
> 공자는 말했다. "재주가 있건 없건 역시 각각의 부모에게는 자기
> 자식이 제일 소중하다. (내 아들) 이가 죽었을 때에도 속 널은 해주
> 었지만 겉 널은 해주지 못했다. 내가 도보로 걸어다니기까지 하며
> (수레를 팔아) 덧널을 만들어주지 않는 것은, 내가 대부의 말석에
> 종사하고 있었으니 도보로는 다닐 수 없기 때문이다."

이 장부터 이어지는 네 장은 모두 안연의 죽음과 관련된 것들이
다. 먼저 여기서는 안연이 세상을 떠나자 아버지인 안로가 공자에
게 청하기를 공자의 수레〔子之車〕를 팔아 안연의 겉 널〔槨〕을 만들
수 있게 해달라고 했다. 그것은 누가 보아도 과한 요청이었다.

이런 청을 받은 공자는 점잖게 거절한다. 여기서는 우선 그 거절
하는 방식에 주목할 필요가 있다. 먼저 공자는 "재주가 있건 없건
〔才不才〕역시〔亦〕각각의 부모〔各〕에게는 자기 자식〔其子〕이 제일
소중하다〔言〕"고 말한다. 이는 얼마 전에 세상을 떠난 아들 이(鯉)
의 재주가 안연의 재주에 비하면 보잘것없음을 먼저 인정한 것이다.

그러나 한편으로는 아무리 자신이 안연을 최고의 제자로 아꼈다 하더라도 자신의 아들만 하겠는가라는 뜻이기도 하다.

그런 소중한 아들 이가 얼마 전 세상을 떠났을 때에도 속 널은 해주었지만 겉 널은 해주지 못했다. 게다가 수레를 팔게 되면 앞으로 자신은 걸어서 다녀야 한다. 자신은 대부(大夫)의 뒤를 따라야 하는데 (수레를 타는 대부의 뒤를 따르려면 수레로 뒤따라야 하는데) 수레를 팔면 도보로는 뒤를 따를 수 없기 때문에도 수레를 팔아 안연의 겉 널〔槨〕을 해줄 수 없다고 말한다. '대부의 뒤를 따른다'는 말은 겸손의 표현〔謙辭〕이라고 보는 풀이도 있다.

그러면 왜 공자는 안로의 청을 이처럼 매정하게 뿌리쳤을까? 주희는 호인(胡寅)의 풀이를 인용하는 것으로 자신의 해석을 대신한다. 대부분 호인의 해석을 따른다.

"공자께서 옛 여관 수인의 상(喪)을 만나사, 일찍이 참마(驂馬-네 필이 끄는 말 중 좌우 두 마리)를 벗겨서 부의하셨다. 그런데 지금 안로의 요청을 허락하지 않으심은 어째서인가? 이번 장례에는 외관이 없어도 되고 곁말〔驂馬〕은 벗겼다가 다시 구할 수도 있으나, 대부는 도보로 걸어다닐 수 없고 '군주가 하사한' 명거(命車-관에서 제공하는 마차)는 남에게 주어 시장에서 팔게 할 수 없기 때문이다. 또 내가 알고 있는 궁핍한 자가 나의 은덕을 고맙게 여김을 위해 억지로 그 뜻에 부응한다면 어찌 진실된 마음이며 곧은 도리〔直道〕이겠는가? 혹자는 말하기를 '군자는 예를 행함에 자신의 (재산의) 있고 없음〔吾之有無〕을 살펴볼 뿐이다'고 하였다. 그러나 군자가 재물을 씀에는 의리의 옳고 그름(義之可否)을 보는 것이니, 어찌 다만 (재산의) 있고 없음만을 볼 뿐이겠는가?"

두루뭉술하긴 해도 이 장의 내용을 그런대로 풀어낸 것처럼 보인다. 그러나 정약용은 『예기』를 바탕으로 이 풀이를 정면으로 반박하면서 공자의 속뜻을 너무나도 명확하게 풀어낸다. 이 점은 전적으로 정약용을 따르지 않을 수 없다. 정약용은 한 마디로 호인의 풀이는 틀렸다고 단정한다. 다소 길지만 보다 명확한 이해를 위해 이를 인용한다.

"'도보로는 다닐 수 없다(不可徒行)'란 공자의 은근한 표현이다. 어찌 그 말이 실제로 도보로 다닐 수 없다는 뜻이겠는가? (안연이 죽었는데) 문인들이 후하게 장사 지내니, 공자는 너무 애통해한다.('先進 10') 만약 공자 본래의 진심이 '도보로 다니는 것'에 그 이유가 있었다면 수레를 (팔도록) 주지 않는 것으로 족할 텐데, 또 어찌 후장(厚葬)한 것을 슬퍼하였겠는가? 성인(聖人)의 진심을 여기에서 볼 수 있다. 성인은 생사의 이치에 통달하였으므로, 상사(喪事)가 예(禮)를 지나칠 때는 본래 깊이 억제하고자 하였던 것이며, 하물며 가난한 선비의 장례를 후하게 치르는 것이야 말할 것이 있겠는가? 자유가 상구(喪具—상례를 치르는 데 필요한 각종 장구들)에 대하여 물으니 공자가 말하기를 '재산이 있어도 예에 정해진 한도를 넘게 하지 마라. 만약 재산이 없으면 시신의 머리와 발을 염습한 뒤 (예제에 정해진 기간을 기다리지 않고) 즉시 장사 지내되 (관을 광중에 내릴 때 사용하는 새끼줄을 사용하지 않고) 손으로 관을 잡고 바로 광중으로 내려서 매장한들 남이 어찌 비난할 수 있겠는가?'라고 하였고, 자로가 말하기를 '슬픈 일이로다, 가난함이여! 어버이가 돌아가셔도 장사에 예를 다할 수 없다'라고 하자 공자는 말하기를 '그 시신의 머리와 발을 염습한 뒤 곧 장사하며 곽이 없어도 (자신의 처지에 맞게 하면) 이를 예라고 한다'고 하였으니 공자의 뜻은 여기에서 분명해진 것이다."

그리고 정약용은 이렇게 결론짓는다.

"『예기』의 '단궁' 한 편만 보아도 공자의 도를 알 수 있다. 비록 집례(執禮-예를 주재하여 행함)를 논의하는 데서 다만 예를 지나치지 말라고 하였으나, 자세히 그 취지를 살펴보면 (공자는) 항상 박장(薄葬)을 좋은 것으로 여겼다. 그러므로 안자(顏子, 안회)를 후장하니, 공자가 놀라고 슬퍼하여 유명(幽明) 사이에 서로 저버린 듯함이 있었던 것이다. 이런 것을 말미암아 살펴보건대, 공자가 수레를 팔도록 내주지 않은 것이 어찌 진실로 도보로 다니는 것을 염려해서이겠는가? 공자가 예전에 숙박했던 여관집 주인에게 참마를 풀어준 것은 (그 관계가) 소원했기 때문이고, 안자의 아버지에게 수레를 아낀 것은 (그 관계가) 친했기 때문이다. 여기에 도보로 다니고 수레를 타고 다니는 것이 이와 무슨 상관이 있겠는가?"

그러나 안회의 죽음을 누구보다 애통해했던 사람은 공자였다. 이는 바로 다음에 나온다. 즉 공자는 예의 본질은 꾸밈이 아니라 진심에 있다고 보았다.

임방이 공자에게 예의 근본을 물었다. 공자는 그 질문이 훌륭하다고 칭찬한 다음 이렇게 말했다. "예제를 행할 때 사치스럽게 하기보다는 차라리 검박하게 하는 것이 낫고, 상제를 행할 때도 형식적인 겉치레에 치우치느니 차라리 진심으로 슬퍼함이 낫다." ('八佾 4')
팔일

공자는 말했다. "사치하면 공손하지 못하고, 검소(궁핍)하면 고루하기 쉽다. 불손과 고루 중에서는 차라리 고루한 게 낫다." ('述而 35')
술이

그런데 당시 풍습이 점차 바탕〔質〕에서 벗어나 꾸밈〔文〕으로 나아가고 있었다. 공자는 문질(文質)이 조화를 이루는 중도를 잡으려〔執中〕했던 것이다. 그럼에도 결국 제자들은 공자의 이 같은 뜻을 저버리고 후하게 장사를 지냈다. '先進 10'이다.
집중　　　　　　　　　　　　　　　　　　　　　선진

안연이 죽자 제자들이 후하게 장사 지내려 하자 공자는 "안 된다"고 말했다.
그런데도 제자들이 후하게 장사를 지내주자 공자는 말했다. "안회는 나를 보기를 아버지처럼 하였는데, 나는 아들처럼 보지 못하였으니, 내가 그렇게 한 것이 아니라 저들이 그렇게 한 것이다."

후박(厚薄)의 분별력을 갖추지 못한 제자들에 대한 공자의 실망감이 생생하게 느껴진다. 이 같은 후박의 분별 문제를 보여주는 또 하나의 사례가 '雍也 3'이다.
옹야

공서적이 제나라에 사신으로 가게 되었다. 이때 염자가 나서서 공자에게 공서적의 어머니를 위해 곡식을 줄 것을 청했다. 이에 공자는 1부(釜)를 주라고 허락했다. 염자는 더 줄 것을 청했다. 공자는 그렇다면 1유(庾)를 주라고 허락했다. 그런데 염자는 (공자의 명을 무시하고) 임의대로 5병(秉)을 공서적의 어머니에게 전했다.

(이를 알게 된) 공자는 말했다. "공서적이 제나라에 갈 때 보니 살찐 말과 가벼운 갖옷을 갖추고 갔다. 내 들으니 모름지기 군자란 곤궁함에 빠진 사람을 돌보아주는 것이고, 부유한 자에게 계속 대주지는 않는다고 했다."

원사가 공자의 가신이 되었다. 그래서 공자가 원사에게 곡식 구백 두를 주자 원사는 이를 사양했다. 이에 공자는 "그래서는 안 된다"며 "정 그렇다면 너의 이웃집과 마을 그리고 향당에 주도록 하라"고 말했다.

문장이 길고 조금 복잡하다. 자화(子華)는 공자의 제자 공서적(孔西赤)이다. '公冶長 7'에서 공자가 "띠를 띠고서 조정에 서서 빈객을 맞아 말하게 할 수는 있거니와 그가 어진지는 알지 못하겠다"고 했던 바로 그 제자이다. 여기에 나오는 사례는 어쩌면 '公冶長 7'에서 공자가 했던 말과 정확히 부합한다고 할 수도 있다. 다만 여기서 공자가 비평의 대상으로 삼는 사람은 공서적이 아니라 염자(冉子)임을 염두에 둘 필요가 있다.

그 공서적이 제나라에 공자의 심부름을 가게 되었다. 나라의 사신으로 갔다고 해도 무방하다. 이때 염자, 즉 염유(冉有)가 나서서 공자에게 노(魯) 나라에 홀로 남게 된 공서적의 어머니를 위해 곡식〔粟〕을 줄 것을 청했다. 일종의 동료애였던 셈이다. 이에 공자는 1부(釜-6斗 4升)를 주라고 허락했다. 그런데 염자는 그것이 적다며 더 줄 것을 청했다. 이에 공자는 그렇다면 1유(庾-16斗)를 주라고 허락했다. 그런데 염자는 공자의 명을 무시하고 임의대로 5병(秉-16斛/1斛-10斗)을 공서적의 어머니에게 전했다. 안회가 죽었을 때 보여준 제자들의 행태와 흡사하다. 후박(厚薄)을 가릴 줄 몰랐던 것이다.

도대체 공자와 염자 사이에는 무슨 일이 벌어진 것인가? 두 번에 걸친 염자의 요청에 공자는 결국 16두를 주라고 했는데, 염자는 자기 마음대로 900두를 전달해 버렸다. 다섯 배나 열 배도 아니고 56배 이상을 공서적의 어머니에게 전한 셈이다.

공자의 분노가 폭발한 것은 당연한 일이다. 공자는 말한다. "공서적이 제나라에 갈 때 보니 살찐 말과 가벼운 갖옷을 갖추고 있었다. 내 들으니 모름지기 군자란 곤궁함에 빠진 사람〔急〕을 돌보아주는 것이고 부유한 자에게 계속 대주지는 않는다고 했다." 한 마디로 공서적이 가난한지는 몰라도 겉으로 꾸미려는 부화(浮華)한 마음이 가득한 자인데, 네가 나의 두 번에 걸친 만류에도 불구하고 결국 네 마음대로 그런 처사를 했으니 너는 군자가 될 수 없다고 꾸짖는 것이다.

염유는 계로(季路, 자로)와 더불어 정사(政事)에 뛰어난 제자라는 평을 받았다. 그러나 그는 처신이 조신하고 겸손한 성품이기는 했지만 계씨(季氏) 집안의 가신(家臣)으로 있으면서 그 집안의 폭정을 제대로 막지 못했고, 물러나야 할 때 물러나지 못하고 그 자리에 오래 남아 있다가 공자의 질타를 받기도 했던 인물이다. 그래서 '公冶長 7'에서 맹무백(孟武伯)이 염유에 대한 인물평을 부탁했을 때 공자는 이렇게 말했던 것이다. "**천호의 큰 읍과 경대부 집안의 총재(宰)는 될 수 있을지 모르지만 그가 어진지는 알지 못하겠다.**"

어찌 보면 스승의 말을 무시하고 동료인 공서적의 어려운 집안 형편을 먼저 생각해 임의대로 많은 양의 곡식을 공서적의 어머니에게 전달할 수 있었던 것도 이 같은 실무책임자로서의 감각이 뛰어난 때문이었는지 모른다. 그러나 공자로서는 이를 결코 인정할 수가 없었다. 그래서 공자는 염유가 어진지 모르겠다고 했고, 또 여기서는 군자가 아니라고 정면으로 비판을 가한 것이다. '公冶長 23'은 이름만 미생고를 염유로 바꾸면 염유에 대한 비판으로 읽어도 될 정도로 그 내용이 유사하다.

공자는 말했다. "누가 미생고를 곧다고 하는가? 어떤 사람이 식초를 빌리려 하자 그의 이웃집에서 빌려다가 주는구나."

한편 공자의 또 다른 제자 원사(原思)는 전혀 다른 모습을 보인다. 공자가 노(魯) 나라의 사구(司寇)라는 관직을 맡았을 때 원사가 공자의 가신(宰)이 되었다. 그래서 공자가 원사에게 곡식 900두를 주자 원사는 이를 사양했다. 곡식 900두에 대해서는 두 가지 해석이 가능하다. 하나는 녹봉으로 보는 것이고, 또 하나는 공자가 개인적으로 준 곡식으로 보는 것이다.

현실적으로 보나 문맥으로 보나 후자가 더 타당할 것으로 보인다. 이미 적으나마 가신을 맡은 데 따른 녹봉을 받고 있는데 스승이자 윗사람인 공자가 별도로 900두를 챙겨주자 원사는 극구 사양한 것이다. 기록에는 없지만 공자가 자신의 가신으로 삼은 것으로 볼 때 원사는 행실이 뛰어나고 집안은 크게 가난했을 가능성이 크다.

그런데도 스승이자 바로 윗사람이 개인적으로 주는 것을 받지 않겠다고 한 것은 원사의 마음가짐이 그만큼 곧았음〔直〕을 보여준다. 이에 공자는 "안 된다〔毋〕"며 "정 그렇다면 너의 이웃집과 마을 그리고 향당에 주도록 하라"고 곡식을 처리할 방법까지 일러준다. 참고로 다섯 집을 인(鄰), 스물다섯 집을 리(里), 1만 2,500집을 향(鄕)이라 하고 500집을 당(黨)이라고 한다. 여기서 향당(鄕黨)은 고향 마을이라고 보면 된다.

요즘 식으로 보자면 염유는 융통성이 있는 사람이고, 원사는 융통성이 없는 사람이겠다. 그러나 공자가 볼 때는 염유는 곧지 못했고 원사는 곧았다.

이로써 공자가 말한 것을 제자 증자가 정리했다는 '經 1章'은 끝났다. 이후로는 '經 1章'에 대해 증자가 풀이한 것들을 그 제자들이 정리한 내용이 이어진다. 그러므로 이제부터는 원전(原典)이라기보다는 해설(解說)이라는 점을 감안하며 읽어갈 필요가 있다. 이런 책 구성은 『중용』에서도 볼 수 있다. 앞부분에서는 공자의 말을 손자인 자사가 정리해 보여주다가 뒷부분은 자사가 직접 해설에 나서기 때문이다. 자사는 증자의 제자이기도 하다. 따라서 『대학』과 『중용』에는 증자의 사상이 깊이 스며들어 있다고 해도 과언이 아니다.

전 1장

康誥曰 克明德
강고 왈 극 명덕

太甲曰 顧諟天之明命
태갑 왈 고 시 천 지 명명

帝典曰 克明峻德
제전 왈 극 명 준덕

皆自明也
개 자명 야

'강고'에서 "능히 다움을 밝힌다"고 했다.

'태갑'에서 "이 하늘의 밝은 명(命)을 돌아본다"고 했다.

'제전'에서 "능히 빼어난 다움을 밝힌다"고 했다.

이것들은 모두 다 스스로 밝히는 (혹은 밝은) 것이다.

지금부터는 주로 증자가 『서경』이나 『시경』을 인용해 가며 앞에서 논의했던 '經 1章(경장)'을 상세하게 풀어간다. 그런 점에서 이는 『서경』으로 『대학』을 푸는 '이서해대(以書解大)' 혹은 『시경』으로 『대학』을 푸는 '이시해대(以詩解大)'라고 할 수 있다. 이런 풀이법은 『중용』에서도 자사가 『시경』을 인용해 가며 사용한 바 있지만 그때는 빈도가 여기에서만큼 높지는 않았다.

그리고 이런 식으로 경전을 인용하는 방법은 우리가 앞서 잠깐 살펴보았던 공자의 말하고 글 쓰는 방식, 즉 술이부작(述而不作)의 정신과도 합치된다. 직접 나서 풀이를 하기보다는 기존의 언명들을 정확한 맥락과 결부시킴으로써 경전의 의미를 풀어가는 것이다. 그것이 공자 특유의 미루어 헤아림〔推〕의 공부법이다.

따라서 본격적인 풀이에 앞서 우리는 먼저 『서경』이나 『시경』이 어떤 책인지에 대해 약간의 이해를 갖출 필요가 있다. 『서경』은 유가의 대표적인 경전으로 우서(虞書), 하서(夏書), 상서(商書), 주서(周書) 등 네 나라의 주요 정사(政事)를 기록한 일종의 역사 내지 정치철학서라고 할 수 있다.

'강고(康誥)'는 주서(周書)에 포함된 글을 말한다. 주서에서 "능히〔克=能〕덕/다움〔德〕을 밝힌다〔明〕"고 했다는 것이다.

'태갑(太甲)'은 은(상)나라의 역사를 담은 상서(商書)에 포함된 글을 말한다. 상서에서 "이 하늘의 밝은 명(命)을 돌아본다"고 했다는 것이다.

'제전(帝典)'은 요전(堯典)으로 우서(虞書)에 포함된 글을 말한다. 우서에서 "능히〔克〕빼어난〔峻〕다움을 밝힌다〔明〕"고 했다는 것이다.

증자는 明明德을 풀이하기 위해 『서경』의 삼서에 포함돼 있는 관련 구절을 차례로 인용한 다음 "모두 다 스스로 밝히는 (혹은 밝은) 것〔自明〕"이라고 말한다. 스스로 밝힌다는 것은 다른 것이나 다른 사람에 의거하지 않고 그 자신에 의거하여 스스로 밝힌다는 뜻이다.

이와 관련해서는 오랜만에 『중용』의 도움을 받아보자. 제21장이다.

열렬함〔誠〕을 통해 밝아지게 되는 것을 일러 본성〔性〕이라 하고,
　　　성　　　　　　　　　　　　　　　　　　　　　성
밝힘〔明〕을 통해 열렬해지는 것을 일러 가르침〔敎〕이라고 한다. 그
　　　명　　　　　　　　　　　　　　　　　　교
래서 열렬하면 밝아지고 밝아지면 열렬해진다.

주희에 따르면 『중용』 제21장부터 마지막 제33장까지는 공자가 아니라 자사의 말이다. 그렇다면 이제 우리는 중대한 전환점에 서 있다. 지금까지는 공자가 했던 말 중에서 열렬함〔誠〕과 관련된 언급
　　　　　　　　　　　　　　　　　　　　　　　성
들을 그의 손자인 자사가 모아서 편집한 내용이었지만 지금부터는 자사 자신의 언급이 본격적으로 나온다. 원전(原典)과 해석(解釋) 혹은 해설(解說)이라는 관계에서 보자면 지금까지는 원전이었던 반면 지금부터는 그 해석 혹은 해설이라 할 수 있다. 원전을 읽는 법과 해석을 읽는 법은 전혀 다르다. 원전은 원광석(原鑛石)과도 같아서 잘 제련하듯이 읽어야 하지만 해석은 이미 일정한 모양을 만들어놓은 것이기 때문이다. 그래서 해석(지금부터 끝까지의 『중용』)의 경우 원전(『논어』와 제20장까지의 『중용』)과 비교하며 읽을 때 훨씬 의미가 있고 생산적일 수 있다. 우리는 공자를 읽자는 것이지 자사를 읽자는 것은 아니다. 그러므로 이 장도 결국은 공자의 말씀에 대한 자사의 생각임을 전제하면서 읽어야 한다. 이 말은 곧 비판적으로 읽는다는 뜻이다. 비판적 읽기의 과제는 자사의 첫 발언에서부터 시작된다.

첫 문장은 약간의 교정이 필요하다. "열렬함〔誠〕을 통해 밝아지게
　　　　　　　　　　　　　　　　　　　　　　성
되는 것을 일러 성(性)이라 한다." 이렇게 되면 성은 일종의 성질처

럼 보인다. 그러나 성은 사람이 기본적으로 타고나는 것이다. 따라서 이 문장은 "사람의 본성(性)은 열렬함(誠)을 통해 밝아지게 된다"고 옮겨야 그 의미가 분명해진다. 이렇게 해놓은 다음에 우리는 『논어』에서 관련 구절을 찾아보자. '陽貨 2'가 그것이다.

공자는 말했다. "본성은 서로 비슷하나 익히는 것에 의해 서로 멀어지게 된다."

즉 본성(性) 자체는 사람마다 크게 다르지 않다. 그 본성이 열렬함(誠)을 통하게 될 경우 밝아지며 그렇지 않을 경우 어두워진다는 것이다. 그리고 그 같은 밝아짐을 통해 열렬함에 이르게 되는 것을 자사는 가르침(敎)이라고 부른다. '述而 24'에서 공자는 이렇게 말했다.

공자는 네 가지를 가르쳤으니 문(文) 행(行) 충(忠) 신(信) 넷이다.

이제 공자가 구체적으로 어떤 내용을 가르쳤는지가 제시된다. 제자들에 따르면 공자는 네 가지를 사람들에게 가르쳤다. 그 네 가지란 문(文), 행(行), 충(忠), 신(信)이다. 이는 아들에게도, 사랑하는 제자들에게도, 마음에 들지 않는 제자들에게도, 심지어 위정자들에게도 똑같이 강조했던 바이다.

문(文)이란 '子罕 5'에서 나오는 대로 선왕의 모범이 되는 예악과 제도에 관한 글이다. 문은 옛 학문〔古學〕이며 옛 도리〔古道〕이다.

행(行)이란 말 그대로 덕행(德行)을 닦는 일을 말한다. 그래서 문(文)과 행(行)은 각각 외적인 면과 내적인 면에 관련이 된다. 정약용은 "집 안에 들어오면 효를 다하고 집 밖으로 나가면 공경을 하는 것이 행(行)"이라고 풀이한다. 행(行)은 질(質)이요, 따라서 문행(文行)은 곧 문질빈빈(文質彬彬)이어야 함을 말하는 것이다.

충(忠)이란 자기 자신을 향해 진실함을 다하는 것이다. 신(信)이란 남과 사귐에 있어 믿음을 저버리지 않고 정성을 다하는 것이다. 정이천(程伊川)은 "사람을 가르치되 글을 배우고 행실을 닦으며 충신을 마음에 보존하게 한 것이니, 그중에 충신(忠信)이 근본이다"고 풀이한다. 앞에서도 주충신(主忠信)에 대해서는 여러 번 반복해서 나온 바 있다. 다시 말하면 문질빈빈과 주충신, 두 가지가 공자의 양대 핵심 가르침이다.

그래서 자사는 열렬하다〔誠〕가 곧 밝다〔明〕이고, 밝다〔明〕가 곧 열렬하다〔誠〕라고 재차 강조한다. 적어도 밝다 혹은 밝히다〔明〕를 어떻게 이해해야 하는지 그 실마리는 잡을 수 있었을 것이다.

이에 대해서는 앞에서 충분히 살펴본 바 있기 때문에 다음 논의로 넘어간다.

전 2장

湯之盤銘曰 苟日新 日日新 又日新
탕 지 반명 왈 구 일신 일일신 우 일신

康誥曰 作新民
강고 왈 작 신민

詩曰 周雖舊邦 其命維新
시왈 주수 구방 기명 유신

是故君子 無所不用其極
시고 군자 무소 불용 기 극

탕왕은 늘 자신이 목욕하는 통에 이렇게 새겨놓았다. "진실로 (어느 날) 하루에 새로워짐이 있으면 그다음 날도 계속 새로워지고 또 날로 새로워지리라!"

『서경』의 '강고'에서 "늘 새로워지는 백성이 되도록 진작시켜라!"고 했다.

『시경』에서는 "주나라가 비록 오래된 나라이기는 하지만 그 명(命)은 오직 새롭다"고 했다.

이렇기 때문에 군자는 그 극(極)을 쓰지 않음이 없다.

탕왕(湯王)은 기원전 1600년경 우리가 흔히 은(殷) 나라라고도 부르는 상(商) 나라의 건국자다. 이름은 이(履) 또는 천을(天乙), 태을(太乙)이며 탕은 자(字)다. 성탕(成湯)이라고도 한다. 사마천의 『사기(史記)』에 따르면 시조 설(契)의 14세에 해당한다. 당시 하

(夏) 나라의 걸왕(桀王)이 학정을 하였으므로, 제후들 대부분이 다움을 갖춘 성탕에게 복종하게 되었다. 걸왕은 성탕을 하대(夏臺)에 유폐하여 죽이려 하였으나, 재화와 교환하여 용서하였다.

이후 탕왕은 명재상 이윤(伊尹) 등의 도움을 받아 국력을 키웠고 얼마 후 걸왕을 명조(鳴條)에서 격파하여 패사시켰다. 그리고 박(亳)에 도읍하여 국호를 상(商)이라 정한 다음 제도와 전례(典禮)를 정비하고 13년간 재위하였다. 그가 걸왕을 멸한 행위는 유교에서 주(周)나라 무왕(武王)이 상나라 주왕(紂王)을 토벌한 일과 함께, 대의명분을 갖춘 정당한 혁명의 군사행동이라 불리고 있다.

그 탕왕은 늘 자신이 목욕하는 통〔盤〕에 자신이 명심해야 할 바를 새겨〔銘〕 놓았다고 한다. 그런데 탕왕이 그렇게 한 이유에 대한 주희의 풀이가 재미있다. "탕왕은 사람이 그 마음을 깨끗이 씻어서 악을 제거하는 것이 마치 그 몸을 목욕하여 때를 제거하는 것과 같다고 여겼다. 그러므로 그 목욕통에 새겨놓은 것이다." 그 새겨놓은 내용은 이렇다.

"진실로〔苟〕 (어느 날) 하루에 새로워짐이 있으면 그다음 날도 계속 새로워지고 또 날로 새로워지리라!"

이는 스스로에 대한 다짐임과 동시에 백성들을 새롭게 만들겠다는 포부이기도 하다. 이는 明明德에서도 발생하는 문제다. 밝은 덕을 밝힌다고 할 때 그 '밝힌다'를 내적으로는 닦다〔修〕로 볼 수도 있고, 외적으로는 펼친다〔實踐〕로 볼 수도 있기 때문이다. 실은 둘 다 가능하다. 일신(日新)이 스스로의 다짐임과 동시에 백성들을 향한 포부가 되는 것도 마찬가지다.

그러나 '傳 2章'은 두 번째 강령인 친민(親民)을 신민(新民)으로 보고서 그 새로워짐〔新〕을 풀이하는 것이다. 따라서 여기서는 우리도 일단 친민보다는 신민에 역점을 두고서 이 장을 풀이해가야 한다. 그렇게 될 경우 아무래도 신민은 친민보다는 외적인 다스림에 비중을 두게 된다는 점을 잊어서는 안 된다. 이 때문에 주희는 삼강령의 親民을 新民으로 봐야 한다고 했다. 그러나 둘 사이에 큰 모순은 없다.

'강고(康誥)'는 앞서 본 대로 주서(周書)에 포함된 글을 말한다. 주서에서 "늘 새로워지는 백성〔新民〕이 되도록 진작시켜라!"고 했다. 여기서 作은 진작(振作)시킨다는 뜻이다.

그리고 이번에는 『시경』 '大雅 文王' 편에 나오는 한 구절을 인용한다. "주나라가 비록 오래된 나라이기는 하지만 그 명(命)은 오직〔維〕 새롭다〔新〕." 쉽지가 않다.

이와 관련해서는 『논어』의 學而時習과 溫故而知新에서 출발해 앞서 본 日新又日新을 거쳐 지금 나온 『시경』의 維新까지를 일목요연하게 정리할 필요가 있다. 『논어』 '學而 1'과 '爲政 11'을 차례로 살펴보자.

공자는 말했다. "(문을) 배워서 그것을 늘 쉬지 않고 (몸에) 익히면〔學而時習〕 진실로 기쁘지 않겠는가?"

공자〔子〕가 일생동안 말한 것이 무수할 텐데 『논어』의 편찬자는 왜 하필이면 이 구절을 책 첫머리에 둔 것일까? 당연히 가장 중요하기 때문이다. 그렇다면 다시 물음을 던지지 않을 수 없다. 어찌 보면 평범하기 그지없는 이 구절을 편찬자는 도대체 왜 '가장 중요하다'고 보았을까?

이 의문을 푸는 열쇠는 學(학) 하나에 다 들어 있다고 보아도 과언이 아니다. 누구나 아는 바와 같이 學(학)의 사전적 의미는 '배우다'이다. 學(학)이라는 글자의 모양도 아이(子(자))가 양손으로 책을 펴들고 있는 형상이다. 그러나 이 글자의 뜻이 그리 간단치 않다. 우선 이런저런 해석을 참고하기에 앞서 '學而(학이)' 편에 한정해서 學(학)이라는 글자가 어떤 경우에 사용되는지 그 용례부터 살펴보는 것이 중요하다. 주석자가 100명이라면 100개의 주석이 가능한 상황에서는 더욱 그렇다. 먼저 공자는 '學而(학이) 6'에서 이렇게 말한다.

"어린 사람들은 집에 들어오면 효도하고 밖에 나가면 공순하며, 행실을 삼가고 말에는 믿음이 담겨야 하며, 널리 사람들을 사랑하되 어진 이를 가까이 해야 한다. 이런 일들을 몸소 행하면서도 남은 힘이 있거든 그때 가서 문(文)을 배우도록(學(학)) 하라."

여기서는 배워야(學(학)) 할 것을 문(文)이라고 특칭하고 있다. 참고로 주희는 이 문을 『시경』 『서경』 『주역』 『예기』 『악기』 『춘추』 등 6경(經)의 글이라고 보았다. 요즘 같으면 사서삼경으로 보아도 무방할 것이다.

또 '學而(학이) 7'에서는 공자의 제자 자하가 이렇게 말한다.

"어진 이를 어질게 여기기를 여색을 좋아하는 마음과 바꿔서 하고, 부모 섬기기를 기꺼이 온 힘을 다하며, 임금 섬기기를 기꺼이 온 몸을 다 바쳐 하고, 벗과 사귀기를 일단 말을 하면 반드시 책임을 져 믿음을 주는 식으로 하는 사람이 있다면 그 사람이 비록 배우지 않았더라도[未學] 나는 반드시 그 사람이 배웠다고 말할 것이다."

여기서 學은 명확히 사람됨을 배운다는 뜻이다. 곧이어 '學而 8'에서 공자는 배움과 관련된 내용은 아니지만 배움의 조건과 관련해 이런 발언을 한다.

"군자가 되려는 사람이 진중하지 못하면 위엄을 갖출 수 없고, (문을) 배우면[學] 고집불통에 빠지지 않는다."

결국 이 셋을 한 문장으로 정리하면 '사람됨의 기본이 되지 않고서 문(文)을 배워봤자 문을 배우지 않고서도 사람 노릇 제대로 하는 사람만 못하며, 사람됨을 갖춘 후에 문을 배우더라도 중후함과 위엄이 배어나야 한다'가 된다.

그러나 學, 즉 배우는 것만으로는 충분치 않다. 머리에서 온몸으로 가는 체화(體化)의 과정이 필수적이다. 그것이 習이다. 習이라는 글자에 대해서는 주희의 설명이 정곡을 찌른다. "습은 새가 자주 나는 것이니 배우기를 그치지 않음을 마치 새 새끼가 자주 나는 것과 같이 하는 것이다." 지금이야 학습(學習)이라고 하면 학교에서나 쓰

전 2장   145

는 통속적인 용어가 되고 말았지만 실제로 학습은 공자의 정신세계가 성립할 수 있는 토대 중의 토대이다. 기본적으로 그는 인간을 '학습하는 동물'로 보았다. 역으로 배우고(學) 익히기(習)를 게을리 하는 인간은 동물이나 마찬가지라고 여겼던 것이다.

문제는 익히기(習)란 단번에 되지 않는다는 데 있다. 반면 배우기는 경우에 따라 단번에 될 수 있다. 그래서 익히기는 늘 쉬지 않고 반복해서 이뤄져야 한다. 따라서 時習의 時는 흔히 번역하듯이 '때때로'로 풀이하면 안 된다. '늘 쉬지 않고 반복해서'가 바로 時다.

이렇게 풀이해 놓고 보면 學而時習은 앞으로 보게 될 溫故而知新과 정확하게 맥이 통하고, 자기혁신에 좀 더 강조점을 두자면 日新又日新과도 같은 뜻이다. 배워 부지런히 익히지 않고서는 조금도 앞으로 나아가지(進就) 못하기 때문이다. 유학이 제시하는 인간은 그동안 잘못 이해한 바와 같이 '에헴!' 하며 체면이나 차리는 인간상이 아니라, 이처럼 부지런히 배우고 끊임없이 스스로를 혁신해 가는 인간상이라는 점을 『논어』의 첫 구절은 유감없이 보여주고 있다. 솔직히 배우고 익히는 일은 기쁘다기보다는 힘겨운 일이다. 그런데 왜 기쁜가? 자기혁신과 진취가 이뤄지기 때문에 희열(喜悅)을 느끼는 것이다. 學而時習을 즐겁다(樂)가 아니라 기쁘다(說=悅)고 한 것도 그 때문일 것이다.

이제 '爲政 11'을 보자.

공자는 말했다. "옛것을 배워 익히고 그리하여 새것을 알아내면

〔溫故而知新〕얼마든지 다른 사람의 스승이 될 수 있다."

溫에는 따뜻하다, 따뜻하게 하다, 데우다, 부드럽다, 온화하다, 단조롭다, 훌륭하지 못하다, 익히다, 학습하다, 복습하다, 온천 등의 뜻이 있는데 여기서는 익히다, 학습하다, 복습하다 등에서 중심 의미를 취해야 한다.

溫故而知新은 두 가지 해석이 가능하다. '한편으로는 옛것을 익히면서 다른 한편으로는 새것을 배운다'고 볼 수도 있고, '옛것을 깊이 파고들어가면서 그 안에서 새로운 이치를 찾아내어 배운다'고 볼 수도 있다. 溫故而知新만 놓고 보면 분명 두 가지 해석이 다 가능하다. 그러나 뒤에 나오는 '다른 사람을 가르칠 수 있는 스승〔師〕'의 자질이라는 측면에서 보면 후자의 해석이 더 설득력이 있다고 봐야 한다. '한편으로는 옛것을 익히면서 다른 한편으로는 새것을 배운다'는 것은 사실 누구나 할 수 있는 반면, '옛것을 깊이 파고들어가면서 그 안에서 새로운 이치를 찾아내어 배운다'는 것은 다른 사람을 능가하는 자질〔德〕을 필요로 하기 때문이다. 여기서는 후자의 해석을 취한다. 그리고 이때의 스승〔師〕은 꼭 스승이라고 옮기기보다는 앞으로 나오게 될 군자(君子)의 맥락에서 볼 필요가 있다. 군자는 덕(德)을 몸에 익혀 결국 남을 가르칠 만큼 풍부하게 덕을 갖춘 인물이기 때문이다.

군자의 자기수양〔修己〕을 위한 첫걸음은 역시 『논어』의 첫 구절인 學而時習일 수밖에 없다. 그런데 우리는 '學而 1'을 풀이하면서 이미 이렇게 말한 바가 있다. "學而時習은 앞으로 보게 될 溫故而知新과 정확하게 맥이 통하고 자기혁신에 좀 더 강조점을 두자면 日新又日新과도 같은 뜻이다." 學=溫故이다. 그리고 時習은 踏襲이 아니라 새로운 것으로 나아가기 위한 훈련과 준비다. 그러고 나면 知新을 향해 나아가게 된다. 日新은 日知新(매일매일 새로워지는 법을 익혀)에서 日修己(매일매일 스스로를 갈고닦고)를 거쳐 지인(知人)과 지천명(知天命)으로 나아가게 된다. 그래서 日新又日新은 중첩된 의미를 갖게 되는 것이다.

그리고 이처럼 日新又日新이 꾸준히 이어지는 것을 '오로지 새로이 한다'는 의미에서 維新이라 부르고 있는 것이다.

이어 증자의 언급이 나온다. "이렇기 때문에〔是故〕 군자(君子)는 그 극(極)을 쓰지 않음이 없다." 아직은 직역이기 때문에 조금 더 풀어야 한다. 여기서 군자는 군왕이나 군주로 봐야 한다. 중요한 것은 '이렇기 때문에 ~그 극을 써야 한다'는 말이다. 도대체 이게 무슨 말인가?

주희는 일단 "자신을 새롭게 하는 것, 백성을 새롭게 하는 것을 다 가장 바람직한 상태에서 오랫동안 머물러 있는 것〔止於至善〕"이라고 풀이한다. 삼강령을 여기서 마무리하는 것으로 보는 것이다. 그러나 止와 관련된 풀이가 바로 다음 장에서 나온다는 점에서 크게 설득력이 없다. 그리고 정작 우리가 알고 싶은 '~그 극을 써야 한다'에 대해서는 아무런 언급이 없다. 이것이 주희의 풀이의 한계다.

다행스럽게도 우리는 『중용』 제27장에서 광범위한 의미에서 '극을 쓰다〔用極〕', 즉 지극히 하다는 것의 의미를 충분히 살펴볼 수 있다. 그리고 『논어』에서도 그와 관련된 언급들을 찾아볼 수 있다.

크시도다! 성인(聖人)의 도여! 그 도는 (세상 어디서나) 넘실거리며〔洋洋〕 만물을 생육케 하여 그 높고 큼이 하늘에까지 닿는구나. 그 도는 (세상 어디서나) 꽉 차고 넘쳐〔優優〕 참으로 커서 예의가 삼백 가지요, 위의가 삼천 가지로다! (이런 도는) 그에 맞는 사람을 기다린 뒤에야 행하여진다. 그러므로 옛말에 '진실로 지극한 다움〔德〕이 아니면 지극한 도는 엉기어 형체를 이루지 못한다'고 하였다. 그러므로 군자(이고자 하는 자)는 다움과 본성을 높이고 (애씀을 부지런히) 묻고 배우는 길을 가는 것이다. (그렇게 해서) 넓고 큼에 이르되 (동시에 정반대의) 정미함도 다하며, 높고 밝음을 다하되 (동시에 일상생활에서의) 중용의 길을 가며, 옛것을 익히되 (동시에 그것을 통해) 새것을 알며, (내면을) 돈독하고 두텁게 함으로써 예를 높인다. 그렇기 때문에 윗자리에 있어도 교만하지 아니하고, 아랫사람이 되어서는 배반하지 않아 나라에 도가 있을 때엔 그 말이 족히 받아들여지고, 나라에 도가 없을 때엔 그 침묵이 족히 용납된다. 『시경』에 '이미 밝고 또 명철함으로써 그 몸을 보전하도다'라고 한 것은 아마도 이를 두고 한 말일 것이다.

먼저 양양(洋洋)은 가득 차서 넘치는 모양이다. 따라서 첫 문장은 성인의 도가 너무나도 커서 큰 바다가 출렁이듯 넘실거리며

〔洋洋〕 만물을 키워내 그 높음이 하늘에 이를 정도라는 뜻이다. 우우(優優)는 꽉 차고도 남음이 있다는 뜻이라고 주희는 풀이한다. 따라서 두 번째 문장은 '그 도는 (세상 어디서나) 꽉 차고 넘쳐 참으로 커서 예의(禮儀)가 삼백 가지요, 위의(威儀)가 삼천 가지로다!'이다.

일단 여기까지를 『논어』의 맥락에서 풀어보자. 먼저 '泰伯 19'를 봐야 한다.

공자는 말했다. "크시도다! 요임금의 임금다움〔爲君〕이여. 높고 크도다! 오직 하늘(의 덕)만이 크시거늘 오직 요임금만이 이를 본받았으니, 넓고 넓도다! 백성들이 무어라고 능히 그것을 형언하지 못하는구나! 그 이룩한 공업은 높고 크며 그 문장은 찬란하도다!"

공자는 먼저 "크시도다〔大哉〕!"라면서 요임금의 임금 노릇〔爲君〕에 찬사를 보낸다. 어쩌면 선위(禪位)를 받은 순임금이나 우왕보다는, 자식보다 뛰어난 사람이 있을 경우 그 사람을 골라〔擇賢〕 왕위를 물려주는 전통을 처음으로 만들어 선위를 해준 요임금이 훨씬 더 위대한 인물일 것이다.

爲君은 임금다운 임금이 되다, 임금을 임금답게 했다는 말이다. 곧 임금의 임금다움〔德〕을 제대로 갖추었다는 뜻이다. 그래서 임금으로서 요임금의 임금다움〔德〕이 앞서 지적한 이유로 인해 대단히 컸기 때문에 공자는 "크시도다!"라고 말한 것이다.

이어 그 다움〔德〕의 크기를 하늘에 비유한다. "높고 크도다! 오직 하늘(의 덕)만이 크시거늘 오직 요임금만이 이를 본받았으니〔則〕, 넓고 넓도다! 백성들이 무어라고 능히 그것을 형언하지 못하는구나!" 군왕으로서 요임금이 보여준 다움〔德〕이 하늘처럼 크고 넓으니 도저히 사람의 언어로는 표현할 길이 없다는 말이다.

요임금의 다움〔德〕은 눈으로 볼 수 없어 형용할 수 없지만 요임금이 이룩해놓은 결과는 볼 수 있어 형언할 수 있다. 그것이 바로 뒤에 이어지는 공업(功業)의 성취와 문장(文章－문물제도)의 완비다. 참고로 주희는 문장(文章)을 예악(禮樂)과 법도(法度)라고 풀이한다. "그 이룩한 공업은 높고 컸으며 그 문(文)과 장(章)은 찬란〔煥〕하도다."

그 文章이 바로 여기서 말하는 '예의(禮儀)' 삼백과 '위의(威儀)' 삼천이다. 이는 『예기』를 말한다. 이에 대한 사전적 풀이다.

"『예기』는 49편(編)으로 이루어진 유가의 경전이다. 오경(五經)의 하나로, 『주례(周禮)』 『의례(儀禮)』와 함께 삼례(三禮)라고 한다. 예경(禮經)이라 하지 않고 『예기』라고 하는 것은 예(禮)에 관한 경전을 보완(補完) 주석(註釋)하였다는 뜻이다. 그래서 때로는 『의례』가 예의 경문(經文)이라면 『예기』는 그 설명서에 해당한다고 이야기되기도 했다. 하지만 마치 『예기』가 『의례』의 해설서라고만 여겨지는 것은 옳지 않다. 『예기』에서는 의례의 해설뿐 아니라 음악, 정치, 학문 등 일상생활의 사소한 영역까지 예의 근본정신에 대하여 다방면으로 서술하고 있기 때문이다.

그 성립에 관해서는 분명치 않으나, 전한(前漢)의 대성(戴聖)이 공자와 그 제자를 비롯하여 한(漢)시대에 이르기까지 많은 사람들을 거쳐 이루어진 『예기』 200편 중에서 편찬한 것으로 알려졌다. 『예기』의 좀 더 자세한 편찬과정은 다음과 같다. 공자와 그 후학들이 지은 책들에 대한 정리는 한 무제 때 하간(河間)과 선제 때 유향(劉向) 등에 의해 이루어졌다. 이를 대덕(戴德)이 85편으로 골라낸 것을 『대대예기(大戴禮記)』, 대성(戴聖)이 49편을 골라낸 것을 『소대예기(小戴禮記)』라고 한다. 대대와 소대는 숙질관계로 알려진 대덕과 대성을 구분하기 위한 것이다. 후한의 정현이 '대덕·대성이 전한 것이 곧 예기다'라고 하여 『예기』란 명칭이 나타났는데, 『대대예기』는 오늘날 40편밖에 그 내용을 알 수 없다. 따라서 일반적으로 『예기』라고 하면 대성이 엮은 『소대예기』를 지칭한다 할 것이다.

『예기』는 곡례(曲禮), 단궁(檀弓), 왕제(王制), 월령(月令), 예운(禮運), 예기(禮器), 교특성(郊特性), 명당위(明堂位), 학기(學記), 악기(樂記), 제법(祭法), 제의(祭儀), 관의(冠儀), 혼의(婚儀), 향음주의(鄕飮酒儀), 사의(射儀) 등의 제편(諸篇)이 있고, 예의 이론 및 실제를 논하는 내용이다. 사서의 하나인 『대학』과 『중용』도 이 가운데 한 편이다."

여기서 '예의 삼백', '위의 삼천'이란 이와는 별도로 예의가 삼백 편이 되고 위의가 삼천 편이 된다는 뜻으로 그만큼 많고 세세하다는 의미도 된다.

다시 『중용』의 구절로 돌아간다. 이처럼 성인의 도는 크다 보니 아무 때나 구현될 수 있는 것이 아니다. 그만한 다움〔德〕과 도리

〔道〕를 갖춘 인물이 등장해야 비로소 행해질 수 있다.

"(이런 도는) 그에 맞는 사람을 기다린 뒤에야 행하여진다. 그러므로 옛말에 '진실로 지극한 다움〔至德〕이 아니면 지극한 도〔至道〕는 엉기어〔凝〕 형체를 이루지 못한다'고 하였다."

요임금이나 순임금이나 우왕이 바로 그런 인물이다. 공자의 경우 그런 다움과 도리를 갖추었다고 할 수 있지만 군왕으로서의 천명은 받지 못했기 때문에 그 도리를 구현하지는 못했다. 凝은 엉긴다는 뜻인데 여기서는 무형의 도가 '그 사람', 즉 지덕(至德)한 사람을 만나 마침내 모습을 드러내면서 구현된다는 뜻이다.

결국 성인의 도리는 정해져 있다. 문제는 그 도리를 구현할 수 있는 지극한 다움〔至德〕을 갖춘 사람이 나타나는 것이 관건이다.

"그러므로 군자(이고자 하는 자)는 다움〔德〕과 본성〔性〕을 높이고 (애씀〔文〕을 부지런히) 묻고 배우는 길을 가는 것이다. (그렇게 해서) 넓고 큼에 이르되 (동시에 정반대의) 정미함도 다하며, 높고 밝음을 다하되 (동시에 일상생활에서의) 중용의 길을 가며, 옛것을 익히되 (동시에 그것을 통해) 새것을 알며, (내면을) 돈독하고 두텁게 함으로써 예를 높인다."

여기서는 군자(이고자 하는 자)가 다움을 높이고 애씀〔文〕을 다 잡기 위해 어떻게 해야 하는지 그 구체적인 방법을 보여주고 있다. 광대함을 추구하되 정미함을 놓쳐서는 안 되고, 고명함을 향해 나아가되 중용의 길에서 벗어나서는 안 되며, 옛것을 익힘으로써 새로움을 알고, 돈독하고 두텁게 함으로써 예를 실천하고 높이는 것이 바로 그 방법이다. 그리고 다음에 이어지는 구절은 이런 방법을 통해 덕(德)과 문(文)과 예(禮)를 갖춘 군자가 어떤 행동을 하게 되는지를 보여준다.

"그렇기 때문에 윗자리에 있어도 교만하지 아니하고, 아랫사람이 되어서는 배반하지 않아 나라에 도가 있을 때엔 그 말이 족히 받아들여지고, 나라에 도가 없을 때엔 그 침묵이 족히 용납된다."

여기에 나오는 군자다운 모습들은 각각 살펴볼 필요가 있다.

첫째, '윗자리에 있어도 교만하지 않다〔居上不驕〕'이다. 『논어』 '八佾 26'에 거상(居上)과 관련된 언급이 나온다.

공자는 말했다. "윗자리에 있는 사람이 너그럽지 못하고, 예를 행하는 사람이 공경스럽지 못하고, 상을 당한 사람이 진정으로 슬퍼하지 않는다면 내가 과연 무엇으로써 그 사람됨을 알아보겠는가?"

윗자리에 있는 사람〔居上〕은 교만해서는 안 되고 너그러워야 한다〔寬〕는 말이다.

둘째, '아랫사람이 되어 배반하지 않는다〔爲下不倍〕'이다. 이는 곧 신하의 신하다움, 즉 충(忠)을 잃어서는 안 된다는 말이다. 군군신신(君君臣臣)이라고 할 때 임금다움이 관(寬)이며 신하다움은 경(敬)이다.

셋째, '나라에 도리가 있을 때엔 그 말이 족히 받아들여지고, 나라에 도리가 없을 때엔 그 침묵이 족히 용납된다'이다. 이는 『논어』에 여러 차례 등장하는 邦有道 邦無道와 직접 연결된다.

邦有道 邦無道의 이분법은 『논어』를 통해 정리하다 보면 그 정확한 의미를 알게 된다. '公冶長 1'에서 공자는 남용(南容)이라는 인물에 대해 "나라에 도가 있을 때는 등용될 것이고, 나라에 도가 없을 때는 형벌을 면할 것이다〔邦有道不廢 邦無道免於刑戮〕"라며 그를 조카사위로 삼았다. 이에 대해서는 약간의 풀이가 필요하다.

남용은 공자의 제자다. 주희에 따르면 남용은 언행을 삼갔다고 한다. 야무진〔約〕 인물이었다는 뜻이다. 이런 인물이었기에 나라에 도리가 있을 때에는 조정에 중용될 것이고, 나라에 도리가 없더라도 형벌을 면할 인물이니 자신의 형님의 딸을 주어 조카사위로 삼게 했다는 것이다.

여기서 눈에 띄는 구절은 '나라에 도리가 없더라도 형벌을 면할 인물'이다. 우리는 흔히 공자라고 하면 '나라에 도리가 없으면 의를 위해 죽음을 무릅쓰는 이'를 최고로 칠 것이라는 선입견이 있다. 그러나 여기서 공자는 분명 현실적인 길을 제시하고 있다. 형벌, 특히 형벌로 인한 죽음〔刑戮〕을 면할 이라야 딸이나 조카딸을 과부로 만들지 않을 것이기 때문이다.

또 공자는 '公冶長 20'에서 영무자(甯武子)라는 인물에 대해 이렇게 평한다.

공자는 말했다. "영무자는 나라에 도가 있을 때는 지혜로웠고〔知〕 도가 없을 때는 어리석었다〔愚〕 하니, 그 지혜는 따를 수 있으나 그 어리석음에는 미칠 수 없다."

영무자는 위(衛) 나라 대부로 이름은 유(兪)다. 공자는 영무자의 경우 나라에 도가 있을 때는 지혜로웠고 도가 없을 때는 어리석었다고 말한다. 먼저 영무자가 어떤 사람이며 실제 역사 속에서 어떻게 처신했는지를 살펴볼 필요가 있다. 그래야 여기서 말하는 知(지)나 愚(우)의 의미를 정확하게 파악할 수 있기 때문이다.

주희는 『춘추좌전(春秋左傳)』에 나오는 내용을 바탕으로 이렇게 설명한다. 영무자는 위나라에서 문공(文公) 때와 성공(成公) 때 벼슬을 했다. 문공 때는 나라를 다스리는 도가 있었지만 성공 때는 그런 도가 없어 나라가 망할 지경에 이르렀다.

이와 관련해서는 정약용의 풀이가 보다 상세하다. "위나라는 성공(成公) 3년부터 나라가 어지러워 군주가 도망갔는데, 무릇 3년 만에 안정되었다. 이로부터 나라에 큰 혼란이 없었던 것이 27년 동안이었다가 위 성공이 이에 죽었다. 나라에 도가 없다는 것은 3년 사이를 가리키며, 나라에 도가 있다는 것은 국사가 안정된 뒤를 가리킨다."

그런데 도리가 살아 있던 문공 때 영무자는 이렇다 할 만한 것을 보여주지 못했다〔無事可見(무사가견)〕. 그런데도 공자는 지혜로웠다〔知/智(지/지)〕고 평하고 있다. 도가 잘 행해질 때는 굳이 나서지 않는 것도 지혜로운 처신이라고 본 것이다. 그래서 공자는 그런 정도의 지혜는 자신도 따라갈 수 있다〔可及(가급)〕고 말한다.

반면 도리가 무너져 내린 성공 때 영무자는 "그 한복판에서 주선하여 몸과 마음을 다 바쳐서 어려움과 험난함을 피하지 않았으니,

당시 그의 처한 바가 지혜롭고 재주 있는 사람들이라면 모두 극구 피하고 즐겨하지 않는 것이었는데, 마침내 자기 몸을 보전하고 그 임금을 구제하였으니 이는 그의 어리석음을 따를 수 없는 것"이라고 주희는 풀이한다.

이 구절의 관건은 愚(어리석음)다. 분명 이것은 일상적으로 우리가 사용하는 '어리석다'와는 다르다. 영무자에 대한 극찬이다.

하지만 『논어』에 등장하는 邦有道 邦無道의 이분법들 중에서 우리의 문맥에 가장 적합한 것은 '憲問 4'에 나오는 사례다.

공자는 말했다. "나라에 도리가 있을 때는 말이나 행동 모두 당당하게(危) 하고, 나라에 도리가 없을 때는 행실은 당당하게 하되 말은 공손하게(孫) 해야 한다."

공자가 한 말에는 지금 주어가 빠져 있다. 굳이 넣는다면 '군자를 꿈꾸는 선비라면' 정도가 될 듯하다. 여기서 관건이 되는 말은 危다. 危에는 위태롭다, 불안하다, 두려워하다, 해치다, 위독하다 등의 뜻 외에 엄하다, 아슬아슬하게 높다, 바르다 등의 뜻이 있다. 주희는 아슬아슬하게 높다는 뜻의 고준(高峻)으로 풀었다.

주희의 풀이를 참고하여 공자의 말을 직역하면 '군자를 꿈꾸는 선비라면 나라에 도리가 있을 때는 말이나 행동 모두 위태위태할 정도로 높게 하고, 나라에 도리가 없을 때는 행실은 위태로울 정도로 높게 하되 말은 공손하게 해야 한다'라고 할 수 있다.

그러나 危는 위엄이나 엄격(厲) 정도로 옮기거나 당당하게라고 하면 될 듯하다. 즉 '군자를 꿈꾸는 선비라면 나라에 도리가 있을 때는 말이나 행동 모두 당당하게 하고 나라에 도리가 없을 때는 행실은 당당하게 하되 말은 공손하게 해야 한다'로 옮기면 될 듯하다.

윤돈(尹焞)은 이렇게 풀이한다. "군자의 몸가짐은 변할 수 없지만 말에 이르러서는 때로는 감히 다하지 못하여 화(禍)를 피하는 경우가 있다." 화의 단서는 대개 행동보다는 말에서 싹트기 때문이다. 이에 적합한 예가 바로 '公冶長 1'의 후반부에 언급된 공자의 조카사위 남용이다. 이는 앞서 살펴본 바 있다.

이렇게 되면 맨 마지막에 인용한 『시경』의 구절은 쉽게 이해할 수 있을 것이다. 이 구절은 '大雅 蒸民' 편에 나온다. "이미 밝고 또 명철함으로써 그 몸을 보전하도다〔旣明且哲 以保其身〕."

남용이 바로 그런 인물이었기 때문에 공자는 기꺼이 그를 조카사위로 삼았던 것이다.

극(極)에 대한 직접적인 풀이는 아니지만 용극(用極)의 의미를 이해하는 데 크게 도움이 되었을 것으로 본다.

전 3장

詩云 邦畿千里 惟民所止
시운 방기 천리 유민 소지

詩云 緡蠻黃鳥 止于丘隅 子曰 於止 知其所止 可以人而不如鳥乎
시운 면만 황조 지우 구우 자왈 어지 지기 소지 가이 인이 불여 조호

詩云 穆穆文王 於緝熙敬止 爲人君止於仁 爲人臣止於敬 爲人子止於
시운 목목 문왕 어집 희경 지 위 인군 지어인 위 인신 지어경 위 인자 지어

孝 爲人父止於慈 與國人交止於信
효 위 인부 지어 자 여 국인 교 지어 신

詩云 瞻彼淇澳 菉竹猗猗 有斐君子 如切如磋如琢如磨 瑟兮僩兮赫兮
시운 침피 기오 녹죽 의의 유비 군자 여절여차 여탁여마 슬혜 한혜 혁혜

喧兮 有斐君子 終不可諠兮 如切如磋者 道學也 如琢如磨者 自脩也 瑟兮
훤혜 유비 군자 종 불가 훤혜 여절여차자 도학 야 여탁여마자 자수 야 슬혜

僩兮者 恂慄也 赫兮喧兮者 威儀也 有斐君子 終不可諠兮者 道盛德至善
한혜자 순률 야 혁혜훤혜자 위의 야 유비 군자 종 불가 훤혜자 도 성덕 지선

民之不能忘也
민 지 불능 망 야

詩云 於戲 前王不忘 君子賢其賢而親其親 小人樂其樂而利其利 此以
시운 어 희 전왕 불망 군자 현 기현 이친 기친 소인 낙 기락 이 이 기리 차이

沒世不忘也
몰세 불망 야

『시경』에 이르기를 '나라의 수도와 수도권 내 천리가 바로 백성들이 머물러 살아야 하는 곳이다'고 했다.

『시경』에 이르기를 '짹짹 울어대는 황조여! 산 깊은 곳에 머물러 있도다'고 했다. 이 시에 대해 공자는 말했다. "머무름에 있어 그 머물러야 하는 곳을 알고 있으니, 사람으로서 새보다 못해서야 되겠는가?"

『시경』에 이르기를 '위엄과 온화함이 어우러진 문왕이시여! 아! 끊임

없이 널리 밝히시어 삼감에 오래 머무셨도다'고 했다. 임금이 되어서는 인(仁)에 오래 머무셨고, 신하일 때는 삼감에 오래 머무셨고, 자식으로서는 효에 오래 머무셨고, 아버지가 되어서는 자애로움에 오래 머무셨으며, 나라와 사람들과 사귐에 있어서는 믿음에 오래 머무셨다.

『시경』에 이르기를 '저 기수(淇水) 한 구석을 들여다보니 푸른 대나무 무성하도다. 광채 나는 군자여 잘라놓은 듯하고 간 듯하며 쪼아놓은 듯하고 문지른 듯하다. 빈틈없고 굳세며 빛나고 부드러우니 광채 나는 군자여 끝내 잊을 수가 없구나'라고 했다. '잘라놓은 듯하고 간 듯하며'는 배우는 것이고, 다음으로 '쪼아 놓은 듯하고 문지른 듯하다'는 스스로를 닦는 것이며, '빈틈없고 굳세며'는 두려워 조심하는 마음이고, '빛나고 부드러우니'는 겉으로 드러나는 위엄(威儀)이며, '광채 나는 군자여 끝내 잊을 수가 없구나!'는 덕이 성하고 그 좋음이 지극함에 이르러 백성들이 그것을 결코 잊지 못함을 뜻한다.

『시경』에 이르기를 '아아! 선왕을 잊지 못하겠노라'고 했다. 군자는 현명한 자를 제대로 알아보고서 그에 걸맞게 대우를 하고, 친족들에 대해서는 친분에 걸맞게 친히 대우한다. 반면 소인은 즐거움을 즐기고 이로움에서 이득을 얻는 데 능할 뿐이다. 이 때문에 (군자였던 선왕이) 이 세상에 없는데도 불구하고 잊지를 못한다.

증자는 일단 여기서 止(지)의 의미를 확정하기 위해 기존의 경전, 특히 『시경』에 등장하는 다양한 용례들을 살펴본다. 이는 마치 '이론해론(以論解論)'의 방법을 통해 『논어』의 의미와 문맥을 찾으려 했던 필자의 시도와 흡사하다. 『시경』으로 『대학』을 풀어내려는 '이시해중(以詩解大)'이라고 할까?

증자는 먼저 『시경』 '商頌 玄鳥(상송 현조)' 편에 나오는 시를 인용한다. 여기서는 별도의 풀이를 덧붙이지 않았다. '邦畿千里 惟民所止(방기 천리 유민 소지)', 우선 직역하면 '방기(邦畿) 천 리는 백성들이 멈추는 곳'이 된다. 그러나 이래 가지고는 무슨 뜻인지 알 수가 없다. 邦(방)은 제후의 나라이다. 수도를 뜻하기도 한다. 畿(기)는 도성을 중심으로 한 사방 오백 리다. 京畿(경기)가 바로 그 뜻이다. 그러면 나라의 수도와 수도권 내 천 리가 바로(惟(유)) 백성들이 머물러 사는 곳이라는 말이다. 결국 백성이란 나라의 틀 안에서 살아가는 것이라는 의미인데, 특히 여기서 중요한 것은 止(지)를 '머물러 살다'로 풀이해야 한다는 점이다. 증자가 추가적인 풀이를 덧붙이지 않은 것은 이런 의미도 있다는 것을 보여주기 위함으로 보인다.

이에 대한 주희의 풀이도 다소 모호하지만 참고할 가치가 있다. "지(止)는 머뭄〔居=住(거주)〕이다. 세상만물은 각각 마땅히 머물러야 할 곳이 있다." 백성은 마땅히 수도와 수도권〔畿內(기내)〕에 머물러야 한다는 것이다.

보다 정확한 이해를 위해 京畿(경기)의 의미를 다른 경전에서 살펴볼 필요가 있다. 그래야 뒤이어 보게 될 止(지)의 보다 정확한 의미를 확정 지을 수 있다. 이와 관련된 표현은 『서경』 '夏書 禹貢(하서 우공)'에 나온다. 이번 기회에 동양의 지리학적 관념을 알아둘 필요가 있으므로 경기와 그 외곽까지 함께 살펴보겠다.

(왕성을 중심으로) 사방 오백 리는 경기의 땅에 관한 조세 거두는 일에 속한다. 그래서 백 리까지는 조세로 (이어서 언급되는) 모든 종류를 바치고, 이백 리까지는 낫으로 벤 벼를 바치고, 삼백 리까지는 겉을 털어낸 짚단을 바치고, 사백 리까지는 오곡, 오백 리까지는 쌀을 바친다.

〔禹貢 101. 五百里 甸服 百里 賦納總 二百里 納銍 三百里 納秸服 四百里 粟
우공　　　오백리　전복　　백리　부납총　　이백리　납질　　삼백리　납갈복　　사백리　속
五百里 米〕
오백리　미

왕성을 중심으로 사방 오백 리까지가 경기 혹은 기내〔畿〕가 된다. 甸은 경기 혹은 기내의 땅을 가리키고 여기서 服은 드물게 일〔事〕이
　　　　　　　　　　　　　　　　　기
전　　　　　　　　　　　　　복　　　　　　　　　　　사
라는 뜻이다. 따라서 甸服이란 경기 안의 땅으로부터 조세를 거두는
　　　　　　　　전복
일을 뜻한다.

그 오백 리 경기 땅에서 백 리 단위로 조세〔賦〕의 내용이 달라진다.
　　　　　　　　　　　　　　　　　　　　　　　　　부
먼저 백 리 안에서는 조세로 모든 종류〔總〕를 다 내야 한다〔納〕. 銍은
　　　　　　　　　　　　　　　총　　　　　　　　　　납　　질
벼 베는 낫이나 혹은 낫으로 벤 벼를 뜻한다. 秸은 볏짚이나 겉을 털어
　　　　　　　　　　　　　　　　　　　　갈
낸 벼다. 粟은 오곡을 뜻하고, 米는 쌀이나 도정을 마친 오곡을 뜻한다.
　　　속　　　　　　　　　미

(경기 바로 다음의) 오백 리는 후가 다스리는 땅이며, 백 리까지는 경대부의 읍지이고, 이어 이백 리까지는 남작이 다스리는 작은 봉국이며, 나머지 삼백 리는 제후들이 다스리는 땅이다. 〔禹貢 102. 五百里 侯服
　　　　　　　　　　　　　　　　　　　　　　　　　　　　우공　　　오백리　후복
百里 采 二百里 男邦 三百里 諸侯〕
백리　채　이백리　남방　삼백리　제후

경기 땅 바로 밖 사방 오백 리는 侯가 다스리는 땅에 속한다. 여기
　　　　　　　　　　　　　　후

서도 服은 일이다. 그 오백 리는 다시 나눠지는데 백 리는 采 혹은 采地로 경대부의 읍지다. 이어 이백 리까지는 南邦, 즉 男爵이 다스리는 작은 봉국이고, 나머지 삼백 리는 여러 侯들이 다스리는 땅이다. 결국 백 리〔采〕, 백 리〔南邦〕, 삼백 리〔諸侯〕가 된다. 안쪽부터 먼저 서술한 이유에 대해 채침은 이렇게 풀이한다. "소국을 먼저하고 대국을 뒤에 한 것은 큰 나라는 외적의 침입을 막을 수 있고, 작은 나라는 와서 의탁하기 편하게 할 수 있기 때문이다. 이에 侯服 오백 리를 나누어 세 등급으로 만든 것이다."

(제후들의 땅 바로 다음의) 오백 리는 잘 도닥거리는 것이 일이니 삼백 리까지는 문교에 힘써야 하고, 나머지 이백 리는 무위를 떨쳐야 한다. 〔禹貢 103. 五百里 綏服 三百里 揆文教 二百里 奮武衛〕

綏를 채침은 편안케 한다는 의미에서 安과 같은 뜻으로 본다. "이곳은 왕성 주변 경기〔王畿〕에서 점점 멀어지고 있기 때문에 잘 도닥거려 어루만져주어야 한다는 뜻이다." 文으로 안을 다스리고, 武로 밖을 막아서 나라를 튼튼히 한다는 것이다.

(그 외곽) 오백 리는 적정하게 제어하는 일이니 삼백 리는 오랑캐의 땅이고, 이백 리는 유배지다. 〔禹貢 104. 五百里 要服 三百里 夷 二百里 蔡〕

要服을 채침은 羈縻하는 것이라고 말한다. 羈縻란 말 그대로 재갈

이나 고삐만을 매어둘 뿐 어떤 통치력도 행사하지 않는다는 말이다.

(그 외곽) 오백 리는 더 느슨하게 제어하는 일이니 삼백 리는 오랑캐의 땅이고, 이백 리는 유배지다. 〔禹貢 105. 五百里 荒服 三百里 蠻
우공   오백리 황복 삼백리 만
二百里 流〕
이백리 유

104장과 내용은 거의 같다. 다만 荒은 要보다 더 느슨하게 통치하
                                 황   요
는 것이고, 蠻은 夷보다 더 거친 오랑캐이며, 流는 蔡보다 더 힘든 유
         만   이   유   채
배지다. 이로써 천자의 나라의 기본골격은 완성된다.

다시 우리의 본래 문맥으로 돌아가자. 止의 다양한 용례들이 계속
                                   지
나온다. 일단 하나하나 그 의미를 가능한 한 정확하게 확정해 두는 것
이 중요하다.

증자는 두 번째로 『시경』 '小雅 緡蠻' 편에 나오는 시를 인용한다.
                           소아 면만
우선 시를 직역해 보자. '면만(緡蠻)히 우는 황조, 언덕 저 모퉁이에
머물러 있다〔止〕.' 우선 원문의 한자가 어렵다. 緡은 원래 낚싯줄, 돈꿰
            지   면/민
미, 입다, 입히다 등을 뜻한다. 이럴 때는 '민'으로 읽는데 새 우는 소리
일 경우에는 '면'으로 읽는다. 여기서는 '면'이다. 연이어진다고 할 때도
'면'으로 읽는다. 蠻은 원래 오랑캐, 야만 등을 뜻하는데 주희는 면만
              만
(緡蠻)을 새 울음소리로 풀이한다.

이 구절은 자칫 모호해질 수도 있는데 다행히 공자가 직접 이 구절
을 풀이하고 있다. "머무름에 있어〔於止〕 그 머물러야 하는 곳을 알
                            어 지

고 있으니, 사람으로서〔人而-사람이면서〕 새보다 못해서야 되겠는가?" 즉 새도 자신이 있어야 할 곳인 산모퉁이에 머물 줄 아는데 사람이 자신이 머물러야 할 곳을 몰라서야 되겠는가라는 말이다. 앞서의 용례보다는 止의 의미가 좀 더 구체화됐다. 왜냐하면 이 구절은 止와 至善, 즉 오래 머무는 것과 오래 머물러야 할 곳을 동시에 풀이하고 있기 때문이다.

이제 세 번째 용례를 볼 차례다. 이번에는 『시경』 '文王' 편을 인용한다. 시를 직역해 보자. '위엄과 온화함이 어우러진〔穆穆〕 문왕이시여! 아! 끊임없이〔緝〕 널리 밝히시어〔熙〕 삼감〔敬〕에 오래 머무셨도다〔止〕.'

이에 대해서는 우선 증자의 풀이가 명확하다. "임금이 되어서는 인(仁)에 오래 머무셨고, 신하일 때는 삼감〔敬〕에 오래 머무셨고, 자식으로서는 효(孝)에 오래 머무셨고, 아버지가 되어서는 자애로움〔慈〕에 오래 머무셨으며, 나라와 사람들과 사귐에 있어서는 믿음〔信〕에 오래 머무셨다."

우리는 먼저 시구를 검토한 다음 증자의 풀이를 검토하기로 한다. 穆穆은 흔히 천자의 위엄 있는 모습을 나타낼 때 쓴다. 『논어』 '八佾 2'를 보자.

삼가에서 (제사를 마친 후) 옹장을 노래하면서 철상을 하였는데 공자가 이에 대해 말했다. "'제사를 돕는 이가 제후들인데 천자는 위풍당당하게〔穆穆〕 계시는도다'라는 가사를 어찌 삼가의 집에서 취하여 쓰는가?"

여기서 삼가(三家)란 노(魯) 나라의 대부인 맹손(孟孫), 숙손(叔孫), 계손(季孫) 세 집안을 일컫는다. 이들은 사실상 실권을 장악하고서 마치 자신들이 임금인 것처럼 행세하고 있었다. 以雍徹은 먼저 뜻만 풀이하면 (제사를 마친 후)『시경』에 실린 '옹장(雍章)'을 노래로 부르며 철상(撤床)을 했다는 것이다. 따라서 옹장을 모르면 이 대목은 제대로 이해할 수 없다. 옹장이란 주나라 무왕이 아버지 문왕의 제사를 지낼 때 지은 시다. '옹장(雝章)'이라고도 한다.

有來雝雝 至止肅肅 相維辟公 天子穆穆
유 래 옹옹 지지 숙숙 상 유 벽공 천자 목목

雝은 雍이며 和로 풀이한다. 첫 구절은 '오는 것이 화화롭구나' 혹은 '오는 것에 화화로움이 있구나'이다.

肅은 경건(敬虔)하고 위엄(威嚴) 있는 모습이다. 그래서 두 번째 구절은 '이르러서는 엄숙하도다' 혹은 '이르러서는 엄숙함에 머물러 있도다'이다.

相은 돕는다, 維는 제사[祭], 辟公은 제후라는 뜻이다. 세 번째 구절은 '제사를 돕는 이가 제후들인데'이다.

穆은 화목하다고 할 때의 목이다. 穆穆은 흔히 황제의 위엄 있는 모습을 뜻한다. 네 번째 구절은 '천자는 위풍당당하게 계시는도다'이다.

결국 공자는 대부들이 천자의 종묘제사에 사용하는 노래를 참람되게 도용해서 쓴 것에 대해 비판을 가하고 있다. 이 또한 문왕과 간접적으로 관련된다. 이제 보다 직접적으로 『논어』에서 우리의 문맥과 관련되는 문왕의 이야기들을 살펴보자. 그에 앞서 문왕이 어떤 맥락 속에 있는 인물인지부터 확인해 보자.

주(周) 나라는 태왕(太王) 때 국력이 강해진 반면 상(商=殷)나라는 쇠락의 길에 접어들고 있었다. 이에 태왕은 상나라를 치려 하였다. 그런데 장남인 태백(泰伯)이 반대했다. 결국 태왕은 셋째 계력(季歷)의 아들 창(昌)이 군왕의 자질을 갖추었다는 점을 감안해 왕위를 계력에게 넘겨주기로 한다. 이를 알게 된 태백은 아우 중옹(仲雍)과 함께 형만(荊蠻)이란 곳으로 도망을 치고, 왕위는 결국 계력을 거쳐 창으로 이어지게 된다. 그가 바로 문왕이다. 그리고 문왕의 아들 발(發)이 즉위하여 마침내 상나라를 무너트리고 천하를 소유하니 그가 바로 무왕이다. 공자가 이상적인 인물로 추앙했던 주공(周公)은 바로 이 무왕의 아우로 무왕이 죽은 후 자신의 조카인 무왕의 아들 성왕(成王)을 도와 주나라 문물의 기반을 닦는다. '泰伯(태백) 20'을 보자.

"천하를 삼분하여 그 둘을 소유하고도 은나라에 복종하여 섬겼으니, 주나라(문왕)의 다움은 지극한 다움이라고 이를 만하다."

이에 대해서는 주희가 인용한 범조우(范祖禹)의 풀이가 정곡을 찌른다. "문왕의 다움은 충분히 상나라를 대신할 만하여 하늘이 주고 사람들이 귀의하였는데도 마침내 상나라를 취하지 않고 오히려 복종하여 섬기셨으니, 이 때문에 지극한 다움이 되는 것이다. 공자께서 무왕의 말씀을 취하여 문왕의 다움을 언급하셨고, 또 태백과 함께 모두 지극한 다움으로 칭하셨으니, 그 뜻이 은미하다."

즉 문왕은 자신이 어떠한 상황에 처해 있든지 간에 그때마다 지극한 다움을 보여주었다는 것이다. 다움을 보여준다는 것은 '~다워지는 것'이다. '顏淵(안연) 11'은 정확히 우리의 문맥과 연결된다.

제나라 경공이 공자에게 정치하는 법[政(정)]에 관해 묻자 공자는 이렇게 대답한다. "임금은 임금다워야 하고 신하는 신하다워야 하며, 아버지는 아버지다워야 하고 자식은 자식다워야 합니다."

이 말을 들은 경공은 이렇게 말한다. "좋은 말이다. 진실로 임금이 임금답지 못하고 신하가 신하답지 못하고, 아비가 아비답지 못하고 자식이 자식답지 못하면 제아무리 곡식이 많이 있다 한들 내가 그것을 먹을 수 있겠는가?"

제(齊) 나라 경공(景公)은 이름이 저구(杵臼)다. 杵(저)는 절구공이, 臼(구)는 절구통이다. 특이한 이름이다. 노(魯) 나라 소공(昭公) 말년에 공자가 제나라를 찾았을 때 그 나라의 군주였다. 공자의 명성을 전해 들어 알고 있던 경공이 공자에게 정치하는 법[政]에 관해 묻자 공자는 이렇게 대답한다.

"임금은 임금다워야 하고 신하는 신하다워야 하며, 아버지는 아버지다워야 하고 자식은 자식다워야 합니다〔君君臣臣父父子子〕."
군군신신 부부자자
임금, 신하, 아버지, 아들이 각자 자신에게 주어진 다움〔德〕을 최대
덕
한 높이도록 하는 것이야말로 선정(善政)이라는 것이다. 물론 이 말
은 어찌 보면 지당한 말이지만 특히 경공에게는 절실한 경계의 말
이 될 수밖에 없었다. 공자가 정치하는 근본에 대해 하필이면 이렇
게 말한 배경에 대해 주희는 다음과 같이 풀이한다.

"이때에 경공이 정권을 잃어서 대부인 진씨(陳氏)가 온 나라 백성
들에게 은혜를 베풀었으며, 경공이 또 안에 총애하는 여자가 많아
태자를 세우지 않아서 군신(君臣) 간에 그리고 부자(父子) 간에 그
도를 모두 잃었다. 그래서 공자께서 이렇게 말씀해 주신 것이다."

이중 '온 나라 백성들에게 은혜를 베풀었다'는 대목에 대해 성백
효는 "백성들에게 곡식을 방출할 때에는 말〔斗〕을 고봉으로 재서
두
주고 돌려받을 때에는 평말로 받았음을 이른다"고 풀이했다. 한 마
디로 포퓰리즘, 즉 인기전술을 썼다는 것이다.

결국 공자는 경공이 군주로서의 임금다움〔德〕을 상실했음을 지
덕
적하고 있다. 이 말을 들은 경공은 이렇게 말한다. "좋은 말이다. 진
실로〔信〕 임금이 임금답지 못하고 신하가 신하답지 못하고, 아비가
신
아비답지 못하고 자식이 자식답지 못하면 제아무리〔雖〕 곡식〔粟〕이
수   속
많이 있다 한들 내가 그것을 먹을 수 있겠는가?"

문제는 경공에게 군주의 다움을 되찾으려는 의지가 있었는가 하
는 점이다. 없었다. 어쩌면 공자가 하는 말의 깊은 뜻을 알아차리지
못했을 수도 있다. 주희의 풀이다. "그 뒤에 실제로 후계자를 정하

지 못함으로 인하여 진씨가 임금을 시해하고 나라를 찬탈하는 화(禍)를 열어놓았다."

이 장은 '顔淵 17' 및 '子路 3'과 연결된다. 正('顔淵 17') 및 正名('子路 3')이다.

계강자가 정치에 관해 묻자 공자는 간단하게 "바로잡는 것[正]입니다. 대부께서 바로잡는 것으로 통치를 한다면 감히 누가 바르게 되지 않겠습니까?"('顔淵 17')

자로가 물었다. "위나라 군주가 스승님을 기다려 정치에 참여시키려고 하니 선생님께서는 정치를 하시게 될 경우 무엇을 우선시하시렵니까?"

공자는 말했다. "반드시 이름부터 바로잡겠다[正名]."

이에 자로가 말했다. "이러하시다니! 스승님의 우활하심이여! (그렇게 해서야) 어떻게 (정치를) 바로잡으시겠습니까?"

이에 공자는 말했다. "한심하구나, 유여! 군자는 자기가 알지 못하는 것은 비워두고서 말을 하지 않는 법이다. 이름이 바르지 못하면 말이 순하지 못하고, 말이 순하지 못하면 일이 이루어지지 못하고, 일이 이루어지지 못하면 예악이 흥하지 않고, 예악이 흥하지 못하면 형벌이 알맞지 못하고, 형벌이 알맞지 못하면 백성들이 손발을 둘 곳이 없게 된다. 고로 군자가 이름을 붙이면 반드시 말할 수 있고, 말할 수 있으면 반드시 행할 수 있는 것이니 군자는 그 말

에 구차히 함이 없을 뿐이다." ('子路 3')

'顏淵 17'에서는 정치〔政〕를 바로잡는 것〔正〕으로 보았고, '子路 3' 에서는 정치〔政〕를 이름을 바로잡는 것〔正名〕으로 정의했다. 유명한 구절이다.

다시 우리의 본문으로 돌아가자. 증자가 이번에는 『시경』의 '衛風 淇澳' 편을 인용한다. "저 기수(淇水) 한구석을 들여다보니 푸른 대나무 무성하도다. 광채 나는 군자여 잘라놓은 듯하고 간 듯하며 쪼아놓은 듯하고 문지른 듯하다. 빈틈없고 굳세며 빛나고 부드러우니 광채 나는 군자여 끝내 잊을 수가 없구나!" 斐는 아름다운 광채가 나다, 화려하다, 눈부시다 등을 뜻한다. 이 구절은 절차탁마(切磋琢磨)를 이야기한다. 『논어』 '學而 15'는 이에 대한 풀이다.

　자공은 말했다. "가난하지만 비굴하게 아첨〔諂〕을 하지 않는 것(사람)과 부유하지만 교만〔驕〕하지 않는 것(사람)은 어떠합니까?"
　공자는 말했다. "그것도 좋다. 허나 가난하지만 즐거이 살 줄 아는 것(사람)과 부유하지만 예를 좋아하는 것(사람)에는 비할 바가 못 된다."
　자공은 말했다. "『시경』에 '잘라내 문지르듯, 갈듯, 쪼고 다듬듯, 그리고 또 갈듯'이라 하였으니 아마 스승님께서 말씀하시려는 바를 말하는 것 같습니다."

공자는 말했다. "사(賜)야! 비로소 (너와) 더불어 시를 말할 수 있게 되었다. 이미 지나간 것을 일깨워주자 앞으로 올 것도 아는구나!"

자공(子貢)은 성이 단목(端木)이고 이름은 사(賜)로 공자의 제자이다. 그는 먼저 "가난하지만 비굴하게 아첨(諂)을 하지 않는 것(사람)과 부유하지만 교만(驕)하지 않는 것(사람)은 어떠합니까?"라고 묻는다. 바로 앞 장에서 공자가 포식(飽食)을 추구해서도 안 되고, 편안하게 거처하는 것(安居)을 구하려 해서도 안 된다고 하자 가난한 경우와 부유한 경우를 각각 비굴(諂), 교만(驕)과 연결 지어 추가적인 질문을 던진 것이다. 자공은 『논어』에서 종종 공자의 답변을 더욱 정교하게 만드는 질문을 던지는 역할을 떠맡는다.

물론 자공이 던진 이 두 가지 경우(혹은 사람)는 누가 봐도 다 좋다는 평을 들을 수 있다. 그러나 공자는 여기서 한 걸음 더 나아가는 경지를 제시함으로써 자공의 (질문) 수준이 아직 낮은 단계에 있음을 은근히 일깨워준다.

공자는 일단 "그것도 좋다(可也)"고 인정하면서도 "허나 가난하지만 (도에 따라) 즐거이 살 줄 아는 것(사람)과 부유하지만 예를 좋아하는 것(사람)에는 비할 바가 못 된다"고 답한다. 뒤에서 보게 되겠지만 가난하면서도 즐거이 살 줄 아는 대표적인 인물이 바로 제자 안회다.

공자는 말했다. "어질구나, 안회여! 하나의 대그릇에 담은 밥과 하나의 표주박에 담은 음료만으로 누추한 삶을 살아갈 경우 일반 사람들은 그 근심을 견뎌내지 못하는데 안회는 늘 한결같아 마음의 즐거움을 조금도 바꾸려 하지 않는다. 어질구나, 안회여!"('雍也 9')
옹야

주희는 자공의 질문이 그 자신의 삶을 요약해서 물은 것이라고 풀이한다. 자공은 처음에는 가난하다가 뒤에 부를 이룬 인물이다. 그로서는 가난할 때 아첨하지 않았고 지금은 부유하지만 교만을 경계하니 이 정도면 괜찮은 것 아닙니까, 라고 물은 것이고, 이에 공자는 간접적으로 '아직은 멀었다'고 답했다는 것이다. 상당히 생생한 풀이라는 점에서 설득력이 있다.

공자는 작은 차이 같지만 그것이 큰 차이임을 보여주었고, 예리한 자공도 이 점을 간파하고서 다시 묻는다. 그것은 재차 자신이 공자의 지적사항을 정확히 받아들였는지를 확인하기 위한 물음이다.

여기서 그 유명한 切磋琢磨가 나온다. 이것은 옥을 가다듬는 절차다. 옥은 흔히 군자에 비유되곤 한다. 切은 끊다, 베다, 자르다, 문지르다, 갈다 등의 뜻을 갖고 있다. 여기서는 필요한 도구를 만들기 위해 뼈를 잘라내 문지른다의 뜻 정도로 새기면 된다. 磋는 의논하다, 토의하다, 연구하다는 뜻 외에 갈다의 뜻을 갖고 있다. 여기서는 切과 비슷한 의미로 옥이나 뿔을 간다의 뜻으로 보면 된다. 琢은 다듬다, 닦다, 연마하다, 쪼다, 꾸미다, 골라 뽑다 등의 뜻을 갖고 있는데, 여기서는 옥(玉) 같은 것을 쪼고 다듬고 간다는 뜻이다. 磨에는 갈다, 닳다, 고생하다, 맷돌 등의 뜻이 있는데, 여기서는 말 그대로 뼈, 뿔, 옥, 돌 등의 표면을 간다는 뜻이다. 결국 자공은 『시경』에 나오는 '잘라내 문지르듯, 갈듯, 쪼고 다듬듯, 그리고 또 갈듯〔如切如磋 如琢如磨〕'이라는 구절을 끌어들여 자신이 미처 깨닫지 못했던 바, 즉 공자가 지적하려는 바가 바로 이것이 아니냐고 묻고 있는 것이다. 어떤 일을 함에 적당히 하는 게 아니라 절실함과 열렬함〔誠〕이 극진하도록 하라는 뜻 아닙니까라고 물은 것이다. "선생님이 말씀하시려고 하는 것이 아마〔其〕 이 『시경』의 구절이 말하려는 바인 것 같습니다〔其斯之謂與〕." 묻지를 않고 이렇게 어느 정도 단정했다는 것은 자공도 나름대로 자신 있게 공자의 의중을 파악했다는 뜻이다. 그러나 與가 있는 것으로 보아 강한 확신의 단계로 보기는 힘들다. 與에는 의문이나 추측의 뜻이 들어 있기 때문이다.

　공자의 화답(和答)이 이어진다. "사(賜)야! 비로소〔始〕(너와) 더불어〔與〕 시(詩, 곧 『시경』)를 말할 수 있게 되었다. 이미 지나간 것〔諸往〕을 일깨워주자〔告〕 앞으로 올 것〔來者〕도 아는구나!" 공자는 좀 더 적극적으로 사고하고 행동하기를 권유했고, 이에 자공이 바로 알아듣고서 한 걸음 더 나아가 절실함과 정성스러움〔切磋琢磨〕의 중요성을 파악해 내자 흡족해하고 있는 것이다.

　공자는 뒤에서 보게 되겠지만 시, 특히 『시경』을 아는 것을 예악(禮樂)으로 들어가는 첫걸음이라고 생각했다. 그랬기 때문에 자공의 대답이 더욱 마음에 들었다. 시를 활용할 줄 안다고 보았기 때문이다. "이미 지나간 것을 일깨워주자 앞으로 올 것도 아는구나!"라는 공자의 칭찬이 바로 그것이다. 이런 풀이는 우리의 맥락에도 그대로 적용된다.

그런데 흥미롭게도 여기서는 切磋琢磨 한 자 한 자의 구체적인 의미를 풀어내고 있다. 먼저 '잘라놓은 듯하고 간 듯하며〔如切如磋〕'는 도리를 배우는 것〔道學〕이고, 다음으로 '쪼아놓은 듯하고 문지른 듯하다〔如琢如磨〕'는 스스로를 닦는 것〔自修=修己〕이다. 이런 풀이는 좀 더 이어진다. '빈틈없고 굳세며〔瑟兮僩兮〕'는 두려워 조심하는 마음〔恂慄〕이고, '빛나고 부드러우니〔赫兮喧兮〕'는 겉으로 드러나는 위엄〔威儀〕이며, 끝으로 '광채 나는 군자여 끝내 잊을 수가 없구나!〔有斐君子 終不可諠兮〕'는 다움이 성하고 좋음이 지극함에 이르러 백성들이 그것을 결코 잊지 못함을 뜻한다는 것이다. 참고할 만하다.

끝으로 다시 한 번 『시경』의 짧은 구절 하나를 인용한 다음 그것을 풀이하는 것으로 '傳 3章'을 결론짓는다. 먼저 『시경』의 '周頌 烈文' 편을 인용한다. '아아〔於戱〕! 선왕을 잊지 못하겠노라!' 於戱는 嗚呼와 같은 감탄사다. 여기서 선왕이란 문왕과 무왕이다. 선왕을 잊지 못하는 이유에 대해서는 바로 풀이가 나온다. "군자는 현명한 자를 제대로 알아보고서 그에 걸맞게 대우를 하고, 친족들에 대해서는 친분에 걸맞게 친히 대우한다. 반면 소인은 즐거움을 즐기고 이로움에서 이득을 얻는 데 능할 뿐이다. 이 때문에 (군자였던 선왕이) 이 세상에 없는데도 불구하고 잊지를 못한다." 오랫동안 잊지 못하는 것 또한 止의 의미에 포함된다는 뜻이다.

이 구절에 대해 주희는 군자를 후대의 임금, 소인을 후대의 백성으로 보아 군자는 (선왕의) 어짊을 어질게 여기고 그 친함을 친하게 여긴다는 식으로 본다. 그것은 논리 자체가 억지스럽다. 賢賢親親은 그 누구보다 문왕이나 무왕이 생전에 가장 잘했던 치적이며, 따라서 높은 평가를 받는 근본적인 이유다. 이러했기 때문에 군자에다가 성군의 소리를 들었고, 그렇기 때문에 그들이 떠나간 후에도 두고두고 잊히지 않는 것이다. 여기서 우리는 군자를 곧 문왕이나 무왕으로 보고자 한다.

"군자는 현명한 자를 제대로 알아보고서 그에 걸맞게 대우를 하고, 친족들에 대해서는 친분에 걸맞게 친히 대우한다. 반면 소인은 즐거움을 즐기고 이로움에서 이득을 얻는 데 능할 뿐이다〔君子賢其賢而親其親 小人樂其樂而利其利〕."

이 구절은 『논어』 '里仁 16'에 대한 풀이로 보아도 될 정도로 문맥이 상통한다.

공자는 말했다. "군자는 의리에서 깨닫고, 소인은 이익에서 깨닫는다."

이 장에서 공자는 다시 한 번 군자와 소인의 행태를 비교함으로써 군자가 가야 하는 길을 정리한다. 즉 군자는 의리〔義〕나 의로운 행위를 보면서 스스로 느끼는 바가 있어 군자가 가야 할 길〔道〕을 깨닫는다면, 소인은 이익〔利〕이 되는 행위를 보면서 스스로 느끼는 바가 있어 소인의 길을 깨닫는다는 것이다. 교차해서 풀이하자면 군자는 소인이 중시하는 이익(利)이 하찮아 보이고, 반대로 소인은 군자가 중시하는 의리(義)가 쓸데없는 짓으로 보인다는 뜻도 된다.

선왕들은 군자의 길을 갔기 때문에 오랫동안 잊히지 않는다는 말이다. 그렇다고 굳이 주희의 풀이가 틀렸다고 볼 필요는 없다.

전 4장

子曰 聽訟 吾猶人也 必也使無訟乎 無情者不得盡其辭 大畏民志 (此謂
자왈 청송 오유인야 필야사무송호 무정자 부득 진 기사 대외 민지   차 위
知本)
지본

공자는 말했다. "송사를 듣고서 결단을 내리는 일은 내가 한다 해도 다른 사람들과 크게 다르지 않겠지만 정작 나의 관심은 송사 처결을 잘하는 것보다는 반드시 송사를 처음부터 하지 않도록 하는 데 있다." (선후본말을 가릴 줄 몰라) 일을 모르는 사람은 자신의 말을 제대로 행할 수 없다. (그래서) 백성의 뜻을 크게 꺼려 하게 된다. (이를 일러 근본을 안다고 말한다.)

여기서 증자는 공자가 『논어』 '顏淵 13'에서 했던 말을 그대로 인용한 다음 그 뜻을 풀이하고 있다. 우리는 바로 '顏淵 13'으로 가보자. 그런데 '顏淵 13'만 따로 떼어내서 보기보다는 그것이 나오게 된 맥락을 간략하게 본 후에 '顏淵 13'을 봐야 더 정확하게 내용을 파악할 수 있다. 그것은 공자가 정사 혹은 정치〔政〕를 이야기하면서 나온 것이다. 먼저 '顏淵 11'을 보자. 그 풀이는 앞에서 살펴본 바 있다.

제나라 경공이 공자에게 정치하는 법〔政〕에 관해 묻자 공자는 이
렇게 대답한다. "임금은 임금다워야 하고 신하는 신하다워야 하며
〔君君臣臣〕, 아버지는 아버지다워야 하고 자식은 자식다워야 합니
다〔父父子子〕."
  이 말을 들은 경공은 이렇게 말한다. "좋은 말이다. 진실로 임금
이 임금답지 못하고 신하가 신하답지 못하고, 아비가 아비답지 못
하고 자식이 자식답지 못하면 제아무리 곡식이 많이 있다 한들 내
가 그것을 먹을 수 있겠는가?"

  그렇다. 君君臣臣父父子子를 통해 다움〔德〕을 이야기했던 그 장이
다. 그리고 나서 법치〔刑〕와 덕치〔德〕의 차이를 보여주기 위해 법치의
사례로서 자로의 경우를 언급하는 것이 '顔淵 12'다.

  공자는 말했다. "한 마디도 안 되는 말로 판결을 내려도 사람들
이 믿고 따르게 할 수 있는 자는 아마도 자로일 것이다."
  자로는 일단 말로 내뱉으면 묵혀두는 일이 없었다.

  옥사나 송사는 아무래도 관련당사자들의 입장이 엇갈리기 때문
에 양쪽이 모두 흡족할 만한 판결을 내리는 것이 쉽지 않다. 그래서
어떤 결정을 내리건 그것은 지루할 정도로 길어지기 마련이다. 그
런데 한 마디도 안 되는 말로 판결을 내려도 사람들이 믿고 따르게
할 수 있는 인물로 공자는 제자 자로(子路, 由)를 지목한다.

그리고 공자는 자로를 이처럼 높이 평가하는 이유를 덧붙인다. "일단 말로 내뱉으면 묵혀두는〔宿〕 일이 없었다." 자로의 말에는 그만큼 강한 믿음을 주는 힘이 있었다는 뜻이다.

정치〔政〕에 대해 이야기하다가 갑자기 송사니 믿음〔信〕이니 하는 문제가 튀어나온 이유는 바로 다음 장에서 확인할 수 있다. 얼핏 보면 이 장은 자로의 충신(忠信)함에 대한 칭찬이지만, 바로 다음 장을 보면 꼭 그렇지만은 않다는 것을 알게 될 것이다. 이 장이 바탕〔質〕에 강조점이 있다면 다음 장은 애씀과 바탕〔文質〕을 함께 강조하고 있다. '顔淵 13'이다.

공자는 말했다. "송사를 듣고서 결단을 내리는 일은 내가 한다 해도 다른 사람들과 크게 다르지 않겠지만 정작 나의 관심은 송사 처결을 잘하는 것보다는 반드시 송사를 처음부터 하지 않도록 하는 데 있다."

이 장은 사실 바로 앞 '顔淵 12'에 붙여도 상관이 없을 만큼 내용이 이어진다. 그것이 『논어』 편찬자의 의도일 것이다.

공자는 송사를 듣고서 결단을 내리는 일은 자신이 한다 해도 (자로나 그 밖의 뛰어난) 다른 사람들과 크게 다르지 않겠지만 정작 자신의 관심은 송사 처결을 잘하는 것보다는 반드시 송사를 처음부터 하지 않도록 하는 데 있다고 말한다. 송사가 일어나는 뿌리부터 치유하는 데 자신의 관심이 있다는 것이다. 그것은 정치의 문제다. 바른 정치가 이루어진다면 불필요한 송사는 절로 없어질 수 있다는 것이다. '顔淵(안연) 12, 13'이 합쳐져서 다시 정(政)은 정(正), 그리고 정명(正名)의 문제에 연결되고 있다.

다시 말해 자로는 믿음[信(신)], 즉 바탕[質(질)]에서는 문제가 없었지만 애씀과 바탕이 조화를 이루는 文質彬彬(문질빈빈)에는 이르지 못했다. 지금 공자가 보여주는 경지가 바로 文質彬彬(문질빈빈)의 경지다. 사람의 품성뿐만 아니라 올바른 정치의 길 또한 文質彬彬(문질빈빈)이 해법임을 강조하고 있는 것이다.

아마도 文質彬彬(문질빈빈)이라 하면 다소 낯설게 느끼는 사람들이 많을 것이다. 그러나 이 개념은 공자의 생각을 이해하는 근본 중의 근본이라 해도 과언이 아니다. 일단 『논어』에 한정하여 간략하게나마 이 개념을 정리하고 넘어가자. '雍也(옹야) 16'이다.

공자는 말했다. "바탕이 꾸밈(애씀)을 이기면 거칠고 꾸밈(애씀)이 바탕을 이기면 번지레하니, 바탕과 꾸밈(애씀)이 잘 어우러진 뒤에야 군자가 될 수 있다."

공자는 여기서 군자의 자질을 사람됨의 바탕[質(질)]과 겉으로 열렬하게 드러나는 면[文(문)]을 비교하면서 군자를 정의한다.

공자는 바탕[質(질)]이 애씀[文(문)]보다 앞서면 거칠다[野(야)] 하고, 애씀[文(문)]이 바탕[質(질)]을 누르면 번지레하다[史(사)]고 말한다. 예를 들어 배우지 않고서도 선천적으로 어질고 선한 사람이 있다면 그는 촌스러운〔野〕사람이다. 공자는 이런 사람일수록 배움이 더해져야 한다고 본다. 만일 이런 사람이 타고나기를 어질고 선하다고 하여 배우지 않는다면 결코 군자에 이를 수 없다. '學而 6'은 바로 이 점을 말한 것이었다.

공자는 말했다. "어린 사람들은 집에 들어오면 효도하고 밖에 나가면 공순하며, 행실을 삼가고 말에는 믿음이 담겨야 하며, 널리 사람들을 사랑하되 어진 이를 가까이 (하는 것을 배우려) 해야 한다. 이런 일들을 몸소 익혀 행하면서도 남은 힘이 있거든 그때 가서 문(文)을 배우도록 하라."

통상 學文을 '글을 배우라'고 옮기는데 명백한 오역이다. 이 맥락에서 보면 '글을 배우도록 하라'보다는 문질(文質)의 맥락에서 말 그대로 '문(文)을 배우도록 하라'고 하는 게 더 적합한지 모른다. 공자가 말한 첫 문장이야말로 말 그대로 인간의 바탕〔質〕을 구체적으로 설명하는 대목이기 때문에 질(質)이 갖춰진 다음에 문(文)을 배우라는 뜻으로 봐야 한다. 그것은 곧 애씀 혹은 애쓰는 법〔文〕을 배운다는 것이다.

여기서 史란 주희에 따르면 견문이 많고 일에 익숙하나 열렬함〔誠〕이 부족한 것이라고 한다. 이때의 誠이란 단순히 성실 정도의 의미가 아니라 매사에 혼신의 힘을 다하는 열렬함이다. 史란 번지레하다는 말이다. 자칫 바탕은 없이 애쓰기만 한다면 번지레하다는 지적을 받기 마련이다. 따라서 어느 쪽으로 치우치지 않고 고루 갖추어야만 君子(군자)에 이를 수 있다고 말한다. '學而(학이) 7'은 자연스럽게 애씀〔文(문)〕을 익힌 사람의 모습이 어떠한 것인지를 보여주는 장으로 볼 수 있다.

자하는 말했다. "어진 이를 어질게 여기기를 여색(女色)을 좋아하는 마음과 바꿔서 하고, 부모 섬기기를 기꺼이 온 힘을 다하며, 임금 섬기기를 기꺼이 온몸을 다 바쳐 하고, 벗과 사귀기를 일단 말을 하면 반드시 책임을 져 믿음을 주는 식으로 하는 사람이 있다면 그 사람이 비록 배우지 않았더라도 나는 반드시 그 사람이 (애씀〔文(문)〕을) 배웠다고 말할 것이다."

이중에서 '여색을 좋아하는 마음과 바꿔서 하고〔易色(역색)〕', '기꺼이 온 힘을 다하며〔能竭其力(능갈기력)〕', '기꺼이 온몸을 다 바쳐 하고〔能致其身(능치기신)〕', '반드시 책임을 져 믿음을 주는 식으로 하는〔言而有信(언이유신)〕' 등이 바로 애씀〔文(문)〕이며 열렬함〔誠(성)〕이다. 간단히 말하면 『논어』는 애씀〔文(문)〕에 관한 책이고, 『중용』은 열렬함〔誠(성)〕에 관한 책인데 둘은 결국 통한다. (이 점에 대해서는 졸저 『논어로 중용을 풀다』를 참고하기 바란다.) 결국 바탕〔質(질)〕과 애씀〔文(문)〕은 '學而(학이) 6, 7'에 이미 알기 쉽게 설명돼 있었다.

얼핏 보면 文質彬彬(문질빈빈)을 다루는 이 '雍也(옹야) 16'은 앞에서부터 이어지고 있는 곧음〔直직〕의 문맥에서 약간 돌출한 듯이 보인다. 그러나 조금만 더 생각해 보면 '雍也옹야 16'은 여전히 곧음〔直직〕의 문맥에 속해 있다는 것을 확인하게 된다. '顔淵안연 8'에는 文質문질의 개념을 훨씬 정확하게 알 수 있는 사례가 나온다.

극자성이 말했다. "군자라면 바탕〔質질〕만을 중시하면 되지 꾸밈〔文문〕은 어디다 쓰겠는가?"
이에 자공이 말했다. "안타깝구나! 그대의 말이 군자답기는 하나 말조심하는 게 좋을 듯하다. 꾸밈은 바탕과 같고 바탕은 꾸밈과 같으니 호랑이나 표범의 생가죽이 개나 양의 생가죽과 같은 것이다."

위(衛) 나라 대부 극자성은 노골적으로 바탕을 강조한다. '雍也옹야 1'에 나오는 자상백자와 같은 주장이다.

공자는 말했다. "중궁은 군주의 자리를 능히 맡을 만하다."
중궁이 자상백자에 대하여 묻자 공자는 말했다. "그의 대범 소탈함도 (군주의 자리를 맡기에) 괜찮다."
이에 중궁이 말했다. "마음은 늘 경건하게 하면서 행동은 대범 소탈하게 하여 이로써 그 백성들을 대한다면 남면할 만한 자질이 있다고 할 수 있지 않겠습니까? (그런데) 마음을 대충대충 하면서 행동도 대범 소탈하게 한다면 그것은 지나치게 대범 소탈한 것이 아니겠습니까?"

공자는 말했다. "중궁의 말이 옳다."

다시 '顔淵 8'이다. 어쩌면 바탕(質)을 강조하는 것은 곧음(直)과 통한다. 그러나 앞서 보았듯이 공자는 바탕이 애씀과 잘 어우러져야 군자가 될 수 있고, 곧음도 곧기만 해서는 안 되고 예(禮)를 통해 절제되고 다듬어져야 한다고 보았다. '泰伯 2'에서 공자는 '곧되 예가 없으면 강퍅해진다(直而無禮則絞)'고 말한다.

文質이라는 척도는 사람을 판단할 때뿐만 아니라 사물을 판단할 때도 핵심적인 역할을 한다. 예를 들면 인(仁)이 질(質)이면 예(禮) 혹은 예악은 문(文)이 된다. 그리고 예(禮)만 놓고 볼 때는 정성스러운 마음이 질(質)이라면 격식은 문(文)이 된다. 공자는 사람이건 사물이건 文質이 골고루(彬彬) 갖춰져야 가장 바람직하다고 보았지만 굳이 둘 중 하나를 선택하라면 조금은 質에 우선을 두는 입장이었다. 이 점을 보여주는 몇 가지 사례를 보자. 특히 '八佾' 편에는 文보다 質을 중시하는 듯이 보이는 공자의 발언들이 다수 나온다.

공자는 말했다. "사람이 어질지 못한데 예를 행한들 무엇할 것이며, 사람이 어질지 못한데 음악을 행해서 무엇할 것인가?" ('八佾 3')

임방이 공자에게 예의 근본을 물었다. 공자는 그 질문이 훌륭하다고 칭찬한 다음 이렇게 말했다. "예제를 행할 때 사치스럽게 하기보다는 차라리 검박하게 하는 것이 낫고, 상제를 행할 때도 형식적인 겉치레에 치우치느니 차라리 진심으로 슬퍼함이 낫다." ('八佾 4')

자하가 물었다. "'예쁜 웃음에 보조개가 뚜렷하고 아름다운 눈에 눈동자가 선명하도다. 하얀 본바탕에 화려한 꾸밈이 가해져 더욱 빛나는구나!'라는 시는 무슨 뜻입니까?"
공자는 말했다. "그림 그리는 일은 흰 비단을 마련한 후에 이뤄진다."
자하가 말했다. "예가 (인이나 충신보다는) 뒤에 있겠군요."
공자는 말했다. "나를 흥기시키는 자는 자하이구나! 이제 비로소 너와 더불어 시를 논할 수 있겠다." ('八佾 8')

공자는 말했다. "예다, 예다 하지만 그것이 옥과 비단을 말하는 것이겠는가? 악이다, 악이다 하지만 그것이 종과 북을 말하는 것이겠는가?" ('陽貨 11')

文質의 틀을 통해 살필 수 있는 구절들은 수없이 많다. 그만큼 중요한 틀이다. 일단 이 정도면 文質이 어떤 개념이며 그것이 공자나 『논어』 혹은 사서를 이해하는 데 얼마나 중요한지를 충분히 알았을 것으로 본다.

이제 우리는 공자의 발언에 대한 증자의 풀이를 살펴보자. 일단 내용을 무시하고 원문을 직역하면 이렇다. '무정자(無情者)는 그 말한 바〔辭〕를 다 (행)할 수 없어 백성의 뜻을 크게 두려워한다. 이를 일러 근본을 아는 것〔知本〕이라 한다.'

무슨 말인지 알 수 없을 만큼 상당히 어렵다. 그런데 주희의 풀이는 더 어렵고 억지스럽다. "(성인이) 실정이 없는 자〔無情者〕가 그 헛된 말〔辭〕을 다하지 못하게 하는 것은 (나의 明德이 이미 밝아져서 자연히) 백성의 심지(心志)를 두렵게 하고〔畏〕 복종시킴〔服〕이 있기 때문에 쟁송을 다스릴 필요 없이 쟁송이 저절로 없어짐을 말한 것이다. 이 말씀을 본다면 본말(本末)의 선후(先後)를 알 수 있을 것이다."

그나마 주희의 풀이 중에서 얻을 수 있는 소득은 이 장이 '선후본말(先後本末)'에 관한 언급이라는 사실 하나뿐이다.

우리가 하고 있는 『논어』에 의한 풀이에 입각하면 자로를 언급한 '顔淵 12'는 후(後) 내지 말(末)이고, 공자 자신의 사례를 이야기한 '顔淵 13'은 선(先) 내지 본(本)이다. 이렇게 되면 공자의 언급까지는 풀이가 된 셈이다. 문제는 증자가 말했을 것으로 보이는 뒷부분이다.

無情者不得盡其辭 大畏民志 (此謂知本)
무정자 부득 진 기사 대외 민지 차 위 지본

우선 無情者부터 풀어보자. 주희는 情을 實이라고 풀이한다. 그래서 국내의 주요 번역서들은 無情者를 '실정이 없는 자' 정도로 풀이한다. 하지만 이는 그냥 無情者를 낱말만 풀어놓은 것이지 정확한 의미의 번역이라고는 할 수 없다. 결론부터 말하면 無情者는 일(事=物)을 모르는 사람이다. 일을 모른다는 것은 일의 선후(先後)와 본말(本末)을 모른다는 것이다. '經 1章'의 관련 구절을 다시 한 번 읽어보는 것으로 無情者의 의미는 충분히 알 수 있다.

천자로부터 아래로는 일반 백성에 이르기까지 일체 다 수신을 근본으로 삼는다. (왜냐하면) 그 근본이 (바로 서지 않아) 어지러운데 곁가지(末)가 제대로 다스려지는 경우는 없고, 두텁게 해야 할 것을 엷게 하고 엷게 해도 되는 것을 두텁게 하는 일은 있어서는 안 된다.

정리하자면 일의 선후본말을 모르는 사람이 바로 無情者다. 이제 不得盡其辭를 풀 차례다. 거두절미하고 이 구절만 풀면 '그 말을 다(행)할 수 없다'는 뜻이다. 不得은 '~할 수 없다'는 뜻이고, 盡은 '~를 다하다'이다. 문제는 辭다. 주희는 이를 헛된 말(其虛誕之辭)이라고 풀었다. 물론 결과적으로 보자면 그런 사람이 하는 말은 제대로 지켜지지(盡) 못할(不得) 것이기 때문에 헛된 말이라고 할 수 있지만 미리 그렇게까지 의역을 할 필요는 없지 않을까?

이렇게 해서 이제 우리는 無情者不得盡其辭까지는 풀었다. "(선후본말을 가릴 줄 몰라) 일을 모르는 사람은 자신의 말을 제대로 행할 수 없다."

문제는 大畏民志다. 이 부분을 억지로라도 풀다 보니 주희는 無情者 不得盡其辭까지도 가상의 주어(主語) 성인(聖人)을 끌어들여 문장

전체를 희한하게 의역했던 것으로 보인다. 그러나 상식적으로 보면 이 글의 전체 주어는 無情者(무정자)다. 두려워하는 것도 주희의 풀이처럼 '백성의 심지'가 아니라 無情者(무정자)다.

결국 畏(외)를 어떻게 보느냐에 따라 전체 문장의 풀이는 완전히 달라진다. 일단 畏(외)의 사전적인 뜻부터 알아보자. 두려워하다, 경외하다, 꺼리다, 심복(心服)하다, 조심하다, 으르다, 위협하다, 죽다, 두려움 등등.

긍정적으로는 '두려워하다'로 볼 수 있다. 예를 들어 『논어』 '季氏(계씨) 8'에서 공자는 이렇게 말한다.

> "군자에게는 두려워해야〔畏(외)〕할 세 가지가 있다. 천명을 두려워해야 하고, 대인을 두려워해야 하고, 성인(聖人)의 말씀을 두려워해야 한다."

이때의 畏(외)는 그것은 존숭(尊崇)한다는 말이다. 아마도 주희는 大畏民志(대외민지)도 그런 의미로 파악한 것 같다.

그러나 부정적 의미에서 '꺼리다'로 보면 모든 문제는 해결된다. 大畏民志(대외민지)는 말 그대로 백성의 뜻을 크게 꺼려 한다고 보면 되는 것이다.

이제 모두 연결해서 다시 풀어보자. '(선후본말을 가릴 줄 몰라) 일을 모르는 사람은 자신의 말을 제대로 행할 수 없다.' (그래서) '백성의 뜻을 크게 꺼려 하게 된다.'

전 5장

此謂 知之至也
차위 지지지야

間嘗竊取 程子之意 以補之曰 所謂致知在格物者 言欲致吾之知 在卽
간상절취 정자지의 이보지왈 소위 치지재격물자 언욕치오지지 재즉

物而窮其理也 蓋人心之靈 莫不有知而天下之物 莫不有理 惟於理有未窮
물이궁기리야 개인심지령 막불유지이천하지물 막불유리 유어리유미궁

故其知有不盡也 是以大學始敎 必使學者卽凡天下之物 莫不因其已知之
고기지유부진야 시이 대학 시교 필사 학자 즉범 천하 지물 막불인 기이지 지

理而益窮之 以求至乎其極 至於用力之久 而一旦豁然貫通焉則衆物之
리이익궁지 이구지호기극 지어용력지구 이일단 활연 관통언즉 중물 지

表裏精粗無不到而吾心之全體大用 無不明矣 此謂 物格 此謂 知之至也
표리 정조 무 부도 이 오심 지 전체 대용 무 불명 의 차위 물격 차위 지지지야

이것을 앎이 (지극함에) 도달했다고 한다.

근간에 일찍이 정자의 뜻을 취하여 보충하여 말하기를, "이른바 앎을 지극히 한다〔致知〕는 것이 사물의 이치를 규명함〔格物〕에 있다"는 것은 나의 지식을 지극히 하고자 한다면 사물에 나아가 이치를 규명함에 있다는 것을 말한다. 무릇 사람의 마음이 영특해서 알아낼 수 없는 것은 없고 천하의 사물에는 반드시 이치가 있으니, 다만 이치를 끝까지 규명하지 않기 때문에 앎에도 미진함이 있는 것이다. 이 때문에 대학(大學)은 처음 가르침을 시작하면서 반드시 배우는 자들로 하여금 모든 천하의 사물로 나아가 이미 알고 있는 이치를 기반으로 해서 더욱 규명하여 그 극한에 이름을 구하도록 하는 것이다. 그리하여 힘쓰기를 오래하여 하루아침에 두루두루 관통하게 되면 모든 사물의 겉과 속, 정밀

과 거침이 다 드러나게 되고 내 마음의 전체 작용도 밝지 않음이 없을 것이니 이를 일러 사물을 규명한다〔格物〕고 하고, 이것을 앎이 (지극함에) 도달했다고 한다.

이 장은 원래 격물(格物)과 치지(致知)를 이야기해야 하는데 내용이 다 빠지고 맨 마지막에 있는 此謂 知之至也만이 남아 있다. 그래서 주희가 정이천(程伊川)으로부터 배운 바에 바탕을 두고서 대략 이러하리라고 추정을 하여〔間嘗竊取 程子之意 以補之曰〕만들어 낸 내용이다. 따라서 엄밀하게 말하면 진짜 본문은 아니다. 다만 주희가 어떤 식으로 추정하였는지 정도를 확인하는 차원에서 별도의 해설은 없이 최대한 정교하게 번역하는 것으로 격물과 치지의 문제를 짚어볼까 한다.

아마도 읽어보면 원전이라기보다는 역시 일종의 해설에 불과하다는 것을 알게 될 것이다.

전 6장

所謂 誠其意者毋自欺也 如惡惡臭 如好好色 此之謂自謙 故君子必愼
소위 성 기의 자무 자기 야 여 오 악취 여 호 호색 차 지위 자겸 고 군자 필신

其獨也
기독 야

小人閒居爲不善 無所不至 見君子而后厭然 揜(掩)其不善而著其善 人
소인 한거 위 불선 무 소부지 견 군자 이후 염연 엄 엄 기 불선 이 저 기선 인

之視己 如見其肺肝然則何益矣 此謂 誠於中 形於外 故君子必愼其獨也
지 시 기 여 견 기 폐간 연즉 하익 의 차위 성 어중 형 어 외 고 군자 필신 기독 야

曾子曰 十目所視 十手所指 其嚴乎 富潤屋德潤身 心廣體胖 故君子必
증자 왈 십목 소시 십수 소지 기 엄 호 부윤 옥 덕 윤신 심 광 체 반 고 군자 필

誠其意
성 기의

　이른바 그 뜻을 열렬하게 한다는 것은 자신을 기만하지 않는 것이다. (그리고) 악취를 싫어하듯이 (악을 행하는 것을 싫어)하고 여색을 좋아하듯이 (선을 행하는 것을 좋아)하는 것을 일러 자족이라 부른다. 그러므로 군자는 반드시 그 홀로를 삼가는 것이다.

　(반면) 소인은 한가로이 (홀로) 거처할 때는 선하지 못한 일을 행하며 못하는 짓이 없다가도 군자를 만난 뒤에는 겸연쩍어하면서 자신의 선하지 못함을 숨기고 (억지로라도) 자신의 선함을 드러내지만 사람들이 그를 알아보기를 마치 자신들의 폐부(肺腑)를 들여다보듯이 할 것이니, 그렇다면 도대체 (그 소인에게는) 무슨 이익이 있겠는가? 이것을 일러 중도에 이르려고 열렬함을 다하는 것이며 (이는 아무리 위장하려 해도) 겉으로 모양이 다 드러남이라고 한다. 그러므로 군자는 반드시 그

홀로를 삼가는 것이다.

증자는 말했다. "열 개의 눈이 보는 바이며 열 개의 손가락이 가리킨다. 무섭도다." 재물이 집을 윤택하게 해준다면 덕(德)은 우리 몸과 마음을 윤택하게 해준다. (따라서 신독을 통해 덕을 쌓으면) 마음은 넓어지고 몸은 (당당하기 때문에) 쫙 펴진다. 고로 군자는 반드시 그 뜻을 열렬하게 해야 한다.

먼저 성의(誠意)에 대해 이렇게 정의한다. "이른바 그 뜻〔意〕을 열렬하게 한다라는 것은 자신을 기만하지 않는 것이다." 여기서의 뜻은 좁혀서 말하면 도리〔道〕를 향한 뜻을 말한다. 그런 뜻에 열렬함을 다한다는 것은 곧 자기기만〔自欺〕을 절대 하지 않는 것〔毋〕이다. 毋는 강한 의미에서 말라, 없다 등을 뜻한다.

오랜만에 『중용』의 도움을 받아보자. 마침 『논어』에는 신독(愼獨)을 직접 이야기하는 부분이 없기 때문이기도 하다. 『중용』 제1장에 나오는 구절이다.

도리〔道〕라는 것은 잠시도〔須臾〕 떠날 수 없는 것이니, 떠날 수 있으면 도리가 아니다. 이런 까닭으로 군자는 그 보이지 않는 것〔所不睹〕에도 경계하여 삼가며, 그 듣지 못하는 것 혹은 귀로 들리지 않는 것〔所不聞〕에도 두려워하고 또 두려워한다.

이에 대해서는 『논어』의 도움을 받아 이렇게 풀어볼 수 있다. 앞서 말한 도리(道)에 대한 논의가 이어진다. 須臾는 잠시(暫時)라는 뜻으로 순간(瞬間)을 의미한다. 도리라는 것은 단 한 순간도 우리 몸에서 떠나서는 존재할 수 없다는 의미이다. 그래서 우리 몸을 떠나 있거나 그 성질상 떠날 수 있는 것이면 아예 도리라고 부를 수 없다는 뜻이다.

『논어』에서 말하는 도란 한 마디로 정의하기가 힘들다. 예를 들면 임금이 임금다워지려면(君君) 임금의 도를 갈고닦아야 한다. 이때의 도는 덕(德)과 통한다. 德이란 다움을 뜻하기 때문이다. 신하 또한 신하다워지거나 신하로서의 다움을 갖춰야 하는데 그것이 바로 신하가 마땅히 가야 할 길(道)이다. 동시에 道는 어짊(仁)과도 통한다.

'雍也 25'에서 공자는, 군자는 학문을 널리 해야 하고 이를 예(禮)로써 다잡으면 도(道)에 어긋나지 않을 것이라고 말한다. 같은 이야기가 '顏淵 15'에서 똑같이 나온다. 순서상으로 보자면 도가 있고 그에 관한 학문탐구가 이뤄지고 그것을 요약해서 예(禮)로 정립하는 것이 된다(學而時習). 결국 도(道)의 세계는 생각에 사사(私邪)로움이 없는 사무사(思無邪)이고 그것이 어진 마음(仁)이며 이를 표현한 것이 시(詩)의 세계가 된다. '爲政 2'에서 공자가 말한 바로 그것이다.

"『시경』 삼백 수를 한 마디 말로 덮을 수 있으니, 곧 생각함에 사특(邪慝)함이 없다는 것이다."

이제 우리는 『논어』에서 어짊[仁]을 이야기한 다음 구절들을 도(道)에도 그대로 적용할 수 있다. '雍也 5'에서 공자는 제자 중에서 가장 어질었던[仁] 안회를 칭찬하며 이렇게 말한다.

"안회는 그 마음이 삼 개월 동안 인(仁)을 떠나지 않았고, 그 나머지 제자들은 하루나 한 달에 한 번 인에 이를 뿐이다."

여기서 삼 개월이란 실제로 정확히 삼 개월을 이야기하는 것은 아니고 그만큼 오랫동안 어짊의 상태를 몸에 갖고 있었다는 뜻이다. 반면 나머지 사람들은 순간적으로 인(仁)을 생각하지만 인은 곧 몸에서 떠나버렸다. '述而 29'에서 공자는 바로 지금 우리가 살피고 있는 문맥을 설명하듯 이렇게 말한다.

"인(仁)이 먼 것이겠는가? 내가 어질고자 하면 이에 어짊이 다가온다."

이는 곧 내가 어질고자 하지 않으면 그 순간 인은 내 몸에서 떠나버린다는 뜻이며 도(道) 또한 마찬가지다.

그러면 도를 조금이라도 오랫동안[久/長/恒] 내 몸에 머물게 하기 위해서는 어떻게 해야 하는가? 다음 문장은 바로 이 질문에 대한 답이다.

"군자(君子)는 그 보이지 않는 것〔所不睹〕에 경계하여 삼가며, 그 듣지 못하는 것 혹은 귀로 들리지 않는 것〔所不聞〕에도 두려워하고 또 두려워한다."

여기서 군자는 완성된 인격으로서의 군자라기보다는 군자에 이르고자 하는 사람, 혹은 도에 뜻을 둔 사람으로 풀이해야 의미상 모순이 되지 않는다. 여기서의 군자는 이제 막 도를 향해 떠나려는 사람을 뜻한다는 말이다. 보이지 않는 것, 들리지 않는 것도 경계하여 삼가고 두려워하고 또 두려워한다는 것은 그만큼 마음의 자세를 공경(恭敬)에 둔다는 의미이다. 공(恭)은 외적인 삼감이고, 경(敬)은 내적인 삼감이다. 삼가고 또 삼가는 마음을 가질 때 인이나 도는 바야흐로 내 몸에 깃들 수 있다. 『논어』에서 신(愼)은 주로 말을 삼가는 것과 관련이 된다. '學而 14'가 바로 그것이다.

"또 일을 할 때는 민첩하게 하고 말은 신중하게〔愼〕 해야 한다."

실은 언행(言行) 모두 신중하게 해야 한다.

다시 우리의 논의로 돌아가보자. 그 뜻을 열렬하게 다하는 것을, 자기기만〔自欺〕을 절대 하지 않는 것으로 연결했다. 이에 대해서는 주희의 풀이가 간명하다. "자기기만이란 선을 행하고 악을 제거해야 함을 알기는 하지만 마음에서 발하는 바가 진실〔實〕하지 못함이 있는 것이다."

그냥 악을 미워해서는 성의(誠意)하는 것이라고 할 수 없고, 그냥 선을 행하기를 좋아하는 것도 성의하는 것이라고 할 수 없다. 악취를 미워하듯 악을 미워하고, 여색을 좋아하듯 선을 행하기를 좋아해야 뜻을 열렬히 하다, 즉 성의하는 것이라고 할 수 있다. 이런 점에서 열렬함〔誠〕은 『논어』에서 가장 중요한 개념이라 할 수 있는 애씀〔文〕과 통한다. 『논어』의 '學而 6'과 '學而 7'을 비교하며 읽어보자. 먼저 '學而 6'이다.

공자는 말했다. "어린 사람들은 집에 들어오면 효도하고 밖에 나가면 공순하며, 행실을 삼가고 말에는 믿음이 담겨야 하며, 널리 사람들을 사랑하되 어진 이를 가까이 (하는 것을 배우려) 해야 한다. 이런 일들을 몸소 익혀 행하면서도 남은 힘이 있거든 그때 가서 문(文)을 배우도록 하라."

이제 '學而 7'을 볼 차례다.

자하는 말했다. "어진 이를 어질게 여기기를 여색(女色)을 좋아하는 마음과 바꿔서 하고, 부모 섬기기를 기꺼이 온 힘을 다하며, 임금 섬기기를 기꺼이 온몸을 다 바쳐 하고, 벗과 사귀기를 일단 말을 하면 반드시 책임을 져 믿음을 주는 식으로 하는 사람이 있다면 그 사람이 비록 배우지 않았더라도 나는 반드시 그 사람이 문(文)을 배웠다고 말할 것이다."

공자의 제자 자하의 이 말은 기본적으로 '學而 6'의 공자 발언에 대한 부연설명이다. 사실상 같은 의미라고 보아도 무방하다. 자하는 위(衛)나라 사람으로 이름은 복상(卜商)이며 공자의 10대 제자인 공문십철(孔門十哲)에 드는 공자의 대표적 제자 중 한 명이다. 증자가 내면의 성실을 강조한 반면, 자하는 겉으로 드러나는 예(禮)의 격식을 중히 여겼다는 평을 듣는다.

우선 자하의 말을 하나하나 분석해 보자. 그는 다음과 같은 네 가지 유형의 사람들에 대해서는 설사 그 사람이 배우지 않았다 하더라도 반드시〔必〕배웠다고 할 것이라고 말한다. 그 네 가지를 하나씩 살펴본다.

첫째, 賢賢易色이다. 먼저 賢賢은 '현자를 현자로 알아보고 그에 걸맞게 예우하는 것'이다. 현명하다〔賢〕는 어질다〔仁〕와 거의 비슷하다. 따라서 현명한 사람보다는 어진 사람이라고 옮기는 게 낫다. 어진 사람을 알아보지 못하는 것도 문제고 알아보더라도 그에 걸맞게 예우하지 못하는 것도 문제다. 앞서 공자가 말한 친인(親仁-어진 사람을 가까이 하고 배운다)이 어쩌면 현현(賢賢)과 같은 뜻인지 모른다.

둘째, 부모 섬기기를 기꺼이〔能〕온 힘을 다하여야〔竭力〕한다고 했다. 그만큼 자발적이고 적극적으로 하라는 뜻이다. 能竭力이 직설법이라면 易色은 비유법으로 둘 다 전심전력을 기울인다는 뜻이다. 성(誠)이다. 부모 섬기기에 대해서는 '里仁 18'에 보다 상세한 내용이 나온다. 공자의 말이다. "부모를 섬기되 (부모의 잘못이 있을 때)

은미하게 간해야 하니, 부모의 뜻이 내 말을 따르지 않음을 보더라도 더욱 공경하고 어기지 않으며, 수고로워도 원망하지 않아야 한다." 이것이 바로 능갈력(能竭力)하여 부모를 모시는 것이다.

셋째, 임금 섬기기를 기꺼이 온몸을 다 바쳐〔致身〕하라고 한 것도 같은 뜻이다.

넷째, 뜻이 같은 벗과 사귀기를 일단 말을 하면 반드시 책임을 져 믿음을 주는〔言而有信〕 것도 결국은 성심성의를 다해 벗과 사귀어야 한다는 것이다.

그리고 이런 네 가지를 절로 행하는 사람이 있다면 그 사람이 문(文)을 배우지 않았더라도 자하는 "그 사람이야말로 문을 배운 사람"이라고 자신 있게〔必〕 단언할 수 있다고 말하고 있다.

정약용은 이 글에서 자하의 전반적인 뜻이 배움〔學〕의 의미를 크게 중시하지 않은 데 있다고 본다. 배움보다는 그 내용을 실제 생활에서 실천에 옮기는 것이 더 중요하다는 것이다. 그래서 그는 이 구절의 의미를 열렬함〔誠〕과 연결 지어 이렇게 풀이한다. 우리의 문맥과 딱 들어맞는다.

"역색(易色)은 어진 이를 존경하는 데 성실히 하는 것이요, 갈력(竭力)은 어버이를 친애하는 데 성실히 하는 것이요, 치신(致身)은 높은 지위에 있는 이를 높이는 데 성실히 하는 것이요, 유신(有信)은 벗을 사귀는 데 성실히 하는 것이다. 네 가지는 모두 성(誠)이니 학(學)이 어떻게 이에 더 보탤 것이 있겠는가?"

다시 본문으로 돌아가자. '악취를 미워하듯이 하고 여색을 좋아하듯이 하는 것'을 일러 자겸(自謙, 自慊)이라고 부른다. 아마도 주희는 慊의 뜻을 취한 때문인지 자겸(自謙)을 자족(自足)으로 푼다. 이는 자기만족과는 다르며 스스로 보아 진정으로 부족함이 없어 뿌듯해한다는 뜻이다. 또 그래야 문맥이 통한다. 그렇기 때문에 군자는 반드시 그 홀로 있을 때에도 삼간다〔愼獨〕는 것이다.

이제 다시 『중용』의 도움을 빌려 신독(愼獨)에 대해 살펴보자. 먼저 제1장의 관련 구절이다.

숨어 있는 것〔隱〕만큼 제대로 드러남이 없으며 미미한 것〔微〕만큼 제대로 나타남이 없다. 그러므로 군자는 그 홀로〔獨〕를 삼가는〔愼〕 것이다.

이제 『논어』의 도움을 빌려 이를 풀어보자. 앞서 말한 도(道)는 은미(隱微)하여 드러남이 없고 나타남이 없다고 말한다. 그렇기 때문에 군자이고자 하는 사람은 그 홀로 있음〔獨〕에 삼가야 한다는 것이다. 『논어』'里仁 18'을 참조할 만하다.

공자는 말했다. "부모를 섬기되 (부모의 잘못이 있을 때) 은미하게〔幾〕 간해야 하니, 부모의 뜻이 내 말을 따르지 않음을 보더라도 더욱 공경하고 어기지 않으며, 수고로워도 원망하지 않아야 한다."

幾란 기미, 낌새, 징후 등을 말한다. 이를 '은미(隱微)하게'라고 옮긴 이유는 드러나거나 나타나기 전에 미리 알아서 대처한다는 뜻이다. 사람이 홀로 있을 때에도 삼간다면 남이 있을 때는 말할 필요도 없다. 그만큼 삼가는 태도를 강조하는 표현이다. 그것이 유명한 신독(愼獨)이다.

그리고 『중용』 제33장에는 『시경』을 인용하여 다시 한 번 신독의 문제를 다룬다.

『시경』에 이르기를 "네가 (홀로) 방에 있음을 보니, 오히려 방구석에도 부끄럽지 않게 하는구나!"라고 했다. 그러므로 군자는 움직이지 않아도 공경을 받고, 말하지 않아도 (사람들이) 믿는다.

이는 누가 봐도 명확하게 신독의 문제를 다루고 있다. 신독은 바로 뜻을 열렬하게 하는 문제〔誠意〕와 연결돼 있음을 확인할 수 있었다.

소인이 군자와 확연히 다른 점은 바로 이처럼 신독하지 못하는 데서 드러난다. 신독하지 못하는 소인이 구체적으로 어떤 모습을 보여주는지 우리는 여기서 생생하게 확인할 수 있다. 먼저 관련되는 본문부터 옮겨보자. "소인은 한가로이(홀로) 거처할 때는 선하지 못한 일을 행하며 못하는 짓이 없다가도 군자를 만난 뒤에는 겸연쩍어하면서 자신의 선하지 못함을 숨기고 (억지로라도) 자신의 선함을 드러내지만 사람들이 그를 알아보기를 마치 자신들의 폐부(肺腑)를 들여다보듯이 할 것이니, 그렇다면 도대체 (그 소인에게는) 무슨 이익이 있겠는가?" 당연히 아무 이득도 없다는 뜻이다.

그래서 이런 것을 일러 '마음에 성(誠)이 있으면 (결국) 밖으로 그 모습이 나타나게 된다'고 한다는 것이다. 증자가 하는 말도 바로 이처럼 성이 마음속에 있으면 있는 대로, 없으면 없는 대로 드러나는 바를 조금도 숨길 수 없다는 것을 비유적으로 강조하고 있는 것이다.

증자가 말했다. "열 개의 눈이 보는 바이며 열 개의 손가락이 가리킨다. 무섭도다." 홀로 먹는 마음이지만 결국 사람들 눈에 드러나게 된다는 것이다. 그러니 신독하라는 것이다.

결론적으로 재물이 집을 윤택하게 해준다면 다움[德]은 우리 몸과 마음을 윤택하게 해준다. (따라서 신독을 통해 다움을 쌓으면) 마음은 넓어지고 몸은 (당당하기 때문에) 쫙 펴진다. 그러므로 군자는 반드시 그 뜻을 열렬하게 해야 한다. 후반부는 별도의 풀이가 필요 없을 만큼 문맥이 분명하다.

전 7장

所謂 修身在正其心者 身(心)有所忿懥則不得其正 有所恐懼則不得其正
소위 수신 재정 기심 자 신 심 유 소분치 즉 부득 기정 유 소공구 즉 부득 기정

有所好樂則不得其正 有所憂患則不得其正
유 소호요 즉 부득 기정 유 소우환 즉 부득 기정

心不在焉 視而不見 聽而不聞 食而不知其味
심 부재 언 시이불견 청이불문 식이부지 기미

此謂 修身 在正其心
차 위 수신 재정 기심

이른바 '몸을 닦는다는 것은 그 마음을 바로 함에 있다'고 하는 것은 (첫째) (마음에) 분노와 원망이 있으면 (마음이) 바름에 이를 수 없고, (둘째) (마음에) 두려움이 있으면 (마음은) 바름에 이를 수 없으며, (셋째) (마음에) 향락을 좋아함이 있으면 바름에 이를 수 없고, (넷째) (마음에) 걱정이 있으면 바름에 이를 수 없다는 것을 뜻한다.

마음이 없으면 눈을 뜨고 있어도 보이지 않고, 귀를 열고 있어도 들려오는 것이 없으며, 음식을 먹어도 그 맛을 알 수가 없다.

이런 것을 일러 '몸을 닦는다는 것은 그 마음을 바로 함에 있다'고 하는 것이다.

이번에는 마음을 바로 해야만 몸을 닦을 수 있음을 보여준다. 먼저 '이른바 몸을 닦는다〔修身〕는 것은 그 마음을 바로 함

〔正〕에 있다'고 말한 다음 마음을 바로 하지 못하는 네 가지 경우를 보여준다.

첫째, 身으로 돼 있지만 이는 신체〔體〕가 아니라 마음으로 풀어야 한다. 우리가 수신(修身)이라고 할 때도 번역은 몸을 닦는다고 하지만 그것은 세신(洗身)이라는 뜻이 아니라 마음을 수양하는 것이다. 따라서 身은 心으로 보고서 '마음에'라고 풀어야 한다. 그리고 나머지 셋 앞에도 '마음에'가 생략돼 있는 것으로 봐야 하다.

그래서 첫째는 '(마음에) 분치(忿懥)가 있으면 바름〔正〕에 이를 수 없다'가 된다. 핵심은 분치를 제대로 풀이하는 것이다. 주희는 간단하게 '분치는 화냄〔怒〕'이라고 푸는데 지나치게 간단하다. 忿은 성내다, 화내다이고 懥는 원망하다, 한스러워하다에 가깝다. 이 둘은 조금 나눠서 살피는 것이 분치의 의미를 풍부하게 하여 여기서 말하는 '바로 함〔正〕'의 의미도 다양하게 받아들일 수 있다. 다행히 『논어』에서도 忿이나 懥(怨)는 다양한 문맥에서 등장한다.

먼저 분(忿)을 보자. 『논어』 '顏淵 21'에서 번지라는 제자가 혹(惑)에 관해 묻자 공자는 이렇게 답한다.

"하루아침의 분노〔忿〕로 자신을 망각해 그 (화가) 부모에게까지 미치게 하는 것이 혹(惑) 아니겠는가?"

이미 알아차렸겠지만 분노의 문제는 혹(惑)과 연결된다. 거꾸로 말하면 불혹(不惑)은 분노를 참는 것이고 좀 더 넓게 보자면 감정을 다스리는 것이다. 주희가 자주 인용하는 송나라 학자 범조우(范祖禹)는 이를 다음과 같이 상세하게 풀이한다. "사물에 감정적 영향을 받아 동요되기 쉬운 것으로 분노만 한 것이 없으니, 자신을 잊어서 그 부모에게까지 화가 미치게 함은 혹이 심한 것이다. 혹이 심한 것은 반드시 세미(細微)한 데서 일어나니, 이것을 조기에 분별한다면 크게 혹에 이르지 않을 것이다. 그러므로 분함을 징계함이 혹을 분별하는 일이다."

혹에 대해서는 '顔淵(안연) 10'에서도 공자가 언급한 바 있다.

"누군가를 사랑할 때에는 그를 살리고 싶어 하고 누군가를 미워할 때에는 그가 죽기를 바라니, 이미 누군가를 살리려 하고 또 죽기를 바라는 것이 바로 혹(惑)이다. (혹에 빠지면) 진실로〔誠(성)〕덕이 왕성해지지도 못하고 다만 괴이함〔異(이)〕만을 취하게 될 뿐이다."

어찌 보면 감정에 휘둘리는 인간의 한계를 혹이라 부른 듯하다. 그러면 결국 불혹은 감정에 대한 절제력이라 할 수 있다. 이는 고스란히 마음을 바로잡는 문제와 통한다.

또 '季氏(계씨) 10'에서 공자는 군자라면 어떤 일을 할 때 반드시 생각해야 할 아홉 가지를 이야기하면서 그중 여덟 번째로 "**분할 때는 어려움을 먼저 생각하라**〔忿思難(분사난)〕"고 한다. 여기서 忿(분)은 곧 惑(혹)과 연결된다. 그래서 정약용도 어려움〔難(난)〕을 후환(後患)으로 풀이하면서 불혹과 연관 짓는다. 화가 난다고 해서 앞뒤 재어보지 않고 행동했다가는 크게 후회할 일이 생긴다는 말이다. 이 정도면 忿은 어느 정도 해명되었으리라고 본다.

이제 懥(怨)의 문제를 살펴볼 차례다. 『논어』에 懥는 등장하지 않지만 怨을 통해 그 의미를 살필 수 있다. 『논어』에서 怨(원망)은 조금은 독특한 의미로 사용된다. 여기서는 일단 다양한 용례들을 살펴보기만 할 텐데, 이런 용례들을 읽어보는 것만으로도 원망(怨)에 주목할 필요가 있다는 것을 알게 될 것이다.

공자는 말했다. "자기 이익에 따라서만 행동할 경우 많은 사람들로부터 큰 원망(多怨)을 듣게 될 것이다." ('里仁 12')

공자는 말했다. "부모를 섬기되 (부모의 잘못이 있을 때) 조심조심 간해야 하니, 부모의 뜻이 내 말을 따르지 않음을 보더라도 더욱 공경하고 어기지 않으며, 수고로워도 원망(怨)하지 않아야 한다." ('里仁 18')

공자는 말했다. "백이와 숙제는 구악을 마음에 두지 않았다. 이 때문에 그들은 원망함(怨)이 거의 없었다." ('公冶長 22')

공자는 말했다. "교언영색을 너무 지나치게 하는 과공(過恭)을 옛날 좌구명이 부끄러워하였는데 나도 그것을 부끄러워한다. 원망〔怨〕을 숨기고 겉으로 아무 일도 없는 척 그 사람과 사귀는 것을 좌구명이 부끄러워하였는데 나도 그것을 부끄러워한다." ('公冶長 24')

염유가 자공에게 물었다. "스승님께서 위나라 군주를 도울 마음이 있다고 보는가?" 이에 자공은 "알았다, 내 직접 물어보리라"고 답한다.

곧바로 자공이 공자가 머물고 있는 곳으로 들어가 "백이와 숙제는 어떤 사람입니까?"라고 묻자 공자는 "옛날의 현명한 사람이었느니라"고 답한다.

이에 자공이 "두 사람이 원망〔怨〕하거나 후회하는 마음은 없었습니까?"고 묻자 공자는 "어진 길을 추구하고 마침내 어진 길을 얻었으니 또 어찌 원망〔怨〕이 있었겠느냐"고 답했다.

자공은 밖으로 나와 염유에게 말했다. "스승님께서는 위나라 군주를 돕지 않을 것이다." ('述而 14')

원헌이 물었다. "원망하고〔怨〕 욕심내는 것의 싹을 이겨내어 그런 행위가 행해지지 않게 한다면 이런 사람을 어질다고 할 수 있습니까?"

공자는 이렇게 답한다. "그렇게 하는 것만도 쉬운 일은 아니지만 (그렇다고 해서) 그렇게 하는 사람이 어진 사람인지는 내 알지 못하겠다." ('憲問 2')

어떤 사람이 자산의 사람됨에 관해 묻자 공자는 말했다. "은혜를 베풀 줄 아는 사람이다."

그 사람이 자서에 대해 묻자 공자는 말했다. "그 사람이여, 그 사람이여."

이번에는 관중에 대해 물었다. 이에 공자는 말했다. "이 관중이라는 사람은 백씨가 갖고 있던 병읍 삼백 호를 빼앗았다. 그 바람에 백씨는 거친 밥을 먹어야 했으나 죽을 때까지 원망〔怨〕하는 말이 없었다." ('憲問 10')

공자는 말했다. "가난하지만 원망〔怨〕하지 않는 것은 어렵고, 부유하면서도 교만하지 않기는 (그에 비한다면) 쉽다." ('憲問 11')

어떤 이가 물었다. "덕으로써 원한〔怨〕을 갚는 것은 어떻습니까?" 공자가 말했다. "그러면 덕은 무엇으로써 갚을 텐가? 원한〔怨〕은 곧음으로써 갚고 덕은 덕으로써 갚아야 한다." ('憲問 36')

주공이 아들 노공에게 말했다. "참된 군주는 그 친척을 버리지 않으며, 대신으로 하여금 써주지 않는 것을 원망〔怨〕하지 않게 하며, 선대왕의 옛 신하들이 큰 문제가 없는 한 버리지 않으며, 한 사람에게 모든 것이 갖춰져 있기를 바라지 않는다." ('微子 10')

전반적으로 풀이하자면 분노나 노여움 등 주로 감정적 요인으로 인해 마음을 어지럽게 할 경우 마음을 바로잡는 것〔正心정심〕은 어렵다〔不得부득〕는 말이다.

두 번째로 '(마음에) 공구(恐懼)하는 바가 있으면 (마음은) 바름〔正정〕에 이를 수 없다'이다. 여기서 공구는 말 그대로 소심하고 두려워하는 것이다. 이는 용기 혹은 용맹의 문제와 관련된다.『논어』'子罕자한 28'은 앞서 본 분치의 문제뿐만 아니라 지금 보게 될 공구의 문제, 그리고 다음에 이어지는 우환(憂患)의 문제를 풀어내는 데 도움을 준다는 점에서 대단히 중요하다.

공자는 말했다. "사람을 볼 줄 아는 사람〔知者지자〕은 불혹하고, 어진 사람〔仁者인자〕은 근심하지 않고, 용기를 가진 사람〔勇者용자〕은 두려워하지 않는다."

공자는 지자(知者), 인자(仁者), 용자(勇者) 삼자를 모두 군자(君子)라고 본다. 셋을 모두 갖춰야 하는 것이 아니라 어느 하나만 제대로 갖춰도 군자라고 부른다. 즉 군자에는 지자형 군자, 인자형 군자, 용자형 군자가 있다고 할 수 있다. 공자의 제자들만 놓고 본다면 자공은 지자형, 안회나 증자는 인자형, 자로는 용자형이다.

우리는 이와 거의 비슷한 구절을 '憲問헌문 30'에서 확인할 수 있다.

공자는 말했다. "군자의 길에는 세 가지가 있는데 나는 그 어느 것에도 능하지 못하니, 어진 사람은 근심하지 않고, 지혜를 가진 사람은 감정에 휩쓸리지 않고, 용기를 가진 자는 두려워하지 않는다."
자공이 말했다. "스승님께서 스스로를 낮춘 겸양의 표현이시다."

일단 우리는 지자, 인자, 용자가 군자의 유형임을 공자 자신의 발언을 통해 재차 확인하게 된다.

첫째, 공자는 지자(知者)와 불혹(不惑)을 연결 짓는다. 이에 대해 주희나 정약용 모두 짤막하게 "총명함이 사리를 밝힐 수 있기 때문에 미혹되지 않는다"고 풀이한다. 틀린 풀이는 아니지만 딱 맞는 풀이도 아니다. 여기서 지자는 지혜로운 자가 아니라 사람을 아는 자〔知人者〕, 그중에서도 어진 사람을 가려낼 안목을 가진 사람〔知仁人者〕을 말한다. 그런 사람은 사람이 할 수 있는 한계를 넘어서지 않는다. 사람을 알기 때문이다. 일은 사람이 하는 것이다. 사람을 모르면 일을 알 수가 없다. 나이 40세에는 지자(知者)가 되어야 하고 불혹(不惑)해야 한다. 실은 지자(知者)가 곧 불혹자(不惑者)이다.

둘째, 공자는 인자(仁者)와 불우(不憂)를 연결 짓는다. 이에 대해 주희나 정약용 모두 각각 짤막하게 "하늘의 이치가 사욕을 이길 수 있기 때문에 근심하지 않는다", "마음이 항상 천명을 즐기기 때문에 근심하지 않는다"고 풀이한다. 이 또한 틀린 풀이는 아니지만 딱 맞는 풀이도 아니다. 여기서 인자(仁者)란 천명(天命)을 알고 받아들일 줄 아는 사람, 즉 지천명자(知天命者)다. 그런 사람은 목숨이 위태로운 상황이 닥쳐도 두려움에 몸부림치지 않는다. 죽거나 사는 것은 자신의 소관이 아니라 하늘의 소관이라는 천명을 몸과 마음 깊은 곳에서 받아들였기 때문이다. 나이 50세에는 인자(仁者)가 되어야 하고 지천명(知天命)해야 한다. 인자(仁者)란 지천명자(知天命者)이다. 안회가 가난하지만 몸부림치지 않고 그것을 편안하게 받아들인 이유는 그가 바로 자신의 천명을 담담하게 즐거이 받아들였기 때문이다.

사실 서열로 보자면 인자(仁者)가 가장 높고 그 다음이 지자(知者), 용자(勇者)는 세 번째다. 공자는 용자(勇者)를 불구(不懼)와 연결 짓는다. 두려워하지 않는 것이 용(勇)이다. 이에 대해 주희나 정약용 모두 짤막하게 "기운〔氣〕이 도의(道義)에 부합하기 때문에 두려워하지 않는다"고 풀이한다. 이는 자연스레 공자의 제자 자로를 떠올리게 한다.

'顏淵(안연) 4'도 이와 관련되는 내용이다.

사마우가 군자에 관해 묻자 공자는 말했다. "군자는 근심도 없고 두려움도 없다"

이에 사마우는 "(정말로) 근심도 없고 두려움도 없으면 그런 사람을 군자라고 할 수 있습니까?"라고 재차 물었다.

이에 공자는 말했다. "(군자라면) 안으로 살펴보아 아무런 병통이 없으니 어찌 근심하고 두려워하겠는가?"

그중에서도 특히 '용자(勇者)는 불구(不懼)'를 살펴보자. 사실 공자는 勇에 대해서는 자주 언급하지 않는다. 그리고 제자 자로의 용기와 관련된 이야기를 할 때도 대체로 부정적인 입장을 취한다. 그러나 여기서 공자는 분명 긍정적인 의미에서 勇을 말하고, 그 근본 특징으로 두려워하지 않는다〔不懼〕를 언급하고 있다. 우선 여기서 용자(勇者)는 용맹스러운 자라기보다는 내면의 용기를 가진 자를 말한다. 자로는 전형적으로 용맹스러운 자였다. '公冶長 6'은 이런 자로에 대한 공자의 평을 담고 있다.

공자는 말했다. "세상에 도가 행해지지 않는다. 뗏목을 타고 바다를 건너갈까 하는데 나를 따를 사람은 아마도 저 자로뿐일 것이다."
자로는 이를 전해 듣고 무척 기뻐하였다. 이에 공자는 말했다. "자로는 용맹을 좋아하는 것이 나보다 나아, 사리를 헤아려 분별하려 하지도 않고 나를 따르려 한다."

실은 자로가 용맹하기만 하고 사리분별이 없음을 지적한 것이다. '述而 10'도 비슷한 맥락에서 읽어낼 수 있다.

공자가 제자 안연에게 말했다. "(인재로) 써주면 행하고, 버리면 숨어 지내는 것을 오직 너하고 나만이 갖고 있구나!"
이에 자로가 물었다. "만일 스승님께서 삼군을 통솔하신다면 누구와 함께하시겠습니까?"
공자는 말했다. "맨손으로 호랑이를 때려잡고, 맨몸으로 강을 건너려 하여 죽어도 후회할 줄 모르는 사람과 나는 함께할 수 없을 것이니, 반드시 일에 임하여서는 두려워하고, 치밀한 전략과 전술을 세우기를 즐겨하여 일을 성공으로 이끄는 사람과 함께할 것이다."

오히려 여기서 말하는 내면적 용기를 가진 용자(勇者)는 세상의 도리에 대한 믿음이 굳건하여 눈앞에 닥친 위험 앞에서도 당당한 자를 말한다. 『논어』 '述而 22'에서는 공자 자신이 바로 이런 모습을 보여준다.

공자는 말했다. "하늘이 나에게 덕을 주셨으니 (자신을 해치려 했던) 환퇴라 하더라도 나에게 어쩌겠는가?"

'子罕 5'에도 위기상황에 처한 공자의 모습이 나온다. 여기서도 공자는 처음에는 두려움〔畏〕을 품었지만 결국은 도(道)에 대한 믿음을 통해 두려움을 털어버리는〔不懼〕 모습을 보여준다.

공자는 광이라는 곳에서 두려워하는 마음을 품었다. 그때 공자가 말했다. "문왕이 이미 세상을 떠나셨으나 문(文)이 이 몸에 있지 않겠는가? 하늘이 아마도 이 문을 없애려 했다면 뒤에 죽는 사람(공자 자신)이 이 문을 체득하지 못했을 것이다. (그런데 이미 나는 이 문을 체득하였으니) 하늘이 이 문을 없애지 않으려 하니 광 땅 사람들이 나를 어찌하겠는가?"

이 정도면 불구(不懼)에 대한 풀이는 충분히 되었을 것이다.

세 번째로 '(마음에) 즐김[樂]이 있으면 바름[正]에 이를 수 없다'이다. 樂을 일반적인 의미의 즐거움이나 즐김으로 봐서는 이 문장은 성립하지 않는다. 여기서 즐김은 부정적 의미인 향락[樂]으로 봐야 한다. 도를 즐긴다는 의미의 樂道의 樂은 오히려 긍정적인 의미를 갖는다. 실제로 『논어』에 등장하는 樂은 거의 다 긍정적 의미로 사용된다. 그중에서 '里人 2'에 등장하는 사례를 살펴보자.

공자는 말했다. "어질지 못한 사람은 (인이나 예를 통해 자신을) 다잡는 데 (잠시 처해 있을 수는 있어도) 오랫동안 처해 있을 수 없고, 좋은 것을 즐기는 데[樂]에도 (조금 지나면 극단으로 흘러) 오랫동안 처해 있을 수 없다. 어진 자는 어짊을 편안하게 여기고 지혜로운 자는 어짊을 이롭게 여긴다."

여기서 우리의 핵심은 '즐기는 데에도 (조금 지나면 극단으로 흘러) 오랫동안 처해 있을 수 없다'는 대목이다. 즐기다가 극단으로 흘러 향락에 빠져버리는 것이 바로 지금 우리가 보려고 하는 樂이다. 그것은 적정 수준을 벗어났다는 말이다. 그것은 결국 불인(不仁)으로 간다.

네 번째로 '(마음에) 걱정[憂患]이 있으면 바름[正]에 이를 수 없다'이다. 그래서 앞에서 본 것처럼 그런 걱정을 하지 않는 것이 인자(仁者)라고 했다. 여기서 우환은 말 그대로 부정적 의미이기 때문에 우환

(憂患)이 없어야 마음이 바로 된다고 했다. 하지만 우환이 긍정적 의미로 이해될 때도 있다. 이 점을 간략히 짚어보자.

『논어』에서 근심〔憂〕은 두 가지 의미로 사용된다. 하나는 긍정적 의미의 근심이고, 또 하나는 부정적 의미의 근심이다. 먼저 부정적 의미의 근심일 때는 그런 근심을 하지 않는 것〔不憂〕이 군자(君子)요 인자(仁者)이다. '子罕 28'이 바로 그런 경우다.

공자는 말했다. "사람을 볼 줄 아는 사람은 (사리를 알기 때문에) 불혹하고, 어진 사람은 (세상 이치를 알아 사리사욕에 꺾이지 않으니) 근심하지 않고〔不憂〕, 용기를 가진 사람은 두려워하지 않는다."

이런 의미의 憂는 '顔淵 4'와 '憲問 30'에도 똑같이 나온다. 어진 자는 근심하지 않는다〔仁者不憂〕는 것이다.

그러나 군자라면 혹은 군자가 되려고 한다면 반드시 걱정해야 할 것으로서의 걱정〔憂〕 혹은 우환(憂患)도 중요하다. 흔히 군자는 우환(憂患) 의식을 가져야 한다고 할 때의 憂가 바로 그런 뜻이다. '憲問 32'를 보자.

공자는 말했다. "남이 자신을 알아주지 않음을 걱정하지 말고, 자신의 능하지 못함을 걱정해야 한다."

'衛靈公 31'의 憂도 같은 의미다.

공자는 말했다. "군자는 도를 도모하지 밥을 도모하지 않는다. 밭을 갊에 굶주림이 그 가운데에 있고, 배움에 벼슬이 그 가운데에 있으니 군자라면 (마땅히) 도를 근심하지 가난을 근심하지 않는다."

군자는 도(道)를 듣거나 얻지 못할까 봐 근심한다는 것이다. 즉 공자가 말하는 도란 다움을 제대로 닦는 것, 배움이 충분히 익는 것, 의로운 말을 들으면 능히 실천하는 것, 선하지 못한 것을 기꺼이 고치는 것이라 할 수 있다.

결국 여기서 말하는 부정적 의미의 걱정이란 재물욕이나 출세욕 등과 관련된 걱정을 말한다.

이렇게 해서 우리는 네 가지 측면에서 마음을 바로 하는 문제를 짚어보았다. 그리고 그것이 인(仁), 지(知), 용(勇)과도 밀접하게 연결되는 것임을 확인할 수 있었다. 이제 다음으로 넘어가자.

心不在焉을 그냥 '마음이 있지 않으면'으로 직역을 하면 뜻이 모호해진다. 여기서는 心을 正心으로 봐야 한다. 앞뒤가 다 그렇기 때문이다. 즉 '바른 마음이 있지 않으면' 혹은 '마음을 바로잡지 않으면'으로 옮겨야 한다는 말이다. 그 다음은 쉽다. 눈을 뜨고 있지만 보이지 않고, 귀를 열고 있지만 들려오는 것이 없으며, 음식을 먹어도 그 맛을 알 수가 없다는 말이다.

그리고 결론부분이다. 지금까지 말했던 이 모든 것이 바로 '몸을 닦는다(修身)는 것은 그 마음을 바로 함(正)에 있다'의 뜻이라는 것이다.

결론적으로 바로잡음〔正〕의 의미와 관련해 '子路 6'은 '傳 7章'에 대한 포괄적 풀이가 된다는 점에서 반드시 읽어볼 필요가 있다.

　　공자는 말했다. "(지도자가) 그 몸〔身〕이 바르면 명령하지 않아도 행해지고, 그 몸이 바르지 못하면 비록 명령하더라도 따르지 않는다."

　　問政의 맥락이다. 따라서 여기서 身은 지도자 자신을 의미한다. 우선 '子路 5'와 연결해서 풀이해 보면 시 삼백 편을 외우고서도 '정사를 맡겼을 때 잘하지 못하고', '사신으로 나가 혼자서 응대하여 처결하지 못하는' 이유를 지적하고 있다고 볼 수 있다. 그것은 몸이 바르지 못하기〔不正〕 때문에 명령이 행해지지 않아서다. 사실 이 장은 표현만 바뀌었을 뿐 수기치인(修己治人)을 강조하고 있는 것이다. 이에 대해서는 별도의 풀이보다는 '顏淵 14~17'의 번역문과 원문을 하나씩 읽어보는 것으로 풀이를 대신하겠다.

　　자장이 정치하는 요체에 관해 물었다. 공자는 말했다. "머물러 있을 때는 조금의 게으름도 없는 것이요, 행할 때는 최선을 다하는 마음으로 한다." ('顏淵 14')

　　공자는 말했다. "문(文)을 널리 배우고 이를 예로써 다잡는다면 역시 도리에 위배되지는 않을 것이다." ('顏淵 15')

공자는 말했다. "군자는 사람들의 좋은 점을 완성시켜 주고 사람들의 나쁜 점은 이루어주지 않으니 소인은 이와 정반대로 한다." ('顔淵 16')

계강자가 정치에 관해 묻자 공자는 이렇게 대답했다. "바로잡는 것〔正〕입니다. 대부께서 바로잡는 것으로 통치를 한다면 감히 누가 바르게 되지 않겠습니까?" ('顔淵 17')

전 8장

所謂 齊其家在脩其身者 人之其所親愛而辟焉 之其所賤惡而辟焉 之其
소위 제 기가 재수 기신 자 인지기 소친 애이벽언 지기 소천 오이벽언 지기

所畏敬而辟焉 之其所哀矜而辟焉 之其所敖惰而辟焉 故好而知其惡 惡而
소외 경이 벽언 지기 소애 긍이벽언 지기 소오 타이벽언 고 호이지 기악 오이

知其美者 天下鮮矣
지 기미 자 천하 선 의

故諺有之曰 人莫知其子之惡 莫知其苗之碩
고 언 유지 왈 인 막지 기자 지악 막지 기묘 지석

此謂 身不脩 不可以齊其家
차위 신 불수 불가 이 제 기가

이른바 '그 집안을 가지런히 하는 것은 그 몸을 닦는 데 있다'는 것은 (첫째) 사람들은 자기와 친한 사람들을 (지나치게) 사랑해서 치우침에 이르게 된다, (둘째) 사람들은 자기가 천하게 여기는 것을 (지나치게) 미워하여 치우침에 이른다, (셋째) 사람들은 자기가 두렵게 여기는 것을 (지나치게) 공경하여 치우침에 이른다, (넷째) 사람들은 자기가 마음 아프게 여기는 것을 (지나치게) 불쌍히 여겨 치우침에 이른다, (다섯째) 사람들은 자기가 깔보는 것을 (지나치게) 하찮게 여겨 치우침에 이른다는 것이다. 그러므로 (사람이나 사물을) 좋아하면서도 그 나쁜 점을 알고 있고, 또 싫어하면서도 그 좋은 점을 알고 있는 사람이 세상에는 드문 것이다.

그래서 속담에 이르기를, '사람들은 자기 자식의 잘못은 알지 못하고 자기 벼가 (남들보다) 크다는 것을 보지 못한다'고 하였다.

이것이 그 몸을 닦지 않으면 그 집안을 가지런히 하지 못한다는 것이다.

먼저 '그 집안을 가지런히 하는 것은 그 몸을 닦는 데 있다'는 것의 의미를 풀이하겠다고 밝힌다. 그러고 나서 다섯 가지를 이야기하는데, 그에 앞서 한문의 문장구조를 알아두는 것이 중요하다. 人之其所親愛而辟焉이라는 문장의 구조는 나머지 네 가지에도 그대로 해당한다. 한문 구조대로 먼저 직역을 해보면 '사람(人)들의(之) 그(其) 자기처럼 가까운 바(所親)를 사랑하다(愛)가(而) 편벽되는 것'이다. 풀자면 사람들은 자기와 친한 사람들을 (지나치게) 사랑해서 치우침에 이르게 된다는 말이다. 적중함(中)에 이르지 못하거나 지나쳐버린 것이다(過猶不及). 수신(修身)과 관련되는 문제점을 지적하고 있는 것이다. 나머지 네 가지도 우선 풀어보자.

둘째, 사람들은 자기가 천하게 여기는 것을 (지나치게) 미워하여 치우침에 이른다.

셋째, 사람들은 자기가 두렵게 여기는 것을 (지나치게) 공경하여 치우침에 이른다.

넷째, 사람들은 자기가 마음 아프게 여기는 것을 (지나치게) 불쌍히 여겨 치우침에 이른다.

다섯째, 사람들은 자기가 깔보는 것을 (지나치게) 하찮게 여겨 치우침에 이른다.

다시 첫째로 돌아가자. "사람들은 자기와 친한 사람들을 (지나치게) 사랑해서 치우침에 이르게 된다." 우선 『논어』 '顔淵 10'에서는 혹(惑)이 무엇인지와 관련해서 이 문제를 다루고 있다.

자장이 다움을 높이는 일과 미혹을 분별하는 일에 관해 묻자 공자가 말했다. "충(忠)과 신(信)을 주로 함〔主忠信〕으로써 의로움을 실천하는 것〔徙義〕이 다움을 높이는 것이다. (또) 누군가를 사랑할 때에는 그를 살리고 싶어 하고 누군가를 미워할 때에는 그가 죽기를 바라니, 이미 누군가를 살리려 하고 또 죽기를 바라는 것이 바로 혹(惑)이다. (혹에 빠지면) 진실로 다움이 왕성해지지도 못하고 다만 괴이함만을 취하게 될 뿐이다."

자장의 질문은 두 가지다. 하나는 다움〔德〕을 높이는 방법이고 또 하나는 혹(惑)을 분별〔辨〕하는 방법이다.

먼저 다움을 높이는 방법에 대해 공자는 충(忠)과 신(信)을 주로 하고 의로움을 실천하는 것〔徙〕이라고 말한다. 徙는 이사(移徙)하다고 할 때의 그 徙다. 徙에는 옮기다, 넘기다, 넘어서다 외에 교화되다, 거닐다, 귀양 보내다 등의 뜻이 있다. 흔히 '의(義)에 옮기다'로 번역하는데 이래서는 무슨 뜻인지 알 수가 없다.

여기서 우선 짚고 넘어가야 할 문제는 주충신(主忠信)과 사의(徙義)를 병렬관계로 볼 것인가 종속관계로 볼 것인가 하는 것이다. 그냥 '충과 신을 주로 하고 의로움을 실천하는 것'이라고 할 것인지, '충과 신을 주로 함으로써 의로움을 실천하는 것'이라고 할 것인지가 문제이다. 충신(忠信)은 태도이고, 의로움은 지향점이란 점에서 볼 때 병렬보다는 종속관계로 보는 게 나을 듯하다.

두 번째로 혹(惑)을 분별해 내는 방법과 관련해 공자는 전형적인 혹(惑)을 이렇게 정의한다. "누군가를 사랑할 때에는 그를 살리고 싶어 하고 누군가를 미워할 때에는 그가 죽기를 바라니, (사랑하고 미워하고를 떠나) 이미 누군가를 살리려 하고 또 죽기를 바라는 것이 바로 혹이다." 맥락을 볼 때 惑은 의혹(疑惑), 유혹(誘惑), 미혹(迷惑) 등으로 바꿀 수 있지만, 여기서는 사안에 대한 혼동을 가져온다는 점에서 그냥 혹(惑)으로 보는 것이 적당하다. 현혹(眩惑)도 무방하다.

그런데 "누군가를 사랑할 때에는 그를 살리고 싶어 하고 누군가를 미워할 때에는 그가 죽기를 바라니, 이미 누군가를 살리려 하고 또 죽기를 바라는 것이 바로 혹이다"라는 말은 도대체 무슨 뜻인가? 일단 주희의 풀이부터 보자.

"사랑과 미움은 사람이라면 자연스럽게 갖는 정〔人之常情〕이다. 그러나 사람의 생과 사는 천명(天命)에 달려 있어서 바란다고 될 수 있는 것이 아니다. 사랑한다고 (죽은 것을) 살리고 싶어 하고 미워한다고 (살아 있는 것이) 죽기를 바란다면 그것은 혹(惑)이다." 애오(愛惡)는 인간에 속하는 반면 생사(生死)는 인간 너머에 있는데 그것을 혼동하니 혹(惑)이다. 따라서 불혹(不惑)은 이를 혼동하지 않는 것이다.

문제는 다음 구절이다. "진실로〔誠〕 왕성〔富〕해지지도 못하고 다만 괴이함〔異〕만을 취하게 될 뿐이다." 일반적으로 富를 부유해진다고 번역하는데, 그렇게 하면 전혀 생뚱맞은 맥락이 된다. 富에는 부자, 부유하다 외에 왕성〔盛〕하다, 풍성하다, 세차다, 행복 등의 뜻도 있다. 여기서는 왕성하다, 풍성하다, 세차다 등에서 의미를 취해야 한다.

먼저 주희의 풀이를 보자. 원래『시경』에 있는 이 구절에 대한 옛 학설을 인용하여 이렇게 말한다. "공자가 이 구절을 인용하여 살고 죽기를 바라는 자가 상대로 하여금 살고 죽게 할 수 없으니, 이 시에서 말한 바와 같이 (다움의) 왕성함을 이루지 못하고 다만 남에게 괴이함을 취하게 할 뿐임을 밝힌 것이다."

그러면 이제 왕성하다는 것에 대한 보충설명이 필요하다. 무엇이 왕성해진다는 것인가? 다움이 왕성해진다는 것이다. 바로 다음 장에서 보게 되는 "임금이 임금다워지는 것〔君君〕", 그것은 다름 아닌 임금의 다움〔德〕이 왕성해지는 것이다. 결국 이 구절의 맥락을 앞으로 보게 될 군군(君君)과 연결 지어 해석할 경우, 만일 임금이 어딘가에 혹(惑)될 경우 임금다운 임금이 되지 못하고 엉뚱한 데 빠져들게 된다는 뜻이 된다.

둘째와 관련해서는『논어』'泰伯 10'이 도움을 준다.
　　　　　　　　　　　　태백

공자는 말했다. "용맹을 좋아하면서 가난함을 싫어하는 것은 난을 일으키고, 배운 사람이면서 어질지 못한 것을 너무 미워하는 것도 난을 일으킨다."

먼저 공자는 "용맹을 좋아하면서 가난함을 싫어하는 것은 난을 일으킨다"고 했다. 어진 자는 가난함을 편안하게 여긴다〔安貧〕고 했다. 다시 풀면 '용맹을 좋아하되 어질지 못하면 난을 일으킨다'는 뜻이다. 이렇게 되면 뒤의 구절과 보다 자연스럽게 연결된다. 앞에서 제자 자로와 같은 인간형이 바로 이에 해당된다는 것을 살펴본 바 있다.

배운 사람이면서도 어질지 못한 것을 보고서 그것을 미워하기를 너무 심하게 하면 이 또한 난을 일으키게 된다는 것이다.

사실 호용(好勇)이 잘못된 것도 아니고 불인(不仁)을 미워하는 것이 잘못된 것도 아니다. 문제는 인(仁)에 의해 뒷받침되지 못하고 절제를 잃으면 난(亂)을 빚을 수 있다는 것이다. 앞의 문맥과 연결 짓자면 도(道)를 알지 못하는 사람이 용맹을 좋아하거나 불인(不仁)을 미워하게 될 때는 절제능력이 떨어져 오히려 화를 초래할 수 있다는 말이다.

곰곰이 들여다보면 앞의 난(亂)과 뒤의 난(亂)은 발발원인에서 차이가 있다. 앞의 것은 스스로 빚어내는 것이고, 뒤의 것은 남으로 하여금 난(亂)을 일으키게 자극하는 것이다.

이 '泰伯 10'은 실은 두 번째뿐만 아니라 다섯 가지 전부에 적용할 수 있는 내용이다.

세 번째는 과공(過恭)의 문제를 이야기하는 것이다. '公冶長 24'를 보자.

공자는 말했다. "교언영색을 너무 지나치게 하는 과공(過恭)을 옛날 좌구명이 부끄러워하였는데 나도 그것을 부끄러워한다. 원망을 숨기고 겉으로 아무 일도 없는 척 그 사람과 사귀는 것을 좌구명이 부끄러워하였는데 나도 그것을 부끄러워한다."

공자는 교언영색(巧言令色)을 너무 지나치게 하는 것을 옛날 좌구명(左丘明)이 부끄러워하였는데 자신도 그것을 부끄러워한다고 말한다. 교언영색이 지나친 것은 곧음을 잃은 데서 나온 것이므로 이를 부끄러워한 것이다.

나머지 두 가지도 비슷한 문맥에서 읽으면 된다. 그 총괄적인 풀이가 바로 이어진다. "그러므로 (사람이나 사물을) 좋아하면서도 그 나쁜 점을 알고 있고, 또 싫어하면서도 그 좋은 점을 알고 있는 사람이 세상에는 드문 것이다." 어느 한쪽으로 쏠려서는 곤란하다는 지적이다.

특히 문제가 되는 것은 자신의 문제점을 직시하지 못하는 점이다. 인용하는 속담〔諺〕은 바로 그 점을 지적한다. "사람들은 자기 자식의 잘못〔惡〕은 알지 못하고, 자기 벼〔苗〕가 (남들보다) 크다는 것을 보지 못한다." 이에 대한 주희의 풀이가 명쾌하다. "사랑에 빠진 자는 밝지 못하고〔不明〕 얻음을 탐하는 자는 만족할 줄 모른다." 이에 대해서는 각각 밝음〔明〕의 문제와 의리〔義〕의 문제를 통해 보충해 볼 수 있다.

먼저 명(明)이다. 『논어』 '顏淵 6'은 명을 명확하게 풀어서 보여준다.

전 8장 ___ 239

자장이 밝음〔明〕에 관해 묻자 공자는 말했다. "서서히 젖어드는 참소(讒訴)와 피부에 와 닿는 하소연이 행해지지 않는다면 그 정사는 밝다〔明〕고 이를 만하다. 그런 참소와 하소연이 행해지지 않는다면 멀다〔遠〕고 이를 만하다."

안연, 중궁, 사마우 세 사람의 인에 관한 질문〔問仁〕이 끝나고 이번에는 자장의 명에 관한 물음〔問明〕이 이어진다.

자장은 특이하게도 밝음〔明〕에 관해 질문을 던졌다. 쉽지 않은 질문이다. 우선 명(明)의 사전적인 뜻을 살펴보자. 明에는 참으로 많은 뜻이 있다. 밝다, 밝히다, 날 새다, 나타나다, 명료하게 드러나다, 똑똑하다, 깨끗하다, 결백하다, 희다, 하얗다, 질서가 서다, 갖추어지다, 높이다, 숭상하다, 존중하다, 맹세하다, 밝게, 환하게, 확실하게, 이승, 현세(現世), 나라 이름, 낮, 주간(晝間), 밖, 겉, 밝고 환한 모양, 밝은 곳, 양지(陽地), 밝음, 빛, 광채(光彩), 새벽, 성(盛)한 모양 등등이 그것이다. 여기서는 무엇보다 공(公)과 같은 뜻이다.

그러면 자장의 물음에 공자는 어떻게 답할까? 다음과 같은 두 가지, 즉 서서히 젖어드는〔浸潤〕 참소(讒訴)와 피부에 와 닿는〔膚受〕 하소연〔愬〕이 행해지지 않는다면 그 정사는 밝다〔明〕고 이를 만하다고 말한다. 군주의 경우 신하들의 정적(政敵)에 대한 교묘한 참소와 정당한 비판을 구별하기 어려우며, 동시에 주변 친지의 애절한 민원(民願)과 간특한 청탁을 구별하기 또한 어렵다. 군주가 아무리 공명정대(公明正大)하려는 뜻을 갖고 있더라도 실제로 이 둘을 구분하지 못한다면 암군(暗君)이 될 가능성이 높다. 명군(明君), 혹은 명정(明政-바른 정치)의 길을 물은 것이다. 공자의 답은 이런 맥락에서 보아야 한다. 이는 군주뿐만 아니라 정사를 맡아 하는 사람이라면 다 경계해야 할 일이다. 어쩌면 자장 자신이 정치를 하게 되면서 밝은 정치(明政)에 관해 물었는지 모른다. 이에 공자는 자장의 병폐를 정확히 꼭 집어서 답했다. 주희도 "이 또한 반드시 자장의 결함을 염두에 두고서 말씀하였을 것이다"고 풀이한다. 『논어』전체를 통틀어 명(明)을 직접적으로 설명하는 유일한 대목이다. 다른 데서 나오는 明(혹은 聰)은 모두 이런 의미로 풀어야 한다.

자장은 진(陳) 나라 사람으로 공자의 제자이며 이름은 사(師)다. 공자로부터 "(매사에) 지나치다"는 평을 들었을 만큼 다소 극단적이고 편벽된 인물이었다. 공자보다 48세나 적었다고 하니 아마도 젊어서 보여준 병폐였을 것이다. 앞에서 공자에게 학문이나 앎의 문제보다는 대단히 현실적인 문제, 즉 녹(祿)을 구하는 법을 물었던 장본인이기도 하다. 정치나 출세에 관심이 많은 인물로 보인다. 흥미롭게도 자장은 정치를 밝게 한다(明)는 것이 무엇인지를 우리에게 전해주는 역할을 하고 있다. 먼저 '爲政 18'을 보자.

자장이 벼슬자리를 구하는 법을 배우고 싶다고 하자 공자는 말했다. "많이 듣고서(듣되) 의심나는 것은 제쳐놓고 그 나머지 것들에 대해서만 신중하게 이야기한다면 허물이 적을 것이요, 많이 보고서 위태로운 것은 제쳐놓고 그 나머지를 신중하게 행한다면 후회가 적을 것이니, 말에 허물이 적으며 행실에 후회할 일이 적으면 벼슬자리는 절로 따라오게 될 것이다."

여기서 공자는 듣고 보는 것의 문제를 이야기하고 있다. 이 또한 명(明)의 문제와 무관치 않아 보인다. 그런데 '季氏 10'에서 공자는 군자가 반드시 생각해야 할 아홉 가지를 열거하는데, 그중 가장 먼저 언급되는 것이 보는 것[視]과 듣는 것[聽]이다. 視思明과 聽思聰 하라는 것이다. 볼 때는 밝음을 생각하고 들을 때는 (귀)밝음을 생각해야 한다는 것이다. 밝다[明]는 것은 바로 이런 뜻이다.

그런데 왜 명(明)을 밝히는 이유와 똑같은 이유로 멀다[遠]고 한 것일까? 이에 대해 주희는 직접 풀이하지는 않고 양시(楊時)의 풀이를 싣는 것으로 대신하고 있다. "멀다는 것은 밝음이 지극한 것이다. 『서경』의 '태갑'에 이르기를 시원유명(視遠惟明), 즉 먼 곳을 본다는 것은 오직 밝음이라고 했다." 당장의 이해관계보다는 멀리 있는 나라의 이익을 앞에 세우면서 사리사욕에서 나오는 것들을 제대로 물리쳐야 한다는 것이다. 사(私)는 가깝고 공(公)은 멀다. 가까운 것[利]은 어둡고[暗] 먼 것[義]은 밝다[明]. 공간적 의미에서의 멀다나 멀리하다를 제외한 공도(公道)로서의 원(遠)이라는 뜻으로 사용된 것이 분명한 사례 몇 가지를 『논어』에서 살펴보는 것으로 遠에 대한 풀이를 대신하겠다. 먼저 '衛靈公 11'을 보자.

공자는 말했다. "사람이 멀리 내다보는 생각[遠慮]이 없으면 반드시 가까운 데서 근심이 있다."

멀리 내다보다는 것은 개인의 이익이 아니라 국가와 공의(公義)의 차원에서 문제를 바라본다는 뜻이다. 이는 '里仁 16'과 통한다.

공자는 말했다. "군자는 의리에서 깨닫고, 소인은 이익에서 깨닫는다."

즉 의리〔義〕는 멀고 이익〔利〕은 가깝다. '子張 4'의 遠도 公과 연관된다.

자하는 이렇게 말한다. "비록 작은 도라 하더라도 반드시 보아줄 만한 것이 있겠지만 원대함〔遠〕에 이르는 데 장애물이 될까 두렵다. 바로 이 때문에 군자는 하지 않는 것이다."

원대함이란 공의(公義)다. 이로써 의(義)에 관해서도 풀이가 이루어졌다.

이상의 내용이 바로 '그 집안을 가지런히 하는 것은 그 몸을 닦는 데 있다'는 것의 핵심적인 의미이다.

전체적으로는 과유불급(過猶不及)이 수신(修身)의 핵심이라 할 수 있다. 『논어』'先進 15'가 그것이다.

자공이 물었다. "자장과 자하 중에서 누가 더 현명합니까?"

공자는 이렇게 답했다. "자장은 지나치고 자하는 미치지 못한다."

다시 자공이 "그렇다면 자장이 더 낫습니까?"라고 묻자 공자는 답했다. "지나친 것이나 모자란 것이나 다 문제다〔過猶不及〕."
_{과유불급}

누구보다 사람 평하는 일〔知人〕에 관심이 많고 사람 비교하기
_{지인}
〔方人〕를 좋아하는 자공이 물었다. "사(師), 즉 자장과 상(商), 즉 자
_{방인}
하 중에서 누가 더 현명합니까?" 이에 공자는 이렇게 답했다. "자장은 지나치고 자하는 미치지 못한다." 사실 공자는 자공이 너무 사람 비교〔方人〕에 빠져 있는 것에 비판적이었다.
_{방인}

자공이 이런저런 인물평을 하자 공자는 말했다. "자공은 참으로 나보다 나은가 보구나! 나는 그럴 틈이 없다." ('憲問 31')
_{헌문}

그래서 대답이 이처럼 짧았는지도 모른다.

먼저 『논어』에 등장한 자장이나 자하의 일화들 중에서 공자의 이 같은 발언을 뒷받침할 만한 사례 한 가지씩을 살펴보자.

자장이 벼슬자리를 구하는 법을 배우고 싶다고 하자 공자는 말했다. "많이 듣고서(듣되) 의심나는 것은 제쳐놓고 그 나머지 것들에 대해서만 신중하게 이야기한다면 허물이 적을 것이요, 많이 보고서 위태로운 것은 제쳐놓고 그 나머지를 신중하게 행한다면 후

회가 적을 것이니, 말에 허물이 적으며 행실에 후회할 일이 적으면 벼슬자리는 절로 따라오게 될 것이다." ('爲政 18')

공자가 자하에게 말했다. "너는 군자의 유자가 되어야지 소인의 유자가 되지 말라!" ('雍也 11')

주희의 풀이다. "자장은 재주가 높고 뜻이 넓었으나 굳이 어려운 일을 하기를 좋아했으므로 항상 중도(中道)에 지나쳤고, 자하는 독실하게 믿고 삼가며 지켰으나 규모가 협소했으므로 항상 중도에 미치지 못하였다." 중화(中和)나 중용(中庸)의 중요성을 일깨우는 것이다. '先進 1'에서 시작된 중화(中和)의 문맥이 보다 본격화되고 표면화되고 있다.

그런데 자공이 그 뜻을 깨닫지 못하고 우문을 던진다. "그렇다면[然則] 사(師)가 더 낫습니까?" 이에 공자는 현답으로 응수한다. '過猶不及', 즉 지나친 것이나 모자란 것이나 다 문제라는 것이다.

대개는 자공처럼 현자나 지자의 지나침이 어리석은 자의 미치지 못함보다 나으리라고 생각하는데 공자는 둘 다 마찬가지라고 단정했다. 교만을 경계하고 동시에 중도(中道)의 중요성을 일깨우기 위함이었다. 이 장에 대한 윤돈(尹焞)의 풀이다. "중용의 덕스러움이 지극하다. 지나침과 미치지 못함이 똑같으니, 처음에는 털끝만 한 차이가 종말에는 천 리나 어긋나게 된다. 그러므로 성인의 가르침은 지나침을 억제하고 미치지 못함을 이끌어서 중도(中道)에 돌아가게 할 뿐이다." 이 역시 '先進(선진) 1'과 정확히 맥이 통한다.

그리고 이 장은 '公冶長(공야장) 8'과 비교해 읽어볼 필요가 있다.

공자가 자공에게 물었다. "너를 안회와 비교할 때 누가 더 낫다고 생각하느냐?"

자공이 대답했다. "제가 어찌 안회와 비슷하기를 바랄 수 있겠습니까? 안회는 하나를 들으면 열을 아는 사람이고, 저는 하나를 들으면 둘밖에 모르는 사람입니다."

공자는 말했다. "너는 안회만큼 되지는 않는다. (그러나) 네가 안회만큼 되지 못한다는 것을 스스로 인정한 것은 높이 평가한다."

사람 비교(方人(방인))를 위한 질문이라는 점은 같더라도, 윗사람이 아랫사람에게 묻는 것과 아랫사람이 윗사람에게 묻는 것은 천지차이다. 그만큼 아랫사람이 윗사람에게 방인(方人)의 질문을 던지는 것은 삼가야 한다. '憲問(헌문) 31'에서 공자가 자공에게 "자공은 참으로 나보다 나은가 보구나! 나는 그럴 틈이 없다"고 말한 것도 그 때문이다.

전 9장

所謂 治國 必先齊其家者 其家 不可敎 而能敎人者 無之 故 君子不出家
소위 치국 필선제기가자 기가 불가교 이능교인자 무지 고 군자불출가

而成敎於國 孝者 所以事君也 弟者 所以事長也 慈者 所以使衆也
이 성교 어 국 효자 소이 사군 야 제자 소이 사장 야 자자 소이 사중 야

康誥曰 如保赤子 心誠求之 雖不中不遠矣 未有學養子而后嫁者也
강고 왈 여보 적자 심성구지 수 부중 불원의 미유 학 양자 이후 가자 야

一家仁 一國興仁 一家讓 一國興讓 一人貪戾 一國作亂 其機如此 此謂
일가 인 일국 흥인 일가 양 일국 흥양 일인 탐려 일국 작난 기기 여차 차위

一言僨事 一人定國
일언 분사 일인 정국

堯舜帥天下以仁而民從之 桀紂帥天下以暴而民從之 其所令反其所好
요순 솔 천하 이인이민종지 걸주 솔 천하 이폭이민종지 기 소령 반기 소호

而民不從 是故君子有諸己 而後求諸人 無諸己而後非諸人 所藏乎身不恕
이 민 부종 시고 군자 유제기 이후 구 제인 무 제기 이후 비 제인 소장 호 신 불서

而能喩諸人者 未之有也
이 능 유 제인 자 미지유 야

故治國在齊其家
고 치국 재 제 기가

詩云 桃之夭夭 其葉蓁蓁 之子于歸 宜其家人 宜其家人而后 可以敎國人
시운 도지 요요 기엽 진진 지자 우귀 의기 가인 의기 가인 이후 가이 교 국인

詩云 宜兄宜弟 宜兄宜弟而后 可以敎國人
시운 의형 의제 의형 의제 이후 가이 교 국인

詩云 其儀不忒 正是四國 其爲父子兄弟 足法而后民法之也
시운 기의 불특 정시 사국 기위 부자 형제 족법 이후 민 법지 야

此謂 治國在齊其家
차 위 치국 재 제 기가

이른바 나라를 (제대로) 다스리는 것은 반드시 그에 앞서 집안을 가지런히 하는 데 있다는 말은 집안을 제대로 가르치지 않고서 다른 사

람들을 제대로 가르치는 일은 없다는 뜻이다. 그러므로 군자라면 집 밖을 나서지 않고서도 나라에 가르침을 이룬다. 효도는 임금을 섬기게 해줄 수 있는 원천이요, 공경은 윗사람을 섬기게 해주는 원천이요, 자애로움은 백성들을 잘 다스릴 수 있게 해주는 원천이다.

『서경』의 '강고'에 '적자(赤子)를 보호하듯이'라는 말이 있다. 마음이 이런 절실함으로 어떤 일을 구하려 한다면 설사 적중하지 못할 경우에도 (인이나 도에서 크게) 멀지는 않을 것이다. 아이 키우는 법을 배운 다음에 시집가는 것은 아니지 않은가.

한 집안이 어질면 한 나라가 어짊을 흥기시키고, 한 집안이 사양할 줄 알면 한 나라가 사양함을 흥기시키고 한 사람이 탐욕스러워 어그러지면 한 나라가 난을 일으키니 그 은미한 작용이 이와 같다. 이를 일러 (옛말에) "한 마디 말이 일을 그르치고 한 사람이 나라를 안정시킨다"고 하는 것이다.

요임금과 순임금이 천하를 어짊으로써 이끄시자 백성들이 그것을 따랐고, 걸왕과 주왕이 천하를 포악함으로써 이끌 때도 백성들은 그것을 따랐다. (어째서 그런가?) 백성들은 위에서 내려오는 명령이 자신들이 좋아하는 것과 반대가 되면 따르지 않는다. 바로 이 때문에 군자는 먼저 자신에게 적용하여 좋을 때에만 남에게도 그것을 요구하고, 자신에게 적용하여 좋지 않을 때에는 남에게도 그것을 요구하지 않는다. 자기 몸에 간직하고 있는 것이 남에게 요구할 만한 것이 못되면서 능히 남을 깨우치는 사람은 없다.

그러므로 나라를 잘 다스리는 요체는 그 집안을 가지런히 하는 데 있다.

『시경』에 이르기를 '복숭아 꽃의 어여쁨이여, 그 잎이 무성하구나! 시집가는 저 아가씨의 아름다운 혼례여, 그 집안은 얼마나 좋을까!'라고 하였으니, 집안사람들에게 마땅한 후에야 나라 사람들을 가르칠 수 있다.

『시경』에 이르기를 '형에게 마땅해야 하고 아우에게도 마땅해야 하느니'라고 하였으니 형에게도 마땅해야 하고 아우에게도 마땅한 뒤에야 나라 사람들을 가르칠 수 있다.

『시경』에 이르기를 '그 위엄이 이지러지지 않아 이 사방 나라를 바로잡는다'고 하였으니 그 부자와 형제가 충분히 본받을 만한 뒤에야 백성들이 그것을 본받는다.

바로 이런 것을 일러 나라를 제대로 다스리는 요체는 그 집안을 가지런히 하는 데 있다고 하는 것이다.

🍀　　이른바 '나라를 (제대로) 다스리는 것은 반드시 그에 앞서 집안을 가지런히 하는 데 있다'는 것의 의미를 이번에는 한 마디로 풀어낸다. 즉 집안을 제대로 가르치지 않고서 다른 사람들을 제대로 가르치는 일은 없다는 뜻이라는 것이다. 핵심은 가르치다〔敎〕이다. 다스리다〔治〕나 가지런히 하다〔齊〕나 결국은 가르친다〔敎〕는 말이다.

이어지는 말은 '교(敎)'의 함축적인 의미에 대한 풀이다. '군자라면 집 밖을 나서지 않고서도 나라에 가르침을 이룬다. (왜냐하면 집안에서의) 효도〔孝〕는 임금을 섬기게 해줄 수 있는 원천이요, (집안에서의)

공경〔弟〕은 윗사람을 섬기게 해주는 원천이요, (집안에서의) 자애로움 〔慈〕은 백성들을 잘 다스릴 수 있게 해주는 원천이기 때문이다.'

제가(齊家)가 곧바로 치국(治國)으로 확장되어 적용될 수 있다는 말이다. 사실 이 점은 『논어』에서 수없이 반복해서 강조되는 요점이다. '學而 9'는 그 전형적인 사례다.

증자는 말했다. "부모님의 상을 삼가서 치르고, 먼 조상까지도 잊지 않고 추모하면〔愼終追遠〕 백성의 백성다움도 두터워질 것이다."

愼終追遠이란 부모님의 상(喪)을 삼가서 치르고 먼 조상까지도 잊지 않고 추모〔祭祀〕하는 것이다. 즉 증자는 "부모님의 상(喪)을 삼가서〔愼〕 치르고 먼 조상〔遠〕까지도 잊지 않고 추모〔祭祀〕하면 백성의 다움이 두터운 데로 돌아갈 것"이라고 말하고 있다.

가까이 자신의 부모와 조상을 충심으로 섬기면 백성들도 자연스럽게 그런 군주를 믿고서 덕(德)의 가르침을 따르게 될 것이라는 말이다. 『논어』에는 제가가 치국의 원천임을 강조하는 구절들이 여러 차례 나온다.

공자는 말했다. "공손하되 예가 없으면 수고롭고, 삼가되 예가 없으면 두렵고, 용맹하되 예가 없으면 위아래 없이 문란해질 수 있고, 곧되 예가 없으면 강퍅해진다. 임금이 친족들에게 돈독히 하면 곧 백성들 사이에서 어진 마음과 행동이 자연스레 생겨나고, 또 (새로

등극한) 임금이 옛 친구, 즉 선왕의 옛 신하들을 버리지 않으면 백성들이 배반과 같은 각박한 짓을 하지 않는다."('泰伯 2')
대백

주공이 아들 노공에게 말했다. "참된 군주는 그 친척을 버리지 않으며, 대신으로 하여금 써주지 않는 것을 원망하지 않게 하며, 선대왕의 옛 신하들이 큰 문제가 없는 한 버리지 않으며, 한 사람에게 모든 것이 갖춰져 있기를 바라지 않는다."('微子 10')
미자

이는 군주와 백성 사이에서뿐만 아니라 부모 자식 사이에서도 적용된다. 매사에 성심성의〔忠信〕를 다하고 나아가 부모와 조상에 대해서까지 그런 마음자세를 잃지 않는다면 그 자식들도 보고 배워서 덕스러운 품성을 키워나가게 될 것이기 때문이다. 가르침이 이루어짐〔敎化〕의 전범을 제시하고 있다.
충신
교화

가르침이 곧 교화(敎化)이며 성교(成敎)이다.

우선 『서경』의 '강고'에 나오는 '적자(赤子)를 보호하듯이'라는 구절을 인용해 가르침〔敎〕의 절실함을 풀이한다. 원래 적자란 '어린 아이'라는 뜻이다. 보다 정확한 이해를 위해 전후의 구절들을 약간 보충해서 살펴볼 필요가 있다. 이 말은 무왕이 아우인 주공에게 당부하는 가운데 나온다.
교

"악을 보기를 마치 몸에 병이 있는 것처럼 여기면 백성들이 모두 허물을 버릴 것이며, 선한 사람 보호하기를 마치 적자(赤子)를 보호하듯이 하면 백성들이 편안히 다스려질 것이다."

그리고 '적자를 보호하듯이'에 대한 풀이가 이어진다. "마음이 이런 절실함으로 어떤 일을 구하려 한다면 설사 적중하지 못할 경우에도 (인이나 도에서 크게) 멀지는 않을 것이다." 절실함으로 노력한다면 설사 목표에 다 이르지는 못해도 근처까지는 갈 수 있으리라는 말이다. 일단 절실하게 시도하는 것 자체가 중요하다는 것이다. 이를 비유하여 '아이 키우는 법을 배운 다음에 시집가는 것은 아니지 않느냐'고 말한다. 일단 시집을 가서 적자를 보호하듯이 하다 보면 제대로 된 육아법을 배울 수 있듯이 집안에서부터 제대로 된 길을 가다 보면 먼 훗날 나라를 다스릴 때에도 제대로 할 수 있으리라는 것이다.

이는 곧 수신이나 제가가 치국으로 자연스럽게 확대될 수 있음을 보여준다. 이에 대한 주희의 풀이도 같은 맥락이다. "가르침을 세우는 근본〔立敎之本〕은 억지로 하는 것이 아니라 그 단서를 알아서 그에 미루어〔推〕 넓혀가는 것일 뿐임을 밝힌 것이다."

그리고 다시 제가와 치국의 관계를 알기 쉽게 풀이한다. "한 집안이 어질면 한 나라가 어짊을 흥기시키고, 한 집안이 사양할 줄 알면 한 나라가 사양함을 흥기시키고, 한 사람이 탐욕스러워 어그러지면 한 나라가 난을 일으키니 그 은미한 작용이 이와 같다. 이를 일러 (옛말에) '한 마디 말이 일을 그르치고 한 사람이 나라를 안정시킨다'고 하는 것이다."

우선 여기서 한 집안이나 한 사람은 다 군주의 집안이나 군주로 봐야 한다. 군주의 집안이 어질면 나라도 어질어질 것이고, 군주의 집안이 사양의 미덕을 갖고 있으면 나라 전체에도 사양하는 기풍이 널리 확산될 것이라는 말이다. 군주가 탐욕스러우면 나라도 탐욕스러워져서 난(亂)에 이르게 될 가능성이 크다는 말이다.

여기서 한 가지 짚고 넘어가야 할 단어는 사양(讓)이다. 『논어』 '里仁 13'은 그 정확한 의미를 이해하는 데 결정적인 도움을 준다.

공자는 말했다. "예의와 겸양으로써 나라를 다스린다면 무슨 어려움이 있겠는가? 예의와 겸양으로써 나라를 다스릴 수 없다면 그런 예라는 것을 어디다 쓰겠는가?"

이 장에서 공자는 군자의 도(道)를 나라 다스리기(爲政)에 적용했을 경우 어떻게 될 것인가를 물음의 형식으로 제시한다.

먼저 공자는 임금이 예의(禮)와 겸양(讓)으로써 나라를 다스린다면 무슨 어려움이 있겠는가라고 묻는다. 이에 대한 정약용의 보충이다. "제후들이 황제의 자리에 대한 찬탈을 자행하고 대부가 참람한 짓을 하는 것은 능히 예의와 겸양으로써 나라를 다스리지 못하는 것이다. 이와 같은 사람은 예를 시행하고자 하여도 예 같은 것이 무슨 구실을 하겠는가? 이는 예를 쓸 수 없음을 말한 것이다."

『논어』에는 겸양(讓)을 통해 덕을 이루고 나라를 구한 인물이 소개돼 있다. '泰伯 1'에 나온다.

공자는 말했다. "태백은 지덕한 인물이라고 부를 만하다. 세 번

천하를 사양하고도 백성들이 그 다움을 칭송할 수 없게 하였구나!"

여기서 '그 다움을 칭송할 수 없게 하였구나'는 자신의 흔적을 전혀 남기지 않았다는 뜻이다. 하지만 그냥 '(그 다움이 너무 커서) 칭송할 길이 없구나'로 풀어도 무방하다.

다시 '里仁 13'의 본문으로 돌아가보자. 이 장의 뒷부분은 좀 더 정밀하게 볼 필요가 있다. "예의와 겸양으로써 나라를 다스릴 수 없다면 그런 예(禮)라는 것을 어디다 쓰겠는가〔不能以禮讓爲國 如禮何〕?" 나라를 다스리는 데 근본이 될 만한 예(禮)가 아니면 예라고 할 수 없다는 것이다. 즉 군자가 예를 구할 때는 이런 규모 있는 예를 추구해야 한다는 뜻으로 읽힌다. 정약용의 풀이와는 조금 다르다.

그리고 수기에서 치인으로 넘어가는 이행과정에서 사양〔讓〕의 중요성을 보여주는 구절은 『논어』 '學而 10'이다. 여기서 우리는 진퇴(進退)의 도리로써 공자의 사양을 상세하게 볼 수 있다.

자금이 자공에게 물었다. "공자께서는 찾아간 나라에 이르셔서 반드시 그 정사(政事)를 들으시니 그분이 (정치에 관심이 많아) 그렇게 하려고 구해서 그런 것입니까? 아니면 제후가 먼저 공자에게 청해서 그렇게 된 것입니까?"

자공은 이렇게 답했다. "공자께서는 온화하고 반듯하고 공손하고 검소하고 겸손한 성품과 태도를 통해 그것, 즉 정치참여의 기회나 지위를 얻은 것이니 설사 공자께서 그것을 그분이 먼저 구해서 얻었다고 하더라도 다른 사람들이 그것을 구하는 것과는 근본적으로 다를 것이네."

자금(子禽)은 진강(陳亢)을 말하는 것으로 공자의 제자라는 말도 있고 공자의 제자인 자공(子貢)의 제자, 즉 공자의 손자제자라는 말도 있다. 주희도 둘 중에서 어느 것이 옳은지 모르겠다는 입장을 밝힌다. 이 대목만 놓고 보자면 자금이 자공에게 묻는 내용으로 보아 후자 같기도 하다.

먼저 자금이 자공에게 묻는다. "공자께서는 찾아간 나라에 이르셔서 반드시 그 정사(政事)를 들으시니 그분이 (정치에 관심이 많아) 그렇게 하려고 구해서 그런 것입니까? 아니면 제후가 먼저 공자에게 청해서 그렇게 한 것입니까?" 실제로 공자의 현실정치 참여의지는 남다른 데가 있었다. 다소 비판적인 입장에서 보면 마치 권력을 구걸하는 듯이 비칠 수도 있었다. 제자이거나 제자의 제자인 자금이 젊은 눈으로 볼 때는 아무래도 그 점이 꺼림칙했기 때문에 이런 질문을 던졌을 것이다.

자금의 쉽지 않은 질문에 자공은 이렇게 답한다. "공자께서는 온화하고〔溫〕 반듯하고〔良〕 공손하고〔恭〕 검소하고〔儉〕 겸손한〔讓〕 성품과 태도를 통해 그것, 즉 정치참여의 기회나 지위를 얻은 것이니 설사 그것을 그분이 먼저 구해서 얻었다고 하더라도 다른 사람들이 그것을 구하는 것과는 근본적으로 다를 것이네." 우문현답(愚問賢

答)으로 볼 수도 있고, 공자를 위한 제자 자공의 당연한 변호로 볼 수도 있다.

자공은 성이 단목(端木)이요 이름은 사(賜)로 위(衛) 나라 사람이며 공문십철(孔門十哲) 중 한 명이다. 공자가 '사(賜)야'라고 부르는 제자가 바로 자공이다. 이재(理財)에 밝아 공문(孔門)의 번영은 그의 재력에 크게 의존했다고 한다. 공자가 죽은 뒤 노나라를 떠나 위나라에 가서 벼슬하였으며, 제나라에서 죽었다. 공자의 제자 중에서 보기 드문 정객(政客)이다.

자금과 자공의 이 문답은 공자의 말(語)에 대한 해석이라기보다는 가끔 에피소드처럼 등장하는 공자의 생생한 면모에 대한 보고 내지 목격담이라고 보는 게 좋을 듯하다. 그런 점에서는 이 장은 이와 비슷한 내용들을 한꺼번에 모아놓은 '子張(자장)' 편 후반부에 놓아도 될 듯하다. 텍스트(공자)와 해석(제자)의 관계에서는 약간 벗어나 있는 구절인 것이다.

그런데 왜 『논어』의 편찬자는 이 에피소드를 이처럼 비중이 큰 머리말 부분에 배치한 것일까? 이 장은 수기와 치인을 연결해 주는 고리역할을 한다고 보았기 때문이다. 이 두 가지는 반드시 연결되어야 한다는 것이 공자 특유의 사상이며 유가의 핵심이다. 바로 이 장이 그 연결고리라고 보았기 때문에 공자 사후의 에피소드임에도 불구하고 편찬자는 여기에 배치했다고 봐야 한다.

두 사람의 문답이 전하고자 하는 메시지는 문면에 드러난 그대로이다. 정치에 참여하거나 제후의 자문에 응하더라도 공자의 그것은 권력욕이나 출세를 위한 일반 사람들의 그것과는 차원이 다르다는 것이다. 그 다른 근본이유는 공자의 경우 溫, 良, 恭, 儉, 讓의 다섯 가지 덕목(五德)을 갖추고 있었기 때문이다.

이 오덕(五德)은 적어도 유학자로서 정치에 관여하고자 한다면 반드시 갖춰야 할 덕목이라고 확대해서 해석할 수도 있다. 물론 군자나 선비(士)(가 되려는 사람)도 오덕을 갖추려 노력해야 한다.

참고로 정약용은 오덕(五德)이 아니라 사덕(四德)이라고 주장한다. 讓은 溫良恭儉에 붙는 것이 아니라 '讓以得之'라 하여 따로 떼서 읽어야 한다는 것이다. 이렇게 되면 해석도 '공자께서는 온화하고(溫) 반듯하고(良) 공손하고(恭) 검소하여(儉) 겸양함으로써(讓以) 그것을 얻을 수 있었다'고 풀이해야 한다. 이에 대해서는 정약용이 워낙 단호하게 주장하고 있어 그의 주장을 인용한다. "자공이 공자의 덕을 찬미하면서 하필이면 다섯 글자로써 구절을 만들었을 리가 있겠는가? 자금은 공자가 요구하여 얻었을 것으로 의심하였기 때문에 자공이 '공자는 겸양함으로써 그것을 얻을 수 있었다'고 하여 바로 그의 의혹을 깨트려주었으니 '양(讓)' 자를 위로 붙여 읽어서는 안 된다." 양을 주목해야 하는 우리로서는 정약용의 풀이에 주목할 필요가 있다.

여기서 핵심은 옛말이다. 그것이 바로 은미한 작용(機)이다. "한 마디 말이 일을 그르치고 한 사람이 나라를 안정시킨다." 이 점을 이번에는 요순의 역사적 사례를 통해 보여준다. 우선 본문부터 옮겨보자.

"요임금과 순임금이 천하를 어짊으로써 이끄시자 백성들이 그것을 따랐고, 걸왕과 주왕이 천하를 포악함으로써 이끌 때도 백성들은 그것을 따랐다. (어째서 그런가?) 백성들은 위에서 내려오는 명령이 자신들이 좋아하는 것과 반대가 되면 따르지 않는다. 바로 이 때문에 군자는 먼저 자신에게 적용하여 좋을 때에만 남에게도 그것을 요구하고, 자신에게 적용하여 좋지 않을 때에는 남에게도 그것을 요구하지 않는다. 자기 몸에 간직하고 있는 것이 남에게 요구할 만한 것이 못되면서 능히 남을 깨우치는 사람은 없다."

수기에서 치인으로 넘어가는 과정에서 서(恕)의 문제를 다루고 있다. 서(恕)는 『논어』에서도 핵심개념에 속한다. 여러 차례 등장하지만 '公冶長(공야장) 11'에 그 내용이 가장 정확하게 나오기 때문에 그것을 중심으로 풀어가보자.

> 자공이 말했다. "다른 사람들이 저에게 가하기를 원하지 않는 일을 저도 다른 사람들에게 가하지 않겠습니다."
> 공자는 말했다. "자공아, 그것은 네가 도달할 수 있는 경지가 아니다."

지자(知者)인 자공이 등장한다. 어느 날 자공이 마치 뭔가를 깨달은 듯이 공자에게 말한다. "다른 사람들이 저에게 가하기를 원하지 않는 일을 저도 다른 사람들에게 가하지 않겠습니다〔無加諸人(무가제인)〕."

이 말은 공자의 핵심개념 중 하나인 恕를 뜻하는 己所不欲勿施於人과 밀접한 관련이 있다. 간단히 말해 恕란 타인을 자신처럼 여기는 마음이다. '里仁 15'에서 공자가 자신의 도(道)는 '일이관지(一以貫之)'라고 말하고 나가자 다른 제자들이 증자에게 무슨 말이냐고 물었다. 이에 증자는 선생의 도는 충(忠)과 서(恕)뿐이라고 답한다. 한 마디로 충은 자기 마음을 다하는 것이고, 서는 남에게도 자기를 대하듯이 하는 것이다. 이는 忠이라는 글자와 恕라는 글자의 모양에서도 그대로 드러난다. 충서(忠恕)를 제대로 행할 수 있다면 그 사람은 인자(仁者)이다. 공자의 제자 중에는 안회와 증자 정도가 이 경지에 다다랐다.

己所不欲勿施於人이라는 표현은 논어에 두 차례 등장한다. 먼저 '顏淵 2'에서는 중궁(仲弓)이 어짊(仁)에 관해 묻자 여러 가지를 열거하면서 그중 하나로 '자신이 하고자 하지 않는 것을 남에게도 베풀지 말아야 한다(己所不欲勿施於人)'를 언급한다. 또 '衛靈公 23'에서는 이 장의 주인공인 자공이 공자에게 "한 마디 말로 종신토록 행할 만한 것이 있습니까?"라고 묻자 공자는 "그것은 서(恕)다"라고 말한 다음 "그 뜻은 '자신이 하고자 하지 않는 것을 남에게도 베풀지 않는 것(己所不欲勿施於人)'이다"라고 답한다.

그런데 공자는 자공에게 己所不欲勿施於人하라고 해놓고서, 정작 여기서 자공이 그렇게 하기 위해 애쓰겠다고 하니까 "사(賜, 자공)야! 그것은 네가 미칠 수 있는 바가 아니다"고 말한다. 자기모순인가?

여기서 주희가 오랜만에 결정적인 단서를 준다. 주희는 '無加諸人'(무가제인)과 勿施於人에서 無와 勿의 뉘앙스를 구별하면서 無는 자연히 그러한 것이고, 勿은 금지하는 말이라고 보았다. 억지로 노력해서라도 己所不欲勿施於人(기소불욕물시어인)하려는 것은 恕(서)에는 이르지만 仁(인)이라고는 할 수 없다. 인자(仁者)와 지자(知者)의 이분법에 입각해 자공을 지자로 자리매김해 온 그간의 흐름으로 보자면 주희의 이 풀이는 정곡을 찌르고 있다.

참고를 위해 『논어』에서 서(恕)가 등장하는 다른 구절들을 풀이 없이 인용한다.

> 공자가 말했다. "삼아! 나의 도는 하나로 모든 것을 꿰었다."
> 증자는 말했다. "네!"
> 공자가 나가자 다른 제자들이 무슨 뜻이냐고 증자에게 물었다.
> 증자는 말했다. "스승님의 도는 충(忠)과 서(恕)뿐이다." ('里仁(이인) 15')

> 자공이 물었다. "한 마디 말로 종신토록 행할 만한 것이 있습니까?"
> 공자는 말했다. "그것은 서(恕)다. 자신이 하고자 하지 않는 것을 남에게도 베풀지 않는 것이다." (衛靈公(위령공) 23')

요임금 및 순임금의 사례와 관련된 내용에 대해서는 '雍也(옹야) 28'이 전반적인 해설의 역할을 할 수 있다.

자공이 말했다. "만일 백성들에게 은혜를 널리 베풀어 많은 사람들을 구제한다면 그것은 어떠합니까? 그것을 일러 인(仁)이라고 할 수 있습니까?"

공자는 말했다. "어찌 인에만 그치겠는가? 그것은 반드시 성인의 경지라 할 만하다. 요순도 오히려 그것을 근심으로 여겼다. 인자(仁者)는 자신이 서고자 함에 남도 서게 하며, 자신이 통달하고자 함에 남도 통달하게 하는 것이다. 능히 가까운 데서 취해 비유할 수 있다면 인을 행하는 방법이라 할 수 있다."

질문자로 자공이 등장한다. 불혹(不惑)에는 이르렀으나 지천명(知天命)에는 이르지 못했고, 사람을 아는 자〔知者〕이기는 하나 어진 자〔仁者〕라고는 할 수 없는 그 자공이다. 그는 공자로부터 사리에 통달했다는 평도 들었고 말을 잘한다는 평도 얻었다.

자공이 묻는다. "만일〔如〕 백성들에게 은혜를 널리 베풀어〔博施〕 많은 사람들을 구제한다면 그것은 어떠합니까? 그것을 일러 인(仁)이라고 할 수 있습니까?" 뜻이 높고 정치적 야심이 컸던 자공은 인에 대해서도 이처럼 거창한 데서 실마리를 구하려 한 것이다.

공자는 먼저 "어찌 인에만 그치겠는가?"라고 말한다. 그것은 어질다〔仁〕는 정도를 넘어서서 성인(聖人)의 경지에 이른다고 할 만하다는 것이다. 바꿔 말하면 거의 불가능한 일이라는 말이다. 그래서 "요순도 오히려 그것(백성들에게 은혜를 널리 베풀어〔博施〕 많은 사람들을 구제하는 것)을 (제대로 할 수 없었기 때문에 늘) 근심〔病〕으로 여겼다"고 말한다.

공자의 대답 중 여기까지가 전반부다. 그건 성인은커녕 인자의 경지에도 이르지 못하고 겨우 지자 수준에 머물고 있는 자공 네가 논할 바가 아니라는, 사실상의 면박이다. 자공은늘 이것이 문제였다. '爲政(위정) 13'에서 자공이 군자란 어떤 사람이냐고 묻자 공자가 말했다. **"그 말하려는 바를 먼저 실행에 옮기고, 그런 연후에 그 실행한 바를 바탕으로 말을 하는 사람이 군자이다."** 지금 우리가 살펴보고 있는 바로 그 맥락이다. 공자는 말이 앞서고 실행은 뒤처지는 자공을 질책한 것이다.

이어 공자는 인자란 어떤 사람인지를 통해 자공에게 인의 세계를 살짝 보여준다. "인자(仁者)는 자신이 서고자 함에 남도 서게 하며, 자신이 통달하고자 함에 남도 통달하게 하는 것이다." 정약용은 세우다〔立(입)〕를 "몸을 세우고 벼슬자리를 얻는 것"으로, 통달하다〔達(달)〕를 "천성을 이루어 막힘이 없는 것"이라고 풀이한다. 결국 자신이 하고 싶은 것이 있다면 먼저 그것을 남에게 베푸는 서(恕)를 말하고 있다. 그런데 앞서 이미 본 것처럼 공자는 자공이 쉽게 서(恕)의 경지에 오르지 못할 것으로 보았다. 공자의 정신세계에서 인(仁)과 서(恕)는 거의 비슷한 경지다. 왜냐하면 인(仁)은 충(忠)과 서(恕)이기 때문이다.

'公冶長(공야장) 11'에서 자공이 공자에게 "다른 사람들이 저에게 가하기를 원하지 않는 일을 저도 다른 사람들에게 가하지 않겠습니다"라고 말하자 공자는 매몰차게 대답했다. "자공아, 그것은 네가 도달할 수 있는 경지가 아니다." 그런 불가능한 것에 힘쓸 여력이 있거든 현실적으로 가능한 것부터 하나씩 하라는 충고였다.

끝으로 공자가 "가까운 데서 취해 비유할〔能近取譬〕 수 있다면 인(仁)을 행하는 방법이라 할 수 있다"고 한 말은 바로 이런 맥락에서 자공에게 어울리는 실현가능한 실천법을 제시한 것으로 볼 수 있다. 能近取譬, 즉 능히 가까운 비유를 취한다는 것의 뜻을 정약용은 이렇게 풀었다. "아랫사람에게서 비유를 취하여 윗사람을 섬기며, 왼쪽 사람에게서 비유를 취하여 오른쪽 사람을 사귀는 것이다. 공자는 '힘써서 서(恕)를 행하면 인(仁)을 구함이 이보다 가까운 것이 없다'고 하였다."

인을 가까이가 아니라 먼 데서 구하려는 폐단은 자공에게만 해당되는 것이 아니다. 그나마 인을 알고 좋아하는 대부분의 사람들도 사정은 비슷하다. 그래서 공자는 '述而 29'에서 이렇게 말하는 것이다.

"인(仁)이 먼 것이겠는가? 내가 어질고자 하면 이에 어짊이 다가온다."

가깝다는 것은 공간적으로 내 주위가 아니라 정신적으로 바로 나의 하고자 함〔意慾〕에서 인이 생겨날 수도 있다는 것을 의미한다.

이제 결론부에 이르렀다. "그러므로 나라를 잘 다스리는 요체는 그 집안을 가지런히 하는 데 있다."

내용에 대한 풀이는 사실상 끝났다. 이제 『대학』의 편찬자는 『시경』에서 시구 세 개를 인용해 그동안 이야기한 제가와 치국의 관계를 압축적으로 요약한다.

첫째, 『시경』에 이르기를 '복숭아 꽃의 어여쁨이여, 그 잎이 무성하구나! 시집가는 저 아가씨의 아름다운 혼례여, 그 집안은 얼마나 좋을까!'라고 하였으니, 집안 사람들에게 마땅한 후에야 나라 사람들을 가르칠 수 있다.

둘째, 『시경』에 이르기를 '형에게 마땅해야 하고 아우에게도 마땅해야 하느니'라고 하였으니 형에게도 마땅해야 하고 아우에게도 마땅한 뒤에야 나라 사람들을 가르칠 수 있다.

셋째, 『시경』에 이르기를 '그 위엄이 이지러지지 않아 이 사방 나라를 바로잡는다'고 하였으니 그 부자와 형제가 충분히 본받을 만한 뒤에야 백성들이 그것을 본받는다.

그리고 "바로 이런 것을 일러 나라를 제대로 다스리는 요체는 그 집안을 가지런히 하는 데 있다고 하는 것이다"라고 재차 결론짓는다.

전 10장

所謂 平天下在治其國者 上老老而民興孝 上長長而民興弟 上恤孤而民
소위 평천하 재치 기국 자 상 노로 이민 흥효 상 장장 이민 흥제 상 휼고 이민

不倍 是以君子有絜矩之道也
불배 시이 군자 유 혈구 지 도야

所惡於上 毋以使下 所惡於下 毋以事上 所惡於前 毋以先後 所惡於後
소오 어상 무이 사하 소오 어하 무이 사상 소오 어전 무이 선후 소오 어후

毋以從前 所惡於右 毋以交於左 所惡於左 毋以交於右 此之謂絜矩之道
무이 종전 소오 어우 무이 교어좌 소오 어좌 무이 교어우 차지위 혈구 지도

詩云 樂只君子 民之父母 民之所好好之 民之所惡惡之 此之謂民之父母
시운 낙지 군자 민지 부모 민지 소호 호지 민지 소오 오지 차지위 민지 부모

詩云 節彼南山 維石巖巖 赫赫師尹 民具爾瞻 有國者不可以不愼 辟則
시운 절피 남산 유석 암암 혁혁 사윤 민구 이첨 유국자 불가이 불신 벽즉

爲天下僇矣
위 천하 륙의

詩云 殷之未喪師 克配上帝 儀(宜)監于殷 峻命不易 道得衆則得國 失衆
시운 은지 미상 사 극배 상제 의 의 감우은 준명 불이 도 득중 즉 득국 실중

則失國
즉 실국

是故 君子先愼乎德 有德此有人 有人此有土 有土此有財 有財此有用
시고 군자 선 신호 덕 유덕 차 유인 유인 차 유토 유토 차 유재 유재 차 유용

德者本也 財者末也 外本內末 爭民施奪 是故 財聚則民散 財散則民聚
덕 자 본야 재 자 말야 외본 내말 쟁민 시탈 시고 재취 즉 민산 재산 즉 민취

是故 言悖而出者 亦悖而入 貨悖而入者 亦悖而出
시고 언 패이출 자 역 패이입 화 패이입 자 역 패이출

康誥曰 惟命不于常 道善則得之 不善則失之矣
강고 왈 유명 불우상 도 선즉 득지 불선 즉 실지 의

楚書曰 楚國 無以爲寶 惟善以爲寶
초서 왈 초국 무이 위보 유선 이위보

舅犯曰 亡人 無以爲寶 仁親以爲寶
구범 왈 망인 무이 위보 인친 이위보

秦誓曰 若有一个臣 斷斷兮 無他技 其心休休焉 其如有容焉 人之有技
진서 왈 약유 일개 신 단단 혜 무 타기 기심 휴휴 언 기여 유용 언 인지 유기

若己有之 人之彦聖 其心好之 不啻若自其口出 寔能容之 以能保我子孫
약기유지 인지언성 기심호지 불시약자기구 출 식능용지 이능보아 자손

黎民 尙亦有利哉 人之有技 媢疾以惡之 人之彦聖 而違之俾不通 寔不能
여민 상역유리재 인지유기 모질이오지 인지언성 이위지비불통 식불능

容 以不能保我子孫黎民 亦曰殆哉
용 이불능보아 자손 여민 역왈태재

唯仁人放流之 迸諸四夷 不與同中國 此謂 唯仁人 爲能愛人 能惡人 見
유인인 방류지 병제사이 불여동 중국 차위 유인인 위능애인 능오인 견

賢而不能擧 擧而不能先 命(慢)也 見不善而不能退 退而不能遠 過也
현이불능거 거이불능선 명 만 야 견불선이불능퇴 퇴이불능원 과야

好人之所惡 惡人之所好 是謂拂人之性 菑必逮夫身 是故君子有大道 必
호 인지소오 오 인지소호 시위불 인지성 재필체부신 시고 군자유대도 필

忠信以得之 驕泰以失之
충신이득지 교태이실지

生財有大道 生之者衆 食之者寡 爲之者疾 用之者舒 則財恒足矣 仁者
생재유대도 생지자중 식지자과 위지자질 용지자서 즉재항족의 인자

以財發身 不仁者以身發財 未有上好仁而下不好義者也 未有好義 其事
이재발신 불인자 이신발재 미유상 호인이하불호 의자야 미유 호의 기사

不終者也 未有府庫財非其財者也
부종자야 미유 부고 재비기재자야

孟獻子曰 畜馬乘不察於鷄豚 伐冰之家不畜牛羊 百乘之家不畜聚斂之
맹헌자 왈 축 마승 불찰어 계돈 벌빙지가 불축 우양 백승지가 불축 취렴 지

臣 與其有聚斂之臣 寧有盜臣 此謂 國不以利爲利 以義爲利也
신 여기유 취렴지신 영유 도신 차위 국 불이이위리 이의위리야

長國家而務財用者必自小人矣 彼(爲善之)小人之使爲國家 菑害並至 雖
장 국가이무 재용 자필자 소인의 피 위선지 소인지사위 국가 재해병지 수

有善者 亦無如之何矣 此謂 國不以利爲利 以義爲利也
유 선자 역무 여지하의 차위 국 불이이위리 이의위리야

 이른바 천하를 평정하여 평안케 하는 것이 그 나라를 제대로 다스
림에 있다는 것은 나라의 임금이 노인을 노인으로 높이면 백성들은 효

(孝)를 흥기하고, 임금이 윗사람을 윗사람으로 대우하면 백성들은 공손함을 흥기하고, 임금이 고아를 불쌍히 여기면 백성들도 고아를 저버리지 않는다는 말이다. 이 때문에 군자에게는 헤아려서 재는 혈구지도(絜矩之道)가 있는 것이다.

윗사람에게서 싫었던 것으로 아랫사람을 절대 부리지 말며, 아랫사람에게서 싫었던 것으로 윗사람을 절대 모시지 말며, 앞사람에게서 싫었던 것으로 뒷사람에게서 절대 요구하지 말며, 오른쪽 사람에게서 싫었던 것으로 왼쪽 사람을 절대 사귀지 말며, 왼쪽 사람에게서 싫었던 것으로 오른쪽 사람을 절대 사귀지 말아야 한다. 이것이 바로 혈구지도이다.

『시경』에 이르기를 '화락(和樂)한 군자여, 백성의 부모로다!'라 하였으니, 백성들이 좋아하는 바를 (군주도) 좋아하고 백성들이 싫어하는 바를 (군주도) 싫어하는 것을 일러 '백성의 부모'라 한 것이다.

『시경』에 이르기를 '깎아지른 저 남산이여, 바위가 높고도 높구나! 광채 나는 스승 윤씨여, 백성들이 모두 그대를 보도다!'라 하였으니, 나라를 가진 자(군주)는 삼가지 않을 수 없다. 만일 편벽되면 천하로부터 죽임을 당한다.

『시경』에 이르기를 '은나라가 백성을 잃지 않았을 때에는 능히 상제(上帝)에 짝했었다. 마땅히 은나라를 거울로 삼을지어다. 천명을 보존하는 것이 쉽지 않구나'라고 하였으니, 이는 백성을 얻으면 나라를 얻고 백성을 잃으면 나라를 잃게 된다는 것을 말한 것이다.

이 때문에 군자(군자다운 군주)는 먼저 덕에 있어 삼가고, 덕이 있으면 이는 사람을 얻는 것이고, 사람을 얻으면 이는 땅을 얻는 것이고, 땅을 얻으면 이는 재물을 얻는 것이고, 재물을 얻으면 이는 곧 씀이 있는 것이다.

덕이라는 것이 근본이고 재물이라는 것은 가지이다. (그런데 이를 뒤집어) 밖(재물)을 근본으로 하고 안(덕)을 곁가지로 하면 백성들을 서로 싸우게 만들어 백성들끼리 빼앗기 싸움을 가르치는 것이다. 그렇기 때문에 재물이 모이면 백성들이 흩어지고, 재물이 흩어지면 백성들이 모인다고 하는 것이다. (또) 그렇기 때문에 말이 어그러져서 나가는 것은 역시 어그러져서 들어오고, 재물이 어그러져서 들어오는 것은 또한 어그러져서 나가게 되는 것이다.

『서경』의 '강고'에 이르기를 '천명이라는 것은 일정한 것이 아니다'고 했다. 이는 선(善)하면 얻고 선하지 못하면 잃는다는 뜻이다.

『국어(國語)』의 '초어(楚語)'에 이르기를 '초나라는 달리 보배로 삼는 것이 없고 오직 훌륭한 사람만을 보배로 삼았다'고 했다.

진(晉) 나라 문공(文公)의 외삼촌 범(犯)이 이렇게 말했다. "망명자(문공)는 달리 보배로 삼는 것이 없었고, 어버이를 사랑하는 것을 보배로 삼았다."

『서경』의 '진서'에 이르기를 "만일 어느 한 신하가 한결같고 특별한 다른 재주는 없지만 그 마음은 너그러워 포용력이 있어 다른 사람들의 재주를 자기 것처럼 여기며 다른 사람들의 훌륭한 점을 좋아하기를 자기 입에서 나온 것보다 더 한다면, 이는 능히 남을 포용하는 것이어서 나의 자손과 백성을 보전할 것이니 분명 큰 이로움이 있을 것이다. (반면에) 남의 재주를 시기하고 미워하며 남의 훌륭한 점을 참고 보지 못해 두루 통하지 못하게 한다면, 이는 다른 사람을 포용하지 못하는 것이어서 나의 자손과 백성을 보전하지 못할 것이니 분명 위태로움이 있을 것이다"고 했다.

오직 (임금이) 어진 사람이라야 (포용력이 없고 남을 시기하는) 그런 자들을 추방하여 유배를 보내 저 오랑캐 땅으로 내쫓아 그들과 더불어 함께 중국(中國)에 살지 않으니, 이를 일러 "오직 어진 자라야 제대로 사람을 사랑하고 제대로 사람을 미워한다"고 하는 것이다. 어진 이를 보고서도 들어 쓰지 못하고, 들어 쓰더라도 앞에 세우지 못하는 것은 태만함이요, 선하지 못한 이를 보고서도 물리치지 못하고, 물리치더라도 멀리 하지 못하는 것은 잘못이다.

백성들이 싫어하는 것을 좋아하고 백성들이 좋아하는 것을 싫어하는 것을 일러 '사람의 본성을 거스른다'고 한다. (이렇게 할 경우) 재앙이 반드시 그 몸에 미친다. 이러하기 때문에 군자(군주)에게는 큰 도리가 있으니 반드시 충신(忠信)으로써 얻고 교만과 방자로써 잃는다.

재물을 늘리는 데는 큰 방법이 있으니 늘리는 자가 많고 쓰는 자가 적으며, 늘리기를 빨리 하고 쓰기를 느리게 하면 재물은 늘 충분할 것이다. 어진 자는 재물로써 몸을 일으키고 어질지 못한 자는 몸으로써 재물을 일으킨다. 윗사람이 인(仁)을 좋아하는데 아랫사람이 의(義)를 좋아하지 않는 자는 없으니, (아랫사람들이) 의를 좋아하고서 윗사람의 일이 끝마쳐지지 못하는 경우는 없으며 창고의 재물이 윗사람의 재물이 아닌 경우가 없는 것이다.

맹헌자(孟獻子)가 말했다. "마승(馬乘)을 기르는 자는 닭과 돼지를 기르는 데 관심이 없고, 얼음을 쓰는 집안은 소와 양을 기르지 않고, 백승(百乘)의 집안은 취렴하는 신하를 기르지 않으니, 취렴하는 신하를 기르기보다는 차라리 도둑질하는 신하를 두라." 이는 곧 나라는 이익을 이익으로 여기지 않고 의리를 이익으로 여긴다는 뜻이다.

나라의 장(長)이 되어 재용(財用)에 힘쓰는 자는 반드시 소인에서 비롯되니, 소인으로 하여금 국가를 다스리게 하면 천재(天災)와 인해(人害)가 함께 이른다. 비록 잘하는 자가 있더라도 또한 어쩔 수가 없을 것이니, 이것을 일러 나라는 이익을 이익으로 여기지 않고 의리를 이익으로 여긴다고 한다.

일단 '천하를 평정하여 평안케 하는 것〔平天下〕은 그 나라를 제대로 다스림에 있다'는 것의 뜻을 세 가지로 풀어낸다. 이는 앞의 것들과 마찬가지로 치국(治國)의 방도를 풀어내는 것이다.

첫째로 나라의 임금〔上〕이 노인을 노인으로 높이면 백성들은 효(孝)를 흥기하고, 둘째로 임금이 윗사람을 윗사람으로 대우하면 백성들은 공손함〔弟〕을 흥기하고, 셋째로 임금이 고아를 불쌍히 여기면 백성들도 고아를 저버리지 않는다. 이 때문에 군자에게는 헤아려서 재는 도리가 있는 것이다.

여기서 핵심은 본받음〔法〕이다. 임금이 노인을 높이면 자연스럽게 백성들도 그것을 본받아 효심을 더욱 발하게 된다. 여기서 長(장)은 신분 서열로 봐야 한다. 물론 임금이 지위는 높지만 신하들의 서열을 존중해 줄 때 백성들도 신하들에게 공손하게 된다.

특히 인상적인 것은 세 번째다. "임금이 고아를 불쌍히 여기면 백성들도 고아를 저버리지 않는다." 앞의 두 가지가 예(禮)에 가깝다면 이것은 인(仁)이다. 우선 『논어』 '衛靈公(위령공) 35'를 보자.

공자는 말했다. "인을 행하는 데 있어서〔當仁(당인)〕는 스승에게도 사양하지 않는다."

주희의 풀이다. "당인(當仁)은 인(仁)을 자신의 임무로 삼는 것이다. 비록 스승에게도 또한 사양하는 바가 없다는 것은 마땅히 용맹스럽게 가서 반드시 해야 함을 말씀하신 것이다. 인은 사람이 스스로 소유하여 스스로 하는 것이고 다툼이 있는 것이 아니니 어찌 사양함이 있겠는가?"

그러나 결국은 當仁(당인)은 '인을 행함에 있어'라는 뜻이다. 그런 맥락에서는 仁(인)의 실천적 측면을 강조한 정약용의 풀이가 도움이 된다. "인이라는 이름은 반드시 일을 행하고 난 뒤에 이루어진다. 순임금은 (아버지) 고수(瞽瞍)를 즐겁게 한 뒤에야 그 효를 이루었고, 비간(比干)은 은나라의 주(紂)에게 매우 간절히 간한 뒤에야 그 충(忠)을 이루었으며, 문왕은 사궁(四窮-네 종류의 곤궁한 사람인 鰥寡孤獨(환과고독)을 뜻한다)을 진휼한 뒤에야 그 자애〔慈(자)〕를 이루었던 것이다. 무릇 사람과 사람 사이에서 그 본분을 다한 뒤에라야 이를 이름하여 인(仁)이라고 한다."

여기서 주목해야 할 것은 환과고독(鰥寡孤獨)이다. 우리는 세 번째, 즉 '임금이 고아를 불쌍히 여기면 백성들도 고아를 저버리지 않는다'는 말을 고아에 한정하지 말고 환과고독으로 확대해서 봐야 한다. 환(鰥)은 홀아비, 과(寡)는 과부, 고(孤)는 고아, 독(獨)은 자식 없는 사람이다.

사람을 사랑하는 마음, 인(仁)은 여기서 그치지 않는다. 공자는 특히 장애인에 대해 각별한 사랑을 갖고 있었다. 『논어』 '衛靈公(위령공) 41'을 보자.

맹인 악사인 면이라는 사람을 만나볼 때 그가 계단에 이르자 공자는 "계단이다"라 하고, 그가 자리에 이르자 "자리다"라고 하고, 제자들이 모두 자리에 앉자 "아무개는 여기에 있고 아무개는 저기에 있다"라고 일러주었다.
면이 나가자 자장이 묻는다. "(지금 보여주신 것이) 악사와 더불어 말을 하는 도리입니까?" 이에 공자는 말했다. "그렇다. 진실로 맹인인 악사를 도와주는 도리이다."

악사(樂師)인 면(冕)이라는 사람을 만나볼 때 그가 계단에 이르자 공자는 "계단이다"라 하고, 그가 자리에 이르자 "자리다"라고 하고, 제자들이 모두 자리에 앉자 "아무개〔某〕는 여기에 있고 아무개는 저기에 있다"라고 일러주었다. 공자가 이렇게 한 이유는 당시 악사(樂師)는 모두 맹인〔瞽〕이었기 때문이다.

면이 나가자 자장이 묻는다. "(지금 보여주신 것이) 악사와 더불어 말을 하는 도리〔言之道〕입니까?" 이에 공자는 말한다. "그렇다. 진실로〔固〕 맹인인 악사를 도와주는〔相〕 도리이다."

먼저 이에 대한 주희의 풀이부터 보자. "공자께서 억지로 마음을 일으켜서 하신 것이 아니요, 다만 그 도리를 다하셨을 뿐이다." 그 도리란 다름 아닌 인(仁), 즉 사람을 사랑하는 것〔愛人〕이다.

범조우(范祖禹)의 풀이는 좀 더 구체적이다. "공자께서는 홀아비와 과부를 업신여기지 않고, 호소할 곳 없는 이를 괄시하지 않으셨음을 여기에서 볼 수 있으니, 이것을 천하에 미룬다면 한 사람도 제 살 곳을 얻지 못함이 없을 것이다." 이와 관련해서 『논어』에서 참고할 만한 구절은 다음과 같다.

공자는 상을 당한 사람의 곁에서 음식을 드실 때에는 일찍이 배불리 들지 아니하였다. 또 공자는 문상한 날 곡을 하였을 경우에는 (온종일) 노래를 부르지 아니하였다. ('述而 9')

공자는 낚시로 고기는 잡아도 그물로 잡지는 않았고, 새총으로 새를 잡는 경우에도 잠자는 새는 쏘아 맞추지 않았다. ('述而 26')

공자는 상복을 입은 사람, 관작이 높은 사람, 눈이 먼 사람을 만나볼 경우에는 비록 그 사람이 나이가 적더라도 반드시 일어났고, 그 옆을 지나쳐야 할 때에는 반드시 종종걸음을 하였다. ('子罕 9' 자한)

잠을 잘 때는 죽은 사람처럼 하지 않았다. 상복을 입은 자를 보았을 때는 그 사람이 비록 평소에 낮춰 보던 사람이더라도 반드시 낯빛을 바꾸었고, 면류관을 쓴 사람이나 장님을 보았을 때는 비록 사석에서라도 반드시 예모(禮貌)를 갖추었다. 상복 입은 자에게 공경을 표했고, 지도와 호적을 짊어진 자에게도 공경을 표했다. 진수성찬을 받게 될 때에도 반드시 낯빛을 바꾸고 일어났다. 빠른 우레와 맹렬한 바람에도 낯빛을 바꾸었다. ('鄕黨 15' 향당)

군자가 가르침을 주는 모습으로 이 장을 맺고 있다. 이에 대한 정약용의 총괄적인 풀이는 참고할 만하다. "어떤 이는 '상(相)이란 지팡이다'라고 하였다. 상(相)이라는 글자의 구조는 나무 목(木) 변에 눈 목(目)을 한 글자로서 이는 맹인이 눈이 없어 지팡이로써 눈을 삼음을 형상한 것이다. 이에 맹인을 인도하여 돕는 사람을 상보(相步)라 하고, 이에 빈객을 인도하여 주인을 돕는 사람을 빈상(儐相)이라 하며, 이에 정사를 돕는 신하를 상신(相臣)이라 한다. 임금은 구중궁궐에 거처하고 있어 분명히 알지 못함이 있는데 이를 오로지 상신의 도움에 힘입어 그 전복될 위기를 부지(扶持)하기 때문에 이를 상(相)이라 한다."

絜矩之道에서 絜은 헤아리다, 재다 등을 뜻하고, 矩는 휘어진 자
〔曲尺〕로 물건의 길이와 폭 등을 재는 기구이다. 타인의 마음을 헤아
리고 잴 줄 알아야 한다는 뜻이다. 이에 대한 주희의 풀이가 도움이
된다. "군자는 (자기 자신에) 미루어서 남을 헤아려 남과 나의 사이로
하여금 각각 분수(分數)와 원하는 바를 얻게 하는 것이니, 이렇게 하
면 상하와 사방이 고르고 방정(方正)하여 천하가 평안해질 것이다."

본문에서 혈구지도(絜矩之道)에 대한 상세한 풀이가 이어진다. "윗
사람에게서 싫었던 것으로 아랫사람을 절대 부리지 말며, 아랫사람에
게서 싫었던 것으로 윗사람을 절대 모시지 말며, 앞사람에게서 싫었
던 것으로 뒷사람에게서 절대 요구하지 말며, 오른쪽 사람에게서 싫
었던 것으로 왼쪽 사람을 절대 사귀지 말며, 왼쪽 사람에게서 싫었던
것으로 오른쪽 사람을 절대 사귀지 말아야 한다. 이것이 바로 혈구지
도(絜矩之道)이다."

별도의 풀이가 필요 없을 만큼 명확하다. 앞서 보았던 서(恕)의 정
신을 구체적으로 구현하는 방법을 상세하게 제시한 것으로 볼 수 있
다. 뒤이어 혈구지도의 정신을 압축적으로 보여주는 『시경』의 시구를
비롯해 『대학』 전체를 압축하는 관련 시구들을 인용한 다음 그 뜻을
간명하게 풀어낸다.

첫째, 『시경』에 이르기를 '화락(和樂)한 군자여, 백성의 부모로다!'라
하였으니, 백성들이 좋아하는 바를 (군주도) 좋아하고 백성들이 싫어
하는 바를 (군주도) 싫어하는 것을 일러 '백성의 부모〔民之父母〕'라 한
것이다. 혈구지도를 말한다.

둘째, 『시경』에 이르기를 '깎아지른 저 남산이여, 바위가 높고도 높구나! 광채 나는 스승 윤씨여, 백성들이 모두 그대를 보도다!'라 하였으니, 나라를 가진 자(군주)는 삼가지 않을 수 없다. 만일 편벽되면 천하로부터 죽임을 당한다. 주희에 따르면 윤씨란 주나라의 태사(太師) 윤씨다. 이는 오히려 앞서 수신(修身)을 이야기한 대목을 떠올리게 한다. 주희는 이 또한 혈구지도와도 연결된다고 본다. "윗자리에 있는 자는 백성들이 보고 우러르는 바이니 삼가지 않을 수 없다. 만일 혈구하지 못해서 좋아하고 미워함을 자기 한 몸의 편벽됨을 따르면 몸이 시해당하고 나라가 망하여 천하로부터 죽임을 당함을 말씀한 것이다."

셋째, 『시경』에 이르기를 '은나라가 백성을 잃지 않았을 때에는 능히 상제(上帝)에 짝했었다. 마땅히 은나라를 거울로 삼을지어다. 천명을 보존하는 것이 쉽지 않구나'라고 하였으니, 이는 백성을 얻으면 나라를 얻고 백성을 잃으면 나라를 잃게 된다는 것을 말한 것이다.

이제 내용이 조금씩 진전되어 간다. 먼저 번역을 해보자. "이렇기 때문에〔是故〕 군자(군자다운 군주)는 먼저〔先〕 다움에 있어 삼가고〔愼〕, 다움이 있으면 이는 사람을 얻는 것〔有人〕이고, 사람을 얻으면 이는 땅을 얻는 것〔有土〕이고, 땅을 얻으면 이는 재물을 얻는 것〔有財〕이고, 재물을 얻으면 이는 곧 씀이 있는 것〔有用〕이다."

여기서 눈여겨봐야 할 것은 '먼저〔先〕'이다. 다움을 삼가는 것을 최우선으로 하라는 말이다. 삼강령의 첫 번째로 돌아가야 한다.

모든 일에는 근본과 곁가지가 있고 모든 일에는 끝과 시작이 있으니 먼저 해야 할 것[所先]과 뒤에 해야 할 것[所後]을 잘 알고 있다면 도(道)에 보다 가까이 다가가게 될 것이다.

사실 이것만 놓고 보면 그다지 큰 논란이 생길 여지가 없다. 공간적 의미에서 모든 사물에는 각각 중요한 것과 덜 중요한 것이 있으니 이를 가릴 줄 알아야 하고, (사람이 하는) 모든 일에게는 중요하여 먼저 끝내거나 뒤에 끝내야 할 것이 있고, 덜 중요하여 먼저 시작하거나 뒤에 시작해야 할 것이 있다. 따라서 사물이건 일이건 본말(本末)과 종시(終始)를 정확하게 가려낼 줄 안다면 그 사람은 일을 행하는 도리에 가까워진다는 뜻이기 때문이다.

문제는 주희가 던져놓았다. 그는 본말과 종시를 앞서 나온 내용과 결부시켰다. "다움을 밝히는 것[明德]은 근본[本]이 되고 백성을 새롭게 하는 것[新民]은 곁가지가 되며, 그칠 데를 아는 것[知止]은 처음[始]이 되고 능히 얻게 되는 것[能得]은 끝[終]이 되니, 근본과 시작은 먼저 해야 할 것이요 곁가지와 끝은 뒤에 해야 할 것이다."

그런데 주희는 다움을 밝히는 것이 근본이라고 했는데 여기서는 '먼저 다움에 있어 삼가라'고 말한다. 그것은 이미 임금에 오른 사람은 특히 임금다움[德]이 허물어지지 않도록 조심해야 한다는 뜻이다. 결국 다움을 닦고 유지하는 데 최우선순위를 두라는 말이다. 『논어』 '顏淵 21'은 바로 이 구절에 대한 풀이라고 해도 과언이 아닐 정도로 서로 딱 들어맞는다.

번지가 공자를 따라 기우제를 지내는 단에 갔다가 그 아래에서 물었다. "감히 다움을 높이고 사특함을 깎아 없애고 혹(惑)을 분별하는 법에 대해 묻겠습니다."

공자는 먼저 "좋구나! 그 질문이여!"라고 화답한 다음 각각의 물음에 답했다. "일을 먼저 하고 이득은 뒤로 하는 것이 다움을 높이는 것 아니겠는가? 자신 안에 있는 악을 다스리고 남의 악을 다스리지 않는 것이 사특함을 없애는 것 아니겠는가? 하루아침의 분노로 자신을 망각해 그 (화가) 부모에게까지 미치게 하는 것이 혹(惑) 아니겠는가?"

제자 번지가 공자를 따라서 무우(舞雩)의 아래에 갔을 때 이렇게 물었다. 무우는 뜻으로 봐서는 기우제를 지내는 단(檀)이다.

"감히 다움을 높이고 사특함(慝)을 깎아 없애고 혹(惑)을 분별하는 법에 대해 묻겠습니다."

사특함을 깎아 없애는 것(修慝)만 빼면 자장이 '顔淵 10'에서 물었던 것과 같은 질문이다. 이에 대해 공자는 먼저 "좋구나! 그 질문이여!"라고 화답한 다음 다움을 높이는 문제, 사특함을 없애는 문제, 혹(惑)을 분별하는 문제에 대해 각각 답을 한다. 여기서는 그중에서 다움을 높이는 문제만 살펴보겠다. 나머지는 앞에서 이미 혹(惑), 불혹(不惑)과 관련하여 살펴본 바 있다.

숭덕(崇德)과 관련하여 공자는 "先事後得"이라고 짧게 답한다. 일을 먼저 하고 이득은 뒤로 한다는 뜻으로 선공후사(先公後私)와도 통한다. 일[事]을 공(公)으로 보았다는 점에 주목할 필요가 있다. 이에 대한 주희의 풀이다. "이는 어려운 것을 먼저 하고 소득은 뒤에 하라[先難後獲]는 말과 같다. 당연히 해야 할 바를 하고 그 결과는 계산하지 않는다면 다움이 날로 쌓이면서도 스스로 알지 못할 것이다." 조금은 추상적이다. 그러나 우리가 관심을 가지고 있는 문장을 간략하게 보여주고 있음을 알 수 있다. 범조우(范祖禹)의 풀이는 좀 더 상세하고 피부에 와 닿는다. "이는 의리[義]를 숭상하고 이익이나 재산[利]을 아래로 여기는 것이다. 사람이 이롭고자 하는 마음만 있기 때문에 다움이 높아지지 않는다." 이는 '顔淵 10'에서 했던 말과도 일맥상통한다. 다움을 높이는[崇德] 방법은 "충(忠)과 신(信)을 주로 함으로써 의로움을 실천하는 것이다."

이제 주희의 풀이를 하나씩 읽어보자. "다움은 곧 이른바 명덕(明德 – 公德)이다. 유인(有人)은 백성을 얻음을 이르고, 유토(有土)는 나라를 얻음을 이른다. 나라가 있으면 재용(財用)이 없음을 걱정할 필요가 없는 것이다." 명덕에 대한 풀이가 다소 어색하기는 하지만 전반적인 내용을 이해하는 데는 분명 도움이 된다.

이어지는 구절은 지금까지 살펴본 바에 대한 일종의 보충설명이다. "다움이라는 것이 근본[本]이고 재물이라는 것은 가지[末]이다." 따라서 덕을 우선하고 재물은 뒤로 해야 한다. 본말은 일을 함에 있어 선후에 조응하기 때문이다.

"(그런데) 이를 뒤집어 밖(外 – 재물)을 근본으로 하고, 안(內 – 다움)

을 곁가지로 하면 백성들을 서로 싸우게 만들어 백성들끼리 빼앗기 싸움을 가르치는 것이다. 그렇기 때문에 재물이 모이면 백성들이 흩어지고, 재물이 흩어지면 백성들이 모인다고 하는 것이다. (재물이 모인다는 것은 군주가 가혹하게 세금을 거둬들이는 것이다.) (또) 그렇기 때문에 말이 어그러져서 나가는 것은 역시 어그러져서 들어오고, 재물이 어그러져서 들어오는 것은 또한 어그러져서 나가게 되는 것이다."

이에 대해서는 별도의 풀이가 필요 없을 정도로 명료하다. 다만 주희의 풀이 중 한 문장은 읽어둘 만하다. "(말과 재물의 들어오고 나감을 통해) 능히 혈구하는 자와 혈구하지 못하는 자의 득실(得失)을 밝힌 것이다."

이제 옛 책에 나오는 관련 구절을 통해 지금까지 했던 이야기들을 재확인한다. 먼저 『서경』의 '강고'를 인용한다. "천명이라는 것은 일정한 것이 아니다[惟命不于常]." 이는 선(善)하면 얻고 선하지 못하면 잃는다는 뜻이다. 이는 앞서 본 『시경』의 시를 떠오르게 한다. "은나라가 백성을 잃지 않았을 때에는 능히 상제(上帝)에 짝했었다. 마땅히 은나라를 거울로 삼을지어다. 천명을 보존하는 것이 쉽지 않구나."

이어 역사책 『국어(國語)』 '초어(楚語)'의 한 구절을 인용한다. "초나라는 달리 보배로 삼는 것이 없고, 오직 훌륭한 사람[善]만을 보배로 삼았다." 이는 재물이 아니라 다움을 우선시한 사례다.

이어지는 구절은 주희에 따르면 『예기』의 '단궁'에 나오는 사례라고 한다. 여기서 진(晉) 나라 문공(文公)의 외삼촌 범(犯)이 이렇게 말했다. "망명자는 달리 보배로 삼는 것이 없었고, 어버이를 사랑하는 것을 보배로 삼았다." 여기서 망명자는 문공이다. 문공이 세자시절 정치적인 이유로 망명을 가 있었던 것이다. 맥락을 보면 외삼촌 범이 문공을 칭찬하는 것이다. 내용은 앞의 '초어'와 거의 비슷하다. 다음에 이어지는 것도 마찬가지다.

『서경』의 '진서'를 길게 인용한다. "만일 어느 한 신하가 한결같고〔斷斷〕 특별한 다른 재주는 없지만 그 마음은 너그러워〔休〕 포용력이 있어 다른 사람들의 재주를 자기 것처럼 여기며 다른 사람들의 훌륭한 점을 좋아하기를 자기 입에서 나온 것보다 더 한다면, 이는 능히 남을 포용하는 것이어서 나의 자손과 백성을 보전할 것이니 분명 큰 이로움이 있을 것이다. (반면에) 남의 재주를 시기하고 미워하며 남의 훌륭한 점을 참고 보지 못해 두루 통하지 못하게 한다면, 이는 다른 사람을 포용하지 못하는 것이어서 나의 자손과 백성을 보전하지 못할 것이니 분명 위태로움이 있을 것이다."

사람을 제대로 보고서 가려 쓰는 문제가 부각되고 있다. 핵심은 容이다. 너그럽고 관대하고 포용하는 것이다. 사람을 쓸 때 중요한 척도가 제시되고 있다. 이 문제는 『논어』에서도 다양한 방식으로 제기된 전형적인 지인(知人)의 문제다. 우선 '진서'와 직접 연결될 수 있는 『논어』 속의 사례들을 보자. '憲問 19'는 포용력이 있는 인물의 사례다.

공숙문자의 가신인 대부 선이 문자와 더불어 함께 공직에 나아갔다. 공자는 이를 듣고서 다음과 같이 말했다. "시호를 문(文)이라 할 만하다."

공숙문자(公叔文子)의 가신(家臣)인 대부 선(僎)이 문자(文子)와 더불어 함께 공(公-정승)에 올랐다는 것은 공식적인 조정의 신하가 되었다는 것이다. 이는 곧 공숙문자가 자신의 가신을 천거하여 나란히 공직에 나아갔다는 뜻이다. 이를 들은 공자는 다음과 같이 평했다. "(공숙문자의 그 같은 처신을 보니 그의) 시호(諡號)를 문(文)이라 할 만하다."

공숙문자는 분명 뛰어난 점이 있었던 인물이었던 것 같다. 여기서 공자는 전해 들은 이야기만을 갖고서 판단한다. 일단 여기서 공숙문자에게 문(文)이라는 시호를 줄 만하다고 평한 것은 극찬이다. 사실 시호법에서 文이라는 시호를 주는 연유는 다양하다. 예를 들어 '도덕이 있고 널리 읽은 것이 많다〔道德博文〕', '도덕이 있고 널리 들은 것이 많다〔道德博聞〕', '일반 백성에게 벼슬을 내려주다〔錫民爵位〕' 등이 그것이다. '公冶長 14'에도 시호 문(文)과 관련된 이야기가 나온다. 주희는 여기서는 錫民爵位를 근거로 해서 공자가 이런 말을 했다고 풀이한다.

정약용이 인용한 명나라의 학자 오무장(吳無障)의 풀이는 좀 더 흥미롭다. "남의 신하로서의 병폐에는 두 가지가 있으니, 하나는 남의 재능을 시기하는 기각(忌刻)인데 후배의 공명(功名)이 나보다 위에 있을까 두려워함이다. 다른 하나는 자존심인데 젊은이들과 서열을 나란히 하는 것을 달갑게 여기지 않는 것이다. 이는 모두 사리사정(私利私情)에 빠져 일에 어두운 것이다. (그러나 문자가) 선을 추천한 일은 그 풍도가 광명하고 준걸스러우니 이러한 두 가지 병폐가 없다."

홍흥조(洪興祖)의 풀이도 참고할 만하다. "가신이라는 낮은 신분의 사람을 이끌어내어 자신과 함께 조정에 나란히 선 것에는 세 가지 선한 점이 있다. 첫째는 사람을 알아본 것(知人)이고, 두 번째는 스스로를 낮춘 것(忘己)이고, 세 번째는 임금에게 충성을 다한 것(事君)이다." 그중에서 지인(知人)을 가장 앞세운 점이 인상적이다. 정확히 우리의 맥락이다.

이번에는 조금 다른 각도에서 '衛靈公 6, 7'을 순서대로 살펴보자. 먼저 '衛靈公 6'이다.

공자는 말했다. "곧도다, 사관 자어여! 나라에 도가 있을 때에 화살처럼 곧으며, 나라에 도가 없을 때에도 화살처럼 곧도다. 군자로다, 거백옥이여! 나라에 도가 있으면 벼슬하고, 나라에 도가 없으면 거두어 감추는도다."

이 장에서는 '衛靈公 5'에서 추상적으로 언급했던 言忠信 行篤敬의 구체적인 사례를 보여준다.

공자는 먼저 사어(史魚)라는 사람에 대해 "곧다(直)"고 칭찬한다. 주희의 풀이에 따르면 사(史)는 사관(史官)이라는 관직명이고, 어(魚)는 위(衛) 나라 대부를 가리키는 말로 이름은 추(鰌)다. 따라서 사어(史魚)란 사관(史官)인 자어(子魚)의 줄임말이다. 이에 대해서는 무엇보다 전후맥락을 먼저 파악할 필요가 있다. 『공자가어(孔子家語)』에 따르면 사어는 죽을 때에 자신이 평소 어진 인물인 거백옥(蘧伯玉)을 등용하지 못하고, 또 불초한 미자하(彌子瑕)를 배척하지 못했다 하여 자신의 시신을 창문 아래에 그냥 방치토록 했다. 위나라 영공(衛靈公)이 사어의 조문을 왔다가 이것을 보고는 그 곡절을 알게 된 다음 자신의 처사를 크게 뉘우쳤다는 것이다. 즉 죽은 후에도 시신(屍身)을 통해 군주에게 간(諫)한 사어에 대해 공자는 "곧다(直)"고 칭찬하고, 나라에 도가 있을 때나 없을 때나 '화살과 같다'고 높이 평가한 것이다.

문제는 다음이다. 공자는 사어가 끝내 등용하지 못한 거백옥에 대해서는 "군자여!"라며 찬사를 보낸다. 사어에 대해서는 곧다(直)고 했고, 거백옥에 대해서는 군자(君子)라고 했다. 어느 쪽이 더 높은 평가일까? 당연히 군자가 더 높은 평가다. 거백옥이 군자인 이유를 공자는 "나라에 도가 있을 때는 벼슬을 하고, 나라에 도가 없을 때는 거두어 감추어두기 때문"이라고 했다. 거두고(卷) 감춤(懷)에 대해 주희는 이렇게 풀이한다.

"거백옥의 출처(出處)가 성인의 도에 부합하였다. 그래서 군자라고 말씀하신 것이다. 권(卷)은 거둠이요 회(懷)는 감춤이니 예컨대 손림보(孫林父)와 영식(甯殖)이 군주를 추방하고 시해하려는 모의에 거백옥이 대답하지 않고 나간 것이 또한 그 한 가지 일이다."

이 장을 이해하는 단서는 '公冶長 1'의 후반부다.

공자가 또 다른 제자 남용에 대해 평하기를 "나라에 도가 있을 때는 등용될 것이고, 나라에 도가 없을 때는 형벌을 면할 것이다"며 형의 딸을 그에게 시집보냈다.

나라에 도가 있을 때는 화살처럼 곧더라도 나라에 도가 없을 때는 말을 삼가 목숨을 보전할 줄 아는 것이 공자가 생각했던 군자다. 거백옥의 진퇴가 군자의 그것에 부합했던 것이다. 자어와 거백옥에 대해서는 양시(楊時)의 말이 간명하다. "사어(史魚)의 곧음은 군자의 도를 다하지 못하였고, 거백옥과 같이 한 뒤에야 난세에 화를 면할 수 있다. 사어와 같이 화살처럼 곧게 한다면 비록 거두어 품고자 하더라도 또한 될 수 없는 것이다." 즉 군자에 대한 우리의 통념과는 정반대다. 곧기만 하다고 해서 군자는 아니라는 것이다. 그리고 자어가 쓰려 했어도 거백옥이 응하지 않았을 가능성이 크다. 위령공(衛靈公)의 시대란 도(道)가 없는 시대였기 때문이다.

이어서 '衛靈公 7'을 보자.

공자는 말했다. "더불어 말할 만한 사람인데도 그 사람과 더불어 말을 하지 않는다면 사람을 잃는 것이요, 더불어 말할 만한 사람이 아닌데도 그 사람과 더불어 말을 한다면 말을 잃는 것이니, 사람을 볼 줄 아는 사람은 사람도 잃지 않고 말도 잃지 않는다."

이 장은 아주 독특하게 '衛靈公 6'과 직접 연결된다. 우리는 앞에서 거백옥이 자어보다 높은 경지에 있음을 짚어본 바 있다. 이 글은 왜 자어가 거백옥보다 못한지 그 이유를 밝히고 있다고 할 수 있다. 먼저 공자의 말을 들어보자.

"더불어 말할 만한 사람인데도 (그를 알아보지 못해) 그 사람과 더불어 말을 하지 않는다면 사람을 잃는 것[失人_{실인}]이요, 더불어 말할 만한 사람이 아닌데도 (그를 알아보지 못해) 그 사람과 더불어 말을 한다면 말을 잃는 것[失言_{실언}]이니, 사람을 볼 줄 아는 사람[知者_{지자}-세상 이치를 아는 사람]은 사람도 잃지 않고 말도 잃지 않는다."

더불어 말한다는 것은 서로 도리[道_도]에 대한 믿음을 나눠 갖는 차원의 사귐이나 교류를 뜻한다. 서로 신의(信義)를 나눠 갖는다는 말이다. 즉 자어는 거백옥과 더불어 말을 하지 않음으로써 그를 잃었다[失人_{실인}]는 비판이다.

반대로 더불어 말을 할 수 없는 사람을 알아보지 못하고, 그 사람과 더불어 말을 한다면 말을 잃는 것이다. 결국 둘 다 사람을 알아보는 문제[知人之鑑_{지인 지 감}]와 연결돼 있다. 형병(邢昺)의 풀이는 이런 맥락에서 참고할 만하다. "만약 중인(中人) 이상이면 정도 높은 것을 말할 수 있으니, 이러한 이와는 더불어 말할 만한데 더불어 말하지 않으면 이는 그 사람을 잃는 것이다. 만약 중인 이하이면 정도 높은 것을 말할 수 없는데, 그러한 사람과 더불어 말을 한다면 이는 자신의 말을 잃는 것이다. 오직 사람을 볼 줄 아는 자[知者_{지자}]만이 두 가지(즉 사람과 말)를 모두 잃지 않는다." 여기서 우리는 지자(知者)가 막연히 지혜로운 사람이 아니라 사람을 볼 줄 아는 사람이라는 의

미임을 확인할 수 있다.

앞으로도 계속 지(知)의 문제가 나오기 때문에 이 점을 분명히 하기 위해 오랜만에 『중용』을 인용해 본다. 제6장이다.

공자가 말했다. "순임금은 아마도 큰 지혜를 가졌던 분이라 할 수 있을 것이다. (첫째) 순임금은 묻기를 좋아하셨고 가까운 말을 살피기 좋아하셨으며, (둘째) 모자란 자는 나오지 못하게 하고 뛰어난 자는 끌어올리셨다. (셋째) 그 양 끝을 잡으시어 그 적중하는 바를 백성들에게 쓰셨다. 이 세 가지를 행하셨으니 그것이 지금과 같은 (숭배를 받는) 순임금이 된 까닭일 것이다."

공자는 순임금을 직접 보지 않았다. 그래서 조심스레 추정하듯이 큰 지혜를 가졌던 분인 것 같다고 말한 다음, 자신이 그렇게 추정하는 이유를 바로 아래에서 이야기한다. 공자가 순임금이 큰 지혜의 소유자였을 것으로 판단한 근거는 세 가지다. 첫째는 묻기를 좋아하고 주변의 가까운 말들을 살피기 좋아했으며, 둘째는 악함을 숨기고 좋은 것을 끌어올렸고, 셋째는 그 양 끝을 잡으시어 그 적중하는 바를 백성들에게 썼기 때문이다.

'묻기를 좋아했다'는 것은 말하기보다 듣기를 좋아했다는 말과 통한다. 정치는 말하기이면서 동시에 듣기이다. 그래서 옛날에는 정치(政治)라는 말보다는 청단(聽斷), 청정(聽政)이란 말을 더 많이 썼다. 그리고 '주변의 가까운 말을 살피기 좋아했다'는 것은 거창한 데서 정치를 시작한 것이 아니라 주변의 사소한 말 한 마디 한 마디까지 챙기면서 정치의 기본을 키워갔다는 말이다.

'악함을 숨기고 좋은 것을 끌어올렸다'는 것은 인사(人事)를 말한다. 곧은 자는 발탁하여 쓰고 굽은 자는 제자리에 머물러 있게 함으로써 적절히 견제를 했다는 뜻이다.

'그 양 끝을 잡으시어 그 적중하는 바를 백성들에게 쓰셨다'는 것은 위민정책을 말한다. 『논어』 '堯曰 1'에는 요임금이 순임금에게 왕위를 전하는 장면이 나온다. "아! 너 순(舜)아. 하늘의 뜻이 마침내 너에게 있으니, (너는 왕위에 올라) 진실로 중화(中和)를 잡도록 하라." 천명에 따라 왕위를 자식이 아니라 덕이 있는 너를 골라 넘겨주니 부디 중화의 정신을 잃지 말고 통치에 임하라고 간절하게 당부하고 있다. 이어 정치하는 목적을 사해곤궁(四海困窮), 즉 백성들이 배고픔에서 벗어나는 데 두어야 한다는 점을 분명히 한다. 만백성이 곤궁에 빠지면 하늘의 녹(祿) 또한 영원히 끊어진다는 것이다.

다시 정리하면 첫째, 요임금은 양위(讓位)의 방식으로 자식이 아닌, 현자를 골랐다. 택현(擇賢), 그것이 천명(天命-하늘의 曆數)이라는 것이다. 둘째, 통치를 함에 집중(執中), 즉 지나치거나 모자람이 없는 중화(中和)의 길을 잃어서는 안 된다는 점을 분명히 했다. 집중(執中)은 우리가 흔히 쓰는 집중(集中)과는 다른 뜻이다. 한군데로 모으는 것이 아니라 모자라거나 지나친 양극단으로 치우치지 않도록 끊임없이 노력하는 것이다. 셋째, 결국 정치의 요체는 백성을 먹여 살리는 데 있다는 점을 잊어서는 안 된다는 점을 분명히 했다. 거꾸로 말하면 천명(天命)이 따르지 않거나 중화(中和)를 지키지 못하거나 백성 구제에 실패하면 언제든지 왕의 자리에서 굴러떨어질 수 있다는 것을 강조한 것이다.

순임금은 이 점을 명심해 성군(聖君)의 반열에 오를 수 있었다. '泰伯(태백) 20'에는 순임금의 뛰어난 위임통치를 보여주는 짧은 구절이 나온다.

순임금에게는 (어진) 신하 다섯 명이 있어 천하가 다스려졌다.

앞으로도 사람 보는 문제가 계속 이어질 것이기 때문에 일단 본문으로 다시 돌아가자. 앞에서 인용한 여러 구절들을 총정리한다. "오직 (임금이) 어진 사람이라야 (포용력이 없고 남을 시기하는) 그런 자들을 추방하여 유배를 보내 저 오랑캐 땅으로 내쫓아 그들과 더불어 함께 중국(中國)에 살지 않으니, 이를 일러 '오직 어진 자〔仁人(인인)〕라야 제대로 사람을 사랑하고 제대로 사람을 미워한다'고 하는 것이다."

"오직 어진 자〔仁人(인인)〕라야 제대로 사람을 사랑하고 제대로 사람을 미워한다"는 이 인용구는 『논어』 '里仁(이인) 3'이다.

공자는 말했다. "오직 어진 사람만이 제대로 사람을 좋아할 수 있고, 제대로 사람을 미워할 수 있다."

공자는 "오직 어진 사람만이 제대로 사람을 좋아할 수 있고 제대로 사람을 미워할 수 있다"고 말한다. 누구나 타인들에 대해 호오(好惡)가 있다. 그러나 어진 이의 호오와 어질지 못한 이의 호오가 같을 수는 없다. 이해관계나 사심(私心)으로 어떤 사람을 좋아하고 싫어한다면 그것은 제대로 된 인간관계가 아니다. 그렇다고 모든 사람들과 이 같은 어진 이의 호오에 바탕을 둔 관계를 맺어야 한다는 말은 아니다.

여기까지는 일반론적인 풀이이다. 문맥 속에서 풀자면 일단 '오직[惟]'에 주목해야 한다. 그냥 멋으로 붙인 惟가 아니다. 그렇다. '里仁 2'에서 보았듯이 인자(仁者)의 바로 아래 단계가 지자(知者)이다. 그래서 이 문장 앞에 다음과 같은 문장이 생략돼 있다고 봐도 된다. "(다른 사람들에 비해 인에 관심이 많고 인자를 좋아하려 애쓰는) 지자(知者)라도 제대로 사람을 좋아하거나 제대로 사람을 미워하지는 못한다." 그리고 나서 이 장을 읽어보라. 일반론적으로 풀이했을 때와는 전혀 다른 느낌이다.

지금 공자는 다소 추상적인 인(仁)에서 출발해 점점 구체적인 인(仁)으로 나아가려 한다. 그 첫걸음으로 사람을 좋아하고 싫어하는 [好惡] 문제를 제기하고 있는 것이다. 이런 범위에서 『논어』에 등장하는 관련구절들 몇몇을 뽑아보자.

사람을 좋아하려면 좋아할 만한 사람을 보는 눈이 있어야 하고 사람을 미워하려면 미워할 만한 사람을 보는 눈이 있어야 한다. '學而 16'에서 공자가 "사람들이 자신을 알아주지 않는 것을 걱정하지 말고, 오히려 자신이 남을 제대로 알아주지 못하는 것을 걱정하라"고 말했던 것이 바로 그것이다. 우선 본인이 어진 마음을 갖춰야 한다. 그래서 공자는 이 장에서 "오직 어진 사람만이 제대로 사람을 좋아할 수 있고, 제대로 사람을 미워할 수 있다"고 말하고 있는 것이다. '學而 7'에서 자하가 말한 "어진 이를 어질게 여기기를 여색을 좋아하는 마음을 바꿔서 한다〔賢賢易色〕"도 도움을 준다. 사람을 능히 좋아한다는 것은 그냥 좋은 사람을 알아보는 데 그치지 않고 여색을 밝히듯 좋아해야 한다는 뜻이기 때문이다. 그러면 어질지 못한 자를 미워하는 것도 여색을 밝히듯 열정적으로 해야 하는 것일까? 이에 대해서는 '泰伯 10'에서 공자가 하나의 시사점을 주고 있다.

공자는 말했다. "용맹을 좋아하고 가난함을 싫어하는 것은 난을 일으키고, 배운 사람이면서 어질지 못한 것을 너무 미워하는 것도 난을 일으킨다."

너무 미워하는 것은 제대로 미워하는 것이 아니다. 마구 미워하면 화(禍)를 부를 수도 있다는 경고로 들린다. 공자가 '先進 15'에서 말한 '過猶不及'과 일맥상통한다. 이에 대해서는 앞에서 살펴 본 바 있다.

이미 알아차렸겠지만 인자(仁者)가 좋아해야 할 사람은 군자(君子), 인자가 미워해야 할 사람은 소인(小人)이다. '述而 25'에서 공자는 이렇게 말한다.

"내가 만일 뛰어난 이〔善人〕를 만나보는 것이 불가능하다면 오래가는 마음〔恒心〕을 가진 자라도 만나보면 괜찮다. 아무것도 없으면서 있는 척하고, 텅 비어 있으면서 가득한 척하며, 보잘것없으면서 큰 척하면 항심을 가졌다고 말하기 어려울 것이다."

실제로 군자, 인자, 덕(德)을 좋아하는 사람을 만나기란 쉽지가 않다. 공자가 『논어』에서 극소수의 사람과 제자에 대해서만 "어질다〔仁〕"는 평을 내린 것도 그 때문이다. '子罕 17'에서 공자는 이렇게 말한다. "나는 덕을 좋아하기를 여색을 좋아하듯이 하는 사람을 보지 못했다."

'先進 24'에는 공자가 제자 자로를 비판하는 대목이 나온다. 그런데도 자로가 잘못을 수긍하지 않고 교묘한 변명을 해대자 공자는 이렇게 말한다. "바로 이런 너 때문에 나는 말 잘하는 사람을 미워하는〔惡〕 것이다." 주희의 말대로 공자는 자로라는 인간 자체를 미워하는 게 아니라 그의 지나친 말재주를 미워한 것이다. 이것은 앞서 본 제대로 미워하는 전형적인 사례라 할 수 있다. 공자는 제대로 좋아하지 못하고 제대로 미워하지 못하는 것을 혹(惑)이라고 했다. '顏淵 10'에서 자장이 공자에게 혹(惑)이 무엇인지 말해 달라고 하자 공자는 이렇게 말한다.

"누군가를 사랑할 때에는 (이미 죽은 사람인데도) 그를 살리고 싶어 하고 누군가를 미워할 때에는 그가 (버젓이 살아 있는 생명인데도) 죽기를 바라니, 이미 누군가를 살리려 하고 또 죽기를 바라는 것이 바로 혹이다. (혹에 빠지면) 진실로 다움이 왕성해지지도 못하고 다만 괴이함만을 취하게 될 뿐이다."

공자는 『논어』 전반에 걸쳐 이런 혹(惑)에서 벗어난 불혹(不惑)을 지자(知者)의 경지로 여겼다. 여기서는 인자(仁者)는 이미 지자(知者)의 단계를 넘어서 있기 때문에 당연히 이런 경지도 포함한다는 뜻으로 보면 될 듯하다.

다시 우리의 본문으로 돌아가자. 지인(知人)과 용인(用人)의 문제다. 둘은 밀접하게 연관될 수밖에 없다. "어진 이를 보고서도 들어 쓰지 못하고, 들어 쓰더라도 앞에 세우지 못하는 것은 태만함이요, 선하지 못한 이를 보고서도 물리치지 못하고, 물리치더라도 멀리 하지 못하는 것은 잘못이다."

태만하다〔慢〕는 것은 열렬함〔誠〕이 없다는 것이다. 즉 어진 이를 알아보고서 어진 이에 걸맞는 자리를 주는 것〔賢賢〕을 여색을 밝히듯이 하라는 것이 공자의 정신이다. '學而 7'을 읽어보자.

자하는 말했다. "어진 이를 어질게 여기기를 여색(女色)을 좋아하는 마음과 바꿔서 하고, 부모 섬기기를 기꺼이 온 힘을 다하며,

임금 섬기기를 기꺼이 온몸을 다 바쳐 하고, 벗과 사귀기를 일단 말을 하면 반드시 책임을 져 믿음을 주는 식으로 하는 사람이 있다면 그 사람이 비록 배우지 않았더라도 나는 반드시 그 사람이 (이미 문을) 배웠다고 말할 것이다."

여기서 강조점은 '여색을 좋아하는 마음과 바꿔서 하고', '기꺼이 온힘을 다하며', '기꺼이 온몸을 다 바쳐 하고', '일단 말을 하면 반드시 책임을 져 믿음을 주는 식으로'이다. 이렇게 하는 것이 태만하지 않는 것이고 진정한 의미에서 열렬한〔誠〕 것이다. 성(誠)의 문제는 『중용』에서 상세하게 살펴본 바 있다.

다시 본문이다. 여기서는 人을 그냥 '사람'으로 볼 것인지 '백성'으로 볼 것인지가 관건이다. 그냥 사람이라고 옮기면 문맥이 이상해진다. 바로 앞에서 군자가 사람을 보고 쓰는 법을 이야기했기 때문에 여기서는 백성이라고 보는 게 나을 듯하다. "백성들이 싫어하는 것을 좋아하고 백성들이 좋아하는 것을 싫어하는 것을 일러 '사람의 본성을 거스른다〔拂人之性〕'고 한다. (이렇게 할 경우) 재앙이 반드시 그 몸에 미친다."

그리고 중간결론이 나온다. "이러하기 때문에 군자(군주)에게는 큰 도리가 있으니 반드시 충신(忠信)으로써 얻고 교만과 방자로써 잃는다."

즉 세상을 얻고 잃음이 다움을 갖추고 삼감에 달려 있는 것이지 몸 밖의 재물이나 권력에 달려 있는 것은 아니라는 말이다. 선덕후재(先德後財)의 문맥이 계속되고 있다.

같은 이야기지만 이제 강조의 초점이 전환된다. 재물(財)이나 사리사욕 등을 중시할 경우 어떻게 되는지에 관한 이야기를 통해 역으로 덕(德)과 인(仁)의 중요성을 살펴보는 것이다. 사실상 『대학』의 최종 결론에 이르렀다. 이는 곧 군주론의 맨 마지막에 온 것이나 마찬가지다. 분명히 이야기하지만 『대학』이라는 책은 학문이론이 아니라 군주론이며 공학(公學), 즉 공인(公人)이 되는 학문이다.

본문을 하나씩 검토해 보자. "재물을 늘리는 데는 큰 방법이 있으니 늘리는 자가 많고 쓰는 자가 적으며, 늘리기를 빨리 하고 쓰기를 느리게 하면 재물은 늘 충분할 것이다."

일단 이에 대해서는 여대림(呂大臨)의 풀이가 도움이 된다. "나라에 노는 백성이 없으면 생산하는 자가 많을 것이요, 조정에 요행으로 얻은 지위가 없으면 쓰는 자가 적을 것이요, 농사철을 빼앗지 않으면 늘리기를 빨리할 것이요, 수입을 헤아려 지출을 하면 쓰기를 느리게 할 것이다." 국정(國政) 차원에서의 풀이라 상당히 설득력이 있다.

비슷한 이야기가 이어진다. "어진 자는 재물로써 몸을 일으키고 어질지 못한 자는 몸으로써 재물을 일으킨다."

이에 대한 주희의 풀이다. "어진 자는 재물을 흩어서 백성을 얻고 어질지 못한 자는 몸을 망쳐서 재물을 증식한다."

윗사람이 인(仁)을 좋아하는데 아랫사람이 의(義)를 좋아하지 않는 자는 없으니, (아랫사람들이) 의를 좋아하고서 윗사람의 일이 끝마쳐지지 못하는 경우는 없으며 창고의 재물이 윗사람의 재물이 아닌 경우가 없는 것이다.

　맹헌자(孟獻子)가 말했다. "마승(馬乘)을 기르는 자는 닭과 돼지를 기르는 데 관심이 없고, 얼음을 쓰는 집안은 소와 양을 기르지 않고, 백승(百乘)의 집안은 취렴하는 신하를 기르지 않으니, 취렴하는 신하를 기르기보다는 차라리 도둑질하는 신하를 두라." 이는 곧 나라는 이익을 이익으로 여기지 않고 의리를 이익으로 여긴다는 뜻이다.

　이에 대한 주희의 풀이다. "마승을 기르는 자는 선비〔士〕가 처음 등용되어 대부(大夫)가 된 자를 말한다. 얼음을 쓰는 집안〔伐氷之家〕은 경대부(卿大夫) 이상으로 초상(初喪)과 제사에 얼음을 쓰는 자이고, 백승의 집안은 식읍을 가지고 있는 자이다. 군자는 차라리 자신의 재물을 잃을지언정 차마 백성의 힘을 상하게 하지 못한다. 그러므로 차라리 도둑질하는 신하를 둘지언정 취렴하는 신하를 기르지 않는 것이다." 공과 사의 엄격한 구분에 대한 강조다.
　이제 마지막에 이르렀다.

　나라의 장(長)이 되어 재용(財用)에 힘쓰는 자는 반드시 소인에서 비롯되니, 소인으로 하여금 국가를 다스리게 하면 천재(天災)와 인해(人害)가 함께 이른다. 비록 잘하는 자가 있더라도 또한 어쩔 수가 없을 것이니, 이것을 일러 나라는 이익을 이익으로 여기지 않고 의리를 이익으로 여긴다고 한다.

즉 여기서는 이(利)를 유익한 것으로 여길 경우 나라에 닥칠 수 있는 해악을 상세하게 설명하고 있다. 그리고 나라, 즉 공(公)의 가장 큰 체화물은 이익이 아니라 의리를 추구하는 집단이어야 한다는 의미이기도 하다. 이렇게 해서 사사로움〔私〕에서 공공〔公〕에 이르는 긴 여정은 끝났다.

논어로 대학을 풀다

초판 1쇄 2013년 11월 15일
초판 3쇄 2024년 6월 30일

지은이 | 이한우
펴낸이 | 송영석

주간 | 이혜진
편집장 | 박신애 **기획편집** | 최예은 · 조아혜 · 정엄지
디자인 | 박윤정 · 유보람
마케팅 | 김유종 · 한승민
관리 | 송우석 · 전지연 · 채경민

펴낸곳 | (株)해냄출판사
등록번호 | 제10-229호
등록일자 | 1988년 5월 11일(설립일자 | 1983년 6월 24일)

04042 서울시 마포구 잔다리로 30 해냄빌딩 5 · 6층
대표전화 | 326-1600 **팩스** | 326-1624
홈페이지 | www.hainaim.com

ISBN 978-89-6574-414-6

파본은 본사나 구입하신 서점에서 교환하여 드립니다.